电子与嵌入式系统设计丛书

汽车电子系统设计与仿真

丁山 朱留存 编著

图书在版编目（CIP）数据

汽车电子系统设计与仿真 / 丁山，朱留存编著 . -- 北京：机械工业出版社，2022.1
（电子与嵌入式系统设计丛书）
ISBN 978-7-111-70065-4

I. ①汽… II. ①丁… ②朱… III. ①汽车 - 电子系统 - 系统仿真 IV. ① U463.6

中国版本图书馆 CIP 数据核字（2022）第 016287 号

本书系统详细地介绍了汽车电子系统的开发流程、方法和工具以及汽车电子的新规范 AUTOSAR，使读者能够在掌握汽车电子行业标准 AUTOSAR 的基础上进行汽车电子系统的研发。

本书共 6 章，第 1 章简单介绍汽车嵌入式系统，第 2 章介绍汽车嵌入式系统的结构组成，第 3 章介绍汽车嵌入式系统的控制网络系统，第 4 章详细阐述 AUTOSAR 规范标准，第 5 章介绍基于模型的设计方法，第 6 章介绍车载电子系统开发需要的 V 模式的嵌入式系统开发方法与测试流程。

本书内容丰富，浅显易懂，程序实例具有典型性，可作为高校电子信息、计算机相关专业的教材，也可以作为电子工程技术从业人员的参考用书。

出版发行：机械工业出版社（北京市西城区百万庄大街 22 号　邮政编码：100037）
责任编辑：姚　蕾　　　　　　　　　　　　　　责任校对：殷　虹
印　　刷：三河市国英印务有限公司　　　　　　版　　次：2022 年 3 月第 1 版第 1 次印刷
开　　本：186mm×240mm　1/16　　　　　　印　　张：15.75
书　　号：ISBN 978-7-111-70065-4　　　　　　定　　价：69.00 元

客服电话：(010) 88361066　88379833　68326294　　投稿热线：(010) 88379604
华章网站：www.hzbook.com　　　　　　　　　　　读者信箱：hzjsj@hzbook.com

版权所有·侵权必究
封底无防伪标均为盗版
本书法律顾问：北京大成律师事务所　韩光 / 邹晓东

序　言

很荣幸为《汽车电子系统设计与仿真》写序。本书介绍了汽车的电气和电子系统架构，介绍了车载网络通信系统的原理和设计、车载系统软件开发架构体系，以及该架构规范下可实现的电子系统基本功能的标准化和功能接口的标准化。汽车电子系统涉及物理学、机械学、动力学、流体力学等诸多方面的知识，其开发与设计日益复杂，体现在对控制问题的数学建模和被控对象的复杂上。这不仅需要电子与控制专业方面的知识，更需要建立在跨学科背景知识结构体系上。而建模理论与建模仿真工具则成为汽车电子系统的核心技术和技术难点。汽车制造业面对上述情况，形成了汽车电子系统产品开发的方法论。本书是作者长期从事汽车电子系统设计和讲授"现代汽车电子技术"课程的结晶和升华，它不仅反映了作者无私奉献和锲而不舍的精神，也反映了作者的成就。

随着汽车电子系统以及软件技术应用的发展，软件在汽车整车内容结构中的占比逐渐提高。汽车向智能化、网联化、电动化发展驱动着汽车电子电气架构不断变革，逐渐从分布式控制架构向域集中式控制架构演进。高级驾驶辅助系统（ADAS）、电控系统、信息娱乐与仪表显示系统等功能可以通过域控制器实现局部的集中化处理。如今，豪华汽车的软件系统则有近 6 500 万行代码；2020 年年底，工信部发布了《汽车驾驶自动化分级》公告，将汽车驾驶自动化分为 6 个等级，分别为 0 级应急辅助驾驶到 5 级完全自动驾驶。从 0～5 级，自动驾驶能力逐级递增。智能驾驶不仅对人工智能、感知传感、5G、车联网在内的新一代技术提出了新的要求，也对汽车电子软件的创新、升级、迭代提出更高的要求。车联网借助新一代信息通信技术，构建汽车和交通服务新业态，是物联网技术在智能交通系统领域的延伸。随着汽车网联化应用需求和规模的发展，汽车电子软件行业将高速增长。因此，本书作为汽车电子系统设计与开发的教材有重要的实际应用意义。

为了缩短开发周期，降低开发成本，汽车制造行业推出了软件开发的 AUTOSAR 体系规范以及其他一些由非功能性需求驱动建立的架构方法。软件制造商开发出相应的符合规范的开发测试工具，将开发理念工具化。通过阅读本书，读者不仅可以学习和了解汽车电子系统设计的专门技术，同时也能开发符合行业要求的汽车电子系统。我相信本书的出版对于中国汽车电子产业的发展有积极的促进作用。

本书凝聚了各位老师的巨大心血，希望本书能够成为广大汽车电子行业从业者与汽车电子爱好者的良友。

日本工程院

施建明

前　言

随着电子信息技术和汽车制造业的快速发展，汽车电子系统的应用和创新不仅提高了汽车的动力性、经济性、安全性，改善了汽车的行驶稳定性和舒适性，还降低了汽车的污染排放和燃料消耗，而且使汽车具备了娱乐、办公和通信等丰富功能，极大地推动了汽车工业的进步与发展。汽车电子与电气系统结构十分复杂，不同厂商生产的各种各样的软件、硬件在很大程度上加重了分布式电子架构集成工作的负担。为了实现对复杂系统的高效管理，汽车制造业在长期的实践中形成了适合解决复杂问题的汽车电子系统的设计与开发流程，为开发者提供了更大的设计空间。只有深入掌握汽车电子系统的设计原理、技术手段和开发方法，才能有效地进行汽车电子系统设计，以避免失败的风险和不必要的资源浪费。

要进行汽车电子系统设计，必须了解汽车开放式系统架构（Automotive Open System Architecture，AUTOSAR）。AUTOSAR联盟是由全球汽车制造商，部件供应商，以及其他电子、半导体和软件系统公司联合建立的，各个成员保持开发合作伙伴关系。宝马（BMW）集团认为未来的车型将普遍受益于全行业统一的标准化程序，以及通用性、互换性更强的软件。AUTOSAR界面的标准化以及供应商通用工具软件的应用将促进该领域的进一步发展。所以，本书基于AUTOSAR开放标准，结合汽车系统的基础知识，介绍汽车电子分布式系统的模型设计、仿真与系统验证的全过程，使读者了解汽车电子系统设计的方法与过程。本书主要包含以下内容。

第1章从汽车嵌入式系统设计的基本概念出发，结合汽车嵌入式系统所需具备的功能以及特点，分别从硬件、软件、车载网络通信以及汽车嵌入式系统的开发设计方法等几个方面介绍嵌入式系统在汽车上的开发与应用，从而使读者对汽车嵌入式系统架构有大致了解。

第2章学习传感器与汽车系统的相关知识。汽车电子系统的种类很多，例如发动机电子控制系统、车身电子系统、防抱死制动系统（ABS）等。无论这些系统是开环系统还是闭环系统，反映系统状态的变量往往是不容易传递和处理的物理信号，需要将其转换成电信号，这时就需要一种装置来实现这种非电量到电量的转换。

第3章对车载网络进行介绍，包括CAN、LIN、FlexRay等总线及其应用领域，详细介绍车载控制总线——CAN总线与LIN总线的原理及其在汽车中的使用领域，并通过部分实例的演示让读者更加深入地理解相关知识。

第4章介绍AUTOSAR规范。作为汽车嵌入式系统软件的通用性规范，AUTOSAR在软件架构、软件开发流程等方面都定义了众多新概念，掌握这些理论知识是进行符合AUTOSAR规范的软件开发的基础。所以，本章从AUTOSAR的由来及发展历程着手，详细介绍AUTOSAR规范中的三部分主要内容，即分层架构、方法论与应用接口，并对其中软件组件与虚拟功能总线的概念进行详细剖析。

第5章介绍基于模型的设计。首先对基于模型的设计方法进行研究，从设计流程入手介绍如何在建模工具中实现微分方程。然后分别以离散系统、连续系统等动态系统的建模与仿真为例，进一步展现功能设计（建模）的步骤。最后以电动汽车直流驱动仿真建模为例，帮助读者深入了解基于模型的设计的建模方法。

第6章在简要介绍车载电子系统开发过程的V模式后，对功能需求定义和控制方案设计、快速控制原型、代码自动生成、硬件在环仿真、系统的集成测试与标定等五个阶段进行了详细的介绍，并通过具体应用实例使读者加深理解。

本书内容充实，重点突出，阐述循序渐进、由浅入深。书中的车载电子系统设计经过MATLAB仿真，可以直接进行下一步的系统设计。本书配备了思考题答案、免费的电子课件及所有例题的代码，欢迎选用本书作为教材的教师登录华章网站（www.hzbook.com）下载。

本书是编者和实验室学生多年的劳动成果，其中臧仕义、陈曦和暴林慧等做了许多工作，在此表示衷心感谢。

由于作者水平有限，书中难免有错误与不足之处，恳请各位专家和读者批评指正。

目　录

序言
前言

第1章　汽车电子技术概述 …… 1
1.1　汽车电子的发展史 …… 1
1.2　汽车电子的现状及发展趋势 …… 2
1.3　本章小结 …… 5
思考题 …… 5

第2章　汽车电子系统 …… 6
2.1　传感器基础 …… 6
2.1.1　传感器的定义与组成 …… 6
2.1.2　传感器的分类与基本特点 …… 7
2.1.3　传感器的静态特性与动态特性 …… 8
2.2　汽车用传感器 …… 9
2.2.1　曲轴位置传感器 …… 9
2.2.2　速度传感器 …… 13
2.2.3　温度传感器 …… 14
2.2.4　压力传感器 …… 15
2.3　汽车传动系统 …… 16
2.3.1　离合器 …… 16
2.3.2　变速器 …… 18
2.3.3　传动装置 …… 20
2.3.4　驱动桥 …… 21
2.4　车身电子控制系统 …… 23
2.4.1　中央控制门锁系统 …… 24
2.4.2　防护系统 …… 25
2.4.3　防盗系统 …… 27
2.4.4　空调系统 …… 29
2.5　底盘电子控制系统 …… 30
2.5.1　电子控制悬架系统 …… 30
2.5.2　防抱死制动系统 …… 31
2.5.3　驱动防滑控制系统 …… 32
2.5.4　稳定性控制系统 …… 35
2.6　电磁兼容 …… 37
2.6.1　电磁兼容概述 …… 37
2.6.2　电磁兼容问题 …… 39
2.6.3　EMC故障诊断方法 …… 41
2.6.4　电磁兼容设计 …… 41
2.7　本章小结 …… 47
思考题 …… 47
参考文献 …… 47

第3章　汽车嵌入式系统控制网络 …… 49
3.1　网络技术在汽车中的应用 …… 49
3.1.1　网络技术在汽车内部的应用 …… 49
3.1.2　汽车内部网络标准 …… 51
3.1.3　控制局域网的应用 …… 51
3.1.4　网络技术在汽车外部的应用 …… 52

3.2 车载控制网络 …………………… 52
   3.2.1 汽车控制网络的分类 …… 53
   3.2.2 不同控制网络的特点 …… 56
   3.2.3 汽车安全总线 …………… 61
3.3 CAN 总线 ………………………… 63
   3.3.1 CAN 总线简介 …………… 63
   3.3.2 CAN 总线的组成 ………… 65
   3.3.3 CAN 总线系统元件的功能 … 67
   3.3.4 CAN 总线的数据传输过程 … 70
   3.3.5 CAN 总线的应用 ………… 74
3.4 LIN 总线 ………………………… 78
   3.4.1 LIN 总线简介 …………… 78
   3.4.2 LIN 总线的数据传输 …… 82
   3.4.3 LIN 总线的应用 ………… 85
3.5 FlexRay 总线 …………………… 88
   3.5.1 FlexRay 总线简介 ……… 88
   3.5.2 FlexRay 总线的结构 …… 88
   3.5.3 FlexRay 总线的特性 …… 91
   3.5.4 FlexRay 总线的应用 …… 92
3.6 本章小结 ………………………… 94
思考题 …………………………………… 94
参考文献 ………………………………… 95

第 4 章 AUTOSAR 体系 ………… 96

4.1 AUTOSAR 体系简介 …………… 96
   4.1.1 AUTOSAR 标准的产生与
       发展 ……………………… 96
   4.1.2 AUTOSAR 系统的核心思想
       及目标 …………………… 98
   4.1.3 AUTOSAR 系统功能及作用
       领域 ……………………… 99
4.2 AUTOSAR 技术架构 …………… 99
   4.2.1 AUTOSAR 分层模型 …… 99

   4.2.2 AUTOSAR 标准化的应用
       接口 ……………………… 100
   4.2.3 AUTOSAR 方法论 ……… 100
   4.2.4 AUTOSAR 系统开发的关键
       技术 ……………………… 102
4.3 基础软件层 ……………………… 105
   4.3.1 ECU 抽象层 …………… 105
   4.3.2 服务层 ………………… 107
   4.3.3 微控制器抽象层 ………… 114
   4.3.4 复杂驱动层 ……………… 120
4.4 运行时环境层 …………………… 121
   4.4.1 运行时环境 ……………… 121
   4.4.2 虚拟功能总线 …………… 122
4.5 应用层 …………………………… 124
   4.5.1 AUTOSAR 端口 ………… 124
   4.5.2 软件组件 ………………… 124
   4.5.3 基于 Simulink 的软件组件
       开发 ……………………… 125
4.6 AUTOSAR 的前景 ……………… 129
   4.6.1 AUTOSAR 的优缺点 …… 129
   4.6.2 AUTOSAR 的发展趋势 … 130
4.7 本章小结 ………………………… 131
思考题 …………………………………… 131
参考文献 ………………………………… 131

第 5 章 基于模型的设计 ………… 132

5.1 基于模型的设计方法概述 …… 132
   5.1.1 基于模型的设计方法的
       产生 ……………………… 132
   5.1.2 基于模型的设计方法的
       优势 ……………………… 133
5.2 基于模型的设计工具 …………… 135
   5.2.1 建模与仿真工具：MATLAB/
       Simulink ………………… 135

5.2.2 有限状态机图形实现工具：
Stateflow ………………… 136
5.3 基于模型的设计方法的研究 …… 137
5.3.1 基于模型的设计流程 …… 137
5.3.2 微分方程的 Simulink
建模 …………………… 137
5.3.3 简单系统的建模与仿真 …… 142
5.3.4 离散系统的建模与仿真 …… 143
5.3.5 连续系统的建模与仿真 …… 147
5.3.6 线性系统的建模与仿真 …… 150
5.3.7 非线性系统的建模与仿真 … 155
5.3.8 混合系统的建模与仿真 …… 158
5.3.9 集成、测试与验证 ……… 162
5.4 电动汽车直流驱动仿真建模
实例 ………………………… 163
5.5 电动转向系统试验仿真建模
实例 ………………………… 172
5.6 本章小结 …………………… 179
思考题 ……………………………… 179
参考文献 …………………………… 179

第 6 章 V 模式的嵌入式系统开发
与测试 ………………… 181
6.1 V 模式基础 ………………… 181
6.2 建模与算法仿真 …………… 186
6.2.1 基于模型的设计 ……… 186
6.2.2 建模和仿真决策 ……… 189
6.2.3 Stateflow 工具介绍与
实例 …………………… 190
6.2.4 代码的生成和优化 …… 197
6.2.5 Embedded Coder 工具介绍与
实例 …………………… 200
6.3 硬件在环测试 ……………… 204
6.3.1 ECU 功能测试 ……… 205
6.3.2 ECU 节点分布式与网络
测试 …………………… 206
6.4 在线标定技术 ……………… 209
6.4.1 CCP 简介 …………… 209
6.4.2 XCP 协议 …………… 210
6.4.3 CANape 标定工具简介 … 214
6.5 测试 ………………………… 215
6.5.1 MBD 模式下的测试流程 … 215
6.5.2 整车控制器在环测试 … 217
6.5.3 MIL 测试 …………… 221
6.5.4 SIL/PIL 测试简介 …… 234
6.6 本章小结 …………………… 240
思考题 ……………………………… 241
参考文献 …………………………… 241

第 1 章
汽车电子技术概述

1.1 汽车电子的发展史

随着近几十年社会对汽车性能要求的不断增加与电子技术的迅猛发展，现代汽车已经不仅仅可以用作代步工具，车内还配置了娱乐、办公、通信等多种功能的电子设施，汽车的动力性、经济性和安全性得到显著提高，同时汽车行驶的稳定性和舒适性也大大改善。早先的汽车主要偏向于应用传统机械装置，而如今汽车中的多种设备都应用了电子技术，如电喷发动机、电动车窗、电动座椅、电控车身稳定系统、电子显示屏、电控悬架等。为实现各种电子部件的功能，汽车上大概包含数百个电子元件以及数以捆计的汽车线路，并且都配有 ECU 来控制多个部件的协调工作。同时，集成电路、嵌入式微控制器与传感器技术的快速发展也为汽车电子部件的发展奠定了重要而坚实的物质基础，推动汽车电子技术全面覆盖汽车行业。有专家预测未来 3～5 年内汽车上的电子装置成本将占汽车整车成本的 25% 以上，汽车将由单纯的机械产品向高级的机电一体化产品方向发展，成为所谓的"电子汽车"。

汽车电子技术的发展及其大规模应用是从 20 世纪 70 年代末开始的。1971 年以前，技术起点较低的交流发电机、电压调节器、电子闪光器、电子喇叭、间歇刮水装置、汽车收音机、电子点火装置和数字钟等开始投入生产。该阶段主要是运用电子技术对部分汽车机械部件进行改造，通常改进的部件都是局部的或不是很关键的，如二极管整流发电机、电子式电压调节器、晶体管点火装置等。1974～1982 年期间，集成电路和 16 位以下的微处理器在汽车上得到广泛应用，主要包括电子燃油喷射、自动门锁、程控驾驶、高速警告系统、自动灯光系统、自动除霜控制、防抱死系统（ABS）、车辆导向、撞车预警传感器、电子正时、电子变速器、闭环排气控制、自动巡航控制、防盗系统、实车故障诊断等电子产品。这期间最具代表性的是电子汽油喷射技术的发展和防抱死技术的成熟，使汽车的主要机械功能可由电子技术来控制。但是，在此阶段机械与电器的连接并不十分理想，汽车各子系统均配备独立的控制器，很容易产生整车复杂性增加、控制功能冗余重复以及总系统资源浪费等弊端。直到 1990 年，微电脑在汽车上的应用日趋可靠和成熟，并开始向智能化方向发展。相关产品有胎压控制、数字式油压计、防睡器、牵引力控制、全轮转向控制、直视仪表板、声音合成与识别器、电子负荷调节器、电子道路监视器、蜂窝式电话、可热式挡风玻璃、倒车示警、高速限制器、自动后视镜系统、道路状况指示器、电子冷却控制和寄生功率控制等。从 2005 年开始，汽车电子技术进入了新的发展阶段。微波系统、多路传输系统、ASKS-32 位微处理器、数字信号处理方式的应用，使通信与导向协调系统、自动防撞系统、动力最优化系统、自动驾驶与电子地图技术得到发展，智能化汽车开始出现。2008 年，为了提供更灵活的车载信息服务并降低运营成本，宝马和 Wireless Car 等公司联合开发了下一代车载信息服务模式。同一时间段，美国国家公路交通安全管理局开展了基于 V2X 协同通信的网联汽车研究，在车与行人、道路、云平台之间进行行人位置数据、车辆数据（车辆位置、速度、加速度与方向等）、交通运行数据和出行数据等数据的交换，更大程度地保障了行驶安全。2010 年之后，信息革命进入新阶段，车厂与汽车零部件制造业开始与信息通信制造业合作，将通信模块、集成电路、操作系统和应用软件等集成到车载终端，网联汽车产业驶上了快车道。

1.2 汽车电子的现状及发展趋势

从汽车发展历史上看，汽车电子已经成为汽车控制系统中最为重要的支撑基础，汽车电气化已成为汽车产业革命的标志。随着新能源车、无人驾驶、人工智能技术的日渐成熟，未来汽车产业将沿着智能化、网络化以及深度电子化的方向发展。当前汽车电子已经进入新一轮技术革新周期，汽车电子渗透率将会得到大幅提升，国内汽车保有量迅速增长。下面介绍目前主要的汽车电子技术。

（1）总线技术

汽车电子装置的不断增加，使得连接这些装置所需的专用电子线路迅速膨胀，线束复杂和布线困难导致汽车设计、装配、维护阶段的负担到了无法承受的程度，而且线路以及接插头的增加会带来更多的安全隐患。为摆脱这种困境，我们开始使用总线技术。目前世界主要汽车制造商生产的汽车多采用控制器局域网、局部互联协议、汽车多媒体网络，以及最近才开始得到商用的具有高速容错功能的网络协议 FlexRay。其中，LIN 总线协议适用于汽车内低成本、短距离、低速的网络通信；CAN 总线是一种多主总线，其中低速 CAN 具有容错功能，一般用在车身电子控制中；而高速 CAN 则大多用在汽车底盘和发动机的电子控制中。CAN 已在汽车产业中得到广泛应用，通过遍布车内的各种感应控制模块及时采集各项数据，控制模块之间进行相互通信，让全车的信息资源得以共享，具体介绍见第 3 章；MOST 总线技术采用环行拓扑结构，它可以传送同步数据（音频信号、视频信号等流动型数据）、非同步数据（访问网络及访问数据库等的数据包）和控制数据（控制报文及控制整个网络的数据）；FlexRay 总线网络支持两个信道，每信道的速度可达 10 Mbit/s，总传输速率为 20Mbit/s，并允许在时间触发消息和事件触发消息之间共享总线，主要应用于线控制动、线控转向领域。同时车内还应用了蓝牙无线技术，该技术是一种用于移动设备和

WAN/LAN 接入点的低成本、低功耗的短距离射频技术，它描述了手机、计算机和 PDA 如何方便地实现彼此互联，以及它们与家庭/商业电话和计算机设备之间的互联。

（2）微控制单元

微控制单元（MCU）是汽车中的核心部件，通过车内网络进行协调与连接，完成对发动机、车身、底盘、通信等系统的控制。微控制单元在汽车上的广泛应用，使得汽车的动力性、经济性、安全性、舒适性、可靠性都得到了显著的改善和提高。汽车 MCU 的主要供货商有飞思卡尔、英飞凌和瑞萨电子等半导体公司。汽车中相对简单与分散的车身控制功能，如后视镜、雨刮、空调等，对 MCU 要求不高，用得最多的是 8 位 MCU；动力安全方面，如电子变速器控制、制动防抱死、电子控制悬架、电动助力转向等对 MCU 的性能和信息处理能力要求很高的部件，多使用 16 位或 32 位 MCU；汽车多媒体，包括导航、DVD 等可能更多地使用 32 位的 MCU。

（3）传感器技术

车用传感器是促进汽车高档化、电子化、自动化发展的关键技术之一，世界各国对车用传感器的研究和开发都非常重视。智能汽车装备有多种传感器，能够充分感知驾驶员和乘客的状况以及交通设施和周边环境的信息。汽车上应用的传感器有很多种，具体介绍见第 2 章。传感器是将非电信号转换为电信号的器件或装置，汽车电子化越发达，自动化程度越高，对传感器的依赖就越大。随着汽车电子控制系统的多样化，其所需要的传感器种类和数量不断增加。目前汽车传感器已向高可靠性、高精度、低成本、高紧凑（小体积）和智能化（集成传感器和智能器件）方向发展。

（4）软件技术

为了处理汽车电子领域软件功能剧增的问题，通过在工业范围内标准化软件设施来减少结构上的复杂性是必需的。2003 年 7 月成立了 AUTOSAR（汽车开放式系统架构）协会，该协会的目标是建立一个"汽车电气-电子体系结构的开放标准"，成员包括宝马、福特、宾利、博世、西门子、标致雪铁龙、大众、丰田等汽车公司。该协会定义了一套支持分布式的、功能驱动的汽车电子软件开发方法和电子控制单元上的软件架构标准化方案，为汽车电子领域出台了一部汽车统一开发标准，使得各个厂商可以在一个开放的平台上提供符合标准的不同实现。具体内容见第 4 章。

随着电子技术的不断发展，汽车嵌入式系统以及汽车电子系统变得越来越复杂，系统的开发往往涉及多个部门之间的合作，时间和空间的跨度也相应变大，这就需要一个可靠的开发方法，在嵌入式系统开发过程中提供技术信息交流、文档管理、分析和系统综合的一整套支持。基于模型的开发（MBD）方法作为一种方法体系正越来越多地被引入汽车电子系统的开发过程中，合理地采用 MBD 方法有助于提高产品的质量、增强系统的功能，并在一定程度上有助于加快产品的上市、节约产品的开发资源。汽车整车性能、各个部件、电子控制系统和软件开发之间存在着千丝万缕的联系，这就要求我们必须要有一个综合完整的开发过程。这个过程包括开发的各个步骤，由需求分析、体系结构设计、硬件/软件/

执行机构设计、系统集成及系统测试 5 个阶段组成。有关 MBD 方法的详细内容将在第 5 章阐述。

未来汽车电子的发展趋势仍将会集中于环保、安全、ADAS 以及智能驾驶几个方面。

（1）环保

全球汽车行业最主要的发展趋势就是倾向于发展高效燃料、低碳排放量的发动机。目前有许多选择方案：其一就是先进的柴油发动机和电子控制系统，在公路上驾驶这种汽车时，其燃料经济性比采用汽油发动机的汽车高 30%～40%；其二就是电动动力系统或混合动力汽车（HEV）。混合动力汽车系统有多种结构，但都涉及一个小型电池组、一个电子控制器及一个可以使汽车发动机在停车时自动关闭并在发动机自动重启前对汽车进行再次电动加速的电动机。混合动力汽车系统可以使汽车的燃油经济性提高 30%～40%，并使碳排放降低 60%。

（2）安全

汽车电子发展的第二大趋势是安全性，市场对于能够使驾驶更加安全的技术和产品有着庞大的需求。目前已经在被动安全技术方面取得了重大的进展，即在汽车发生碰撞时为驾驶者和乘客提供保护的技术和产品，如碰撞传感器、气囊、安全带、随动转向结构以及金属板冲撞区等产品和技术已经在汽车碰撞事故中挽救了许多人的生命，并降低了人员受伤的概率。最新的发展方向是主动安全性，通过采用雷达、光学和超声波传感器等技术，测量汽车与周围物体的距离和接近物体时的速度。该数据可用于提醒驾驶者控制汽车的驾驶速度，避免可能发生的碰撞事件。该信息还可用于控制制动器或转向系统，以自动避免碰撞。该碰撞避免系统可以降低全球事故率以及汽车事故导致的昂贵成本。

（3）ADAS

高级驾驶辅助系统（ADAS）是无人驾驶的前奏，也是现阶段市场的核心所在。当无人驾驶持续变成热门话题时，ADAS 悄悄地掀起了一股变革浪潮，从根本上改变着传统汽车的操控方式和用户体验。自动驾驶的冗余度和容错性特性要求越是高阶的自动驾驶需要越多的传感器。根据产业链调研，2018～2019 年是全球范围内进入 L2 级自动驾驶的阶段，2020 年国内外正式进入 L3 级自动驾驶阶段，传感器之间交叉融合，以尽可能地保证行驶的安全性。

（4）智能驾驶

互联网厂商以人工智能和高精度地图等"软实力"为核心推出无人驾驶解决方案，将软件与"车"进行渗透式融合。无人驾驶、车联网等技术发展驱动行业整体升级，厂商持续投入研发，国内汽车市场高速增长，单车电子系统价值量不断提升。5G 时代，针对 V2X 的特殊场景，新型的通信技术需要被提出，商用规划逐步明确，云、管、端三层架构，运营商、设备商、整车厂多方参与。高阶自动驾驶催生了许多传感器需求，使得毫米波雷达和摄像头数量陡增，激光雷达逐步投入应用，CMOS 图像传感器、镜头、马达、柔性电路板等主要器件再度升级。

1.3 本章小结

本章主要阐述了汽车电子技术的发展历史和未来发展趋势。通过本章的介绍，读者能够对汽车电子技术有初步了解，能够熟悉汽车电子系统中的一些专业术语，并了解其含义。在后续的章节中，将对相关内容进行详细讲解。

思考题

1. 简述汽车电子的发展史。
2. 谈谈未来汽车电子的发展趋势。

第 2 章
汽车电子系统

本章将介绍传感器与汽车电子系统的相关知识。汽车电子系统种类很多，包括传动控制系统、车身电子控制系统、底盘电子控制系统等。无论这些系统是开环系统还是闭环系统，反映系统状态的变量往往是不容易传递和处理的物理信号，要将其转换成电信号，这时就需要一种装置来实现非电量到电量的转换，这种装置就是传感器。汽车电子系统的好坏不只由系统设计的思想与方法决定，还取决于系统的抗干扰措施。通过本章内容的学习，读者将会对相关知识有初步的了解。

2.1 传感器基础

汽车电子技术是汽车工业发展的核心技术之一。随着电子技术的发展，汽车电子化程度不断提高，普通的机械系统已经难以满足汽车功能的要求，汽车传感器就是随着汽车电子技术发展起来的一种技术。汽车传感器是汽车电子控制系统的输入装置，它把汽车运行过程中的各种工况信息（光、电、温度、压力及气体等的物理或化学量）转换成电信号输入中央控制单元。汽车电子控制系统一般由中央控制单元（ECU）、传感器和执行器三大部分组成，其中传感器的种类最为丰富，一般一辆普通汽车使用的传感器可以达到几十个，而高级汽车的传感器则更多，这些传感器分布在发动机控制系统、底盘控制系统和车身控制系统等各个系统中，使汽车的性能达到最佳。

2.1.1 传感器的定义与组成

国家标准 GB/T 7665—2005（《传感器通用术语》）将传感器定义为："能感受被测量并按照一定的规律转换成可用输出信号的器件或装置，通常由敏感元件和转换元件组成。"

传感器的作用是完成信号的检测。输入量是某一被测量，可能是物理量，也可能是化学量，输出量是某种物理量，这种量要便于传输、转换、处理、显示等。输入和输出有对应的关系，并且有一定的精度。传感器输出信号有很多形式，如电压、电流、频率、脉冲等，主要由传感器的原理确定。

传感器一般由敏感元件、转换元件、变换电路和辅助电源组成。敏感元件（sensing element）能直接感受被测量，并输出与被测量有确定关系的物理量信号。转换元件（transducing element）能将敏感元件输出的物理量信号转换成适于传输或测量的电信号部分。变换电路负责对转换元件输出的电信号进行放大调制，转换元件和变换电路一般还需要辅助电源供电。

如图2-1所示为压力传感器，工作原理是通过压力引起膜片的变化，膜片带动磁铁位置变化引起霍尔传感器磁场的变化并输出相应的电信号，继而可以测量出内外部的压差。

传感器输出信号很微弱，还需要由信号调节与转换装置将其放大或变换为易于传输、处理、记录和显示的形式，传感器中完成这一功能的部分是变换电路。

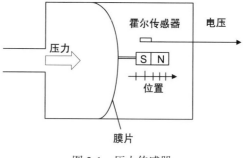

图 2-1　压力传感器

2.1.2　传感器的分类与基本特点

汽车传感器有很多种分类方法，如按测量对象划分、按工作原理划分、按功能划分、按输入/输出量划分，但目前还没有统一的分类方法。按传感器所处理的物理量分类可分为位移、力、速度、温度、流量、气体成分等传感器；按传感器工作原理分类可分为电阻、电容、电感、电压、霍尔、光电、光栅、热电耦等传感器；按传感器输出信号的性质分类可分为输出为开关量（"1"和"0"或"开"和"关"）的开关型传感器、输出为模拟量的模拟型传感器、输出为脉冲或代码的数字型传感器。

汽车传感器具有以下特点：

1）适应性强，耐恶劣环境。汽车行驶环境复杂，有低于-40℃的极寒地区，有超过40℃的酷热地区，也有海拔5000m以上的高原地区，因此，要求汽车传感器具有极强的环境适应性，要能在这些特殊环境下正常工作。另外，汽车传感器还应具有很好的密封性、耐潮湿性、抗腐蚀性等。

2）抗干扰能力强。汽车传感器除了能够适应外界的恶劣环境之外，还要能够抵抗来自汽车内部的各种干扰。例如，发动机工作时的高温、汽车行驶时的振动、汽车电源产生的高压电脉冲等，都会对传感器信号产生干扰，汽车传感器必须能够抵抗汽车产生的各种干扰。

3）稳定性和可靠性高。汽车传感器特性对汽车电子控制系统有非常大的影响，必须具有高稳定性和高可靠性。

4）性价比高，适合大批量生产。随着汽车越来越电子化、智能化、网络化、无人化，汽车所用的传感器越来越多，达到数百个，这就要求汽车传感器性价比高，否则难以大批量生产和使用。

2.1.3 传感器的静态特性与动态特性

传感器测量的信号可能是恒定值或缓慢变化的值,也可能是变化很快的值,无论哪种情况都需要传感器准确地给出反应。其中输入量恒定或缓慢变化时的传感器特性称为静态特性,输入量变化较快时的传感器特性称为动态特性。由于不同性质的传感器有不同的内在参数关系,因此传感器的数学模型有动态和静态之分。

1. 静态特性

传感器的静态特性是指对静态的输入信号,传感器的输出量与输入量之间所具有的相互关系。因为这时输入量和输出量都和时间无关,所以它们之间的关系,即传感器的静态特性可用一个不含时间变量的代数方程来描述,或以输入量作为横坐标,把与其对应的输出量作为纵坐标而画出的特性曲线来描述。表征传感器静态特性的主要参数有线性度、灵敏度、迟滞、重复性、漂移等。

1)线性度:传感器输出量与输入量之间的实际关系曲线偏离拟合直线的程度。定义为实际特性曲线与拟合直线之间的最大偏差值与满量程输出值之比。

$$\delta_L = \frac{\Delta L_{\max}}{Y_{FS}} \times 100\% \tag{2.1}$$

式中,$\Delta L_{\max}$ 为输出量和输出量实际曲线与拟合直线间的最大偏差,Y_{FS} 为满量程输出值。

实际上很多传感器的输入 - 输出特性是非线性的,如果不考虑迟滞和蠕变效应,一般可用下列多项式表示输出 y 与输入 x 的特性:

$$y = a_0 + a_1 x + a_2 x^2 + \cdots + a_n x^n \tag{2.2}$$

式中,a_0 为零位输出,a_1 为传感器线性灵敏度,$a_2 \sim a_n$ 为待定常数。

2)灵敏度:灵敏度是传感器静态特性的一个重要指标。定义为输出量增量与引起该增量的相应输入量增量之比,用 S 表示。

3)迟滞:在输入量由小到大(正行程)及输入量由大到小(反行程)变化期间,传感器输入输出特性曲线不重合的现象称为迟滞。对于同一大小的输入信号,传感器的正反行程输出信号大小不相等,这个差值称为迟滞差值。

$$\Delta H = |y_i - y_j| \tag{2.3}$$

对于同一大小的输入信号,在 x 连续增大的过程中,对应的某一输出量 y_i 与 y_j 之间的误差用 ΔH 表示。

4)重复性:传感器在输入量按同一方向做满量程连续多次变化时,所得特性曲线不一致的程度。

5)漂移:在输入量不变的情况下,传感器输出量随着时间变化,此现象称为漂移。产生漂移的原因有两个方面:一是传感器自身的结构参数,二是周围环境(如温度、湿度等)。

2. 动态特性

除了静态特性外，传感器的动态特性在很多应用中具有重要意义，通常被描述为传感器的传递功能。其中输入值 $x(t)$ 和输出值 $y(t)$ 的数学关系如下所示：

$$G(s) = \frac{\varphi\{y(t)\}}{\varphi\{x(t)\}} \tag{2.4}$$

$$\varphi\{x(t)\} = \int_0^\infty x(t)e^{-st}dt \tag{2.5}$$

式中 φ 为拉普拉斯变换，s 表示的是一个复变量。

如果已知传感器的传递函数，则对于一个给定的输入值 $x(t)$，就可求出传感器的输出数值 $y(t)$。为了使传感器行为以系统方式规范化，需要充分认识测量值在系统中的行为方式。例如，如果必须确定一个制动系统中压力传感器的规范，首先要认识在系统中会遇到的动态压力变化。

2.2 汽车用传感器

汽车电子控制系统以电控单元（ECU）为控制中心，利用安装在发动机、变速器、底盘、车身、舒适和安全等系统上的各种传感器来检测汽车运行时各部件总成的运行参数，并将其输入电控单元，再按照电脑中预存的控制程序精确地控制汽车上的各种执行器，使汽车在各种情况下都能正常行驶。汽车传感器作为汽车电子控制系统的信息源，是汽车电子控制系统的重要部件。各种类型的传感器都在汽车上得到了应用。

2.2.1 曲轴位置传感器

曲轴位置传感器通常安装在分电器内，是计算机控制点火系统、发动机电子控制系统中最重要的传感器之一，其作用是确定曲轴的位置，即曲轴的转角，所以它通常要配合凸轮轴位置传感器一起工作。例如，发动机在压缩冲程末开始点火，发动机电脑通过曲轴位置传感器和凸轮轴位置传感器的信号来计算给哪个缸点火，通过曲轴位置传感器可以知道哪个缸的活塞处于上止点，通过凸轮轴位置传感器可以知道哪个缸的活塞在压缩冲程中。这样发动机就知道什么时候给哪个缸点火了。曲轴位置传感器一般安装于曲轴前端、分电器内、靠近飞轮的变速器壳体上三个位置，还有一些车辆安装于发动机缸体中部下侧。曲轴位置传感器常见的安装位置如图 2-2 所示。

曲轴位置传感器主要包括三种类型：磁脉冲式曲轴位置传感器、霍尔式曲轴位置传感器和光电式曲轴位置传感器。

1. 磁脉冲式曲轴位置传感器

别克轿车 7X 型曲轴位置传感器属于磁脉冲式曲轴位置传感器，是利用磁感应的原理制成的。它的主要作用是测定发动机高速运转时曲轴的位置和发动机的转速。7X 曲轴位置传感器的信号盘铸在曲轴上的一个特殊的轮上,有 7 个加工的切槽,其中 6 个槽以 60°间隔均匀分布,第 7 个槽距离前一个槽为 10°,如图 2-3 所示。当发动机转动时,7X 曲轴位置传感器信号盘的齿和凸缘使通过信号发生器中感应线圈的磁场发生变化,从而在感应线圈里产生交变的电动势,经滤波整形后变成脉冲信号,此脉冲信号输入 ECU 后被用来计算曲轴位置和发动机转速。

2. 霍尔式曲轴位置传感器

霍尔式曲轴位置传感器是利用霍尔效应产生与曲轴转角相对应的电压脉冲信号的原理制成的。霍尔效应是一种磁电效应,在 1879 年被首次发现。如图 2-4 所示,当长方体导体垂直放入磁感应强度为 B 的磁场时,就会产生垂直于电流方向与磁场方向的电压 U_H;当磁场消失时,电压也立即消失,这个电压就是霍尔电压。

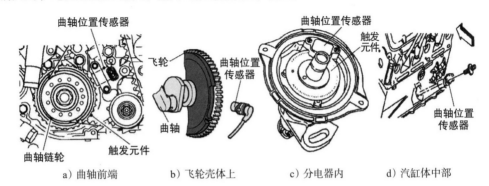

图 2-2 曲轴位置传感器的安装位置

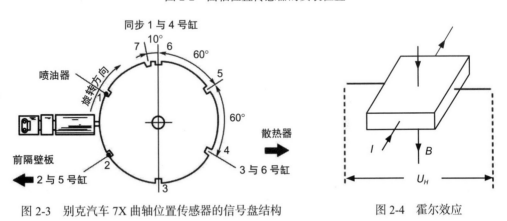

图 2-3 别克汽车 7X 曲轴位置传感器的信号盘结构　　图 2-4 霍尔效应

霍尔式曲轴位置传感器分为触发叶片式霍尔曲轴位置传感器和触发轮齿式霍尔曲轴位置传感器两种。

(1) 触发叶片式霍尔曲轴位置传感器

触发叶片式霍尔曲轴位置传感器主要由触发叶轮、霍尔集成电路、磁轭(导磁钢片)和永久磁铁组成,而集成电路又由霍尔元件、放大电路、稳压电路、温度补偿电阻、信号变换电路和输出电路组成。触发叶片式霍尔曲轴位置传感器的工作原理如图 2-5 所示。

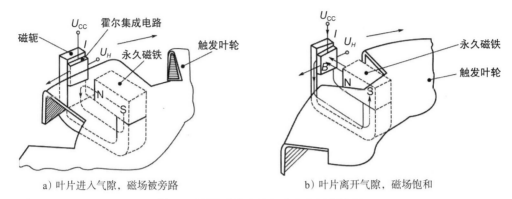

a) 叶片进入气隙,磁场被旁路　　　　b) 叶片离开气隙,磁场饱和

图 2-5 触发叶片式霍尔曲轴位置传感器

当曲轴转动并带动转子轴转动时,触发叶轮随转子轴一起转动,触发叶轮的叶片便从霍尔集成电路与永久磁铁之间的气隙中转过。当叶片进入气隙时,霍尔集成电路中的磁场被叶片旁路,如图 2-5a 所示,此时霍尔元件产生的霍尔电压为零,集成电路输出级的三极管截止,传感器输出一个高电平信号电压 U_0。当叶片离开气隙时,永久磁铁的磁通便经过霍尔集成电路和导磁钢片构成回路,如图 2-5b 所示,此时霍尔元件产生霍尔电压 U_H,霍尔集成电路输出级的三极管导通,传感器输出一个低电平电压信号 U_0。ECU 便根据输入的脉冲信号计算曲轴的转角及活塞上的止点位置,从而对发动机的点火和喷油时刻进行控制。

(2) 触发轮齿式霍尔曲轴位置传感器

霍尔曲轴位置传感器一般由霍尔信号发生器和信号转子两个基本元件组成。此处以北京切诺基吉普的触发轮齿式霍尔曲轴位置传感器为例进一步介绍此种传感器结构。北京切诺基吉普的触发轮齿式霍尔曲轴位置传感器的结构如图 2-6 所示。4 缸发动机所用的曲轴位置传感器与 6 缸发动机所用的曲轴位置传感器略有差异。

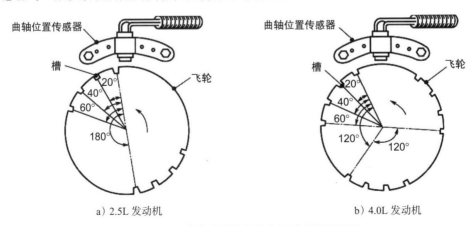

a) 2.5L 发动机　　　　b) 4.0L 发动机

图 2-6 触发轮齿式霍尔曲轴位置传感器结构图

在 2.5L 的 4 缸发动机的飞轮上有 8 个槽，分为两组，4 个槽为一组，两组相隔 180°，每组中的每个槽相隔 20°。在 4.0L 的 6 缸机的飞轮上有 12 个槽，4 个槽为一组，分为 3 组，每组相隔 120°，每组中的每个槽也相隔 20°。当切诺基吉普飞轮的凹槽（飞轮为信号转子）通过传感器的信号发生器时，霍尔传感器向外输出 5V 高电位；当飞轮凹槽间的金属凸齿与传感器信号发生器成一条直线时，霍尔传感器输出 0.3V 低电位。4 缸发动机每转一周产生两组脉冲信号，6 缸发动机每转一周产生三组脉冲信号。ECU 根据传感器输入的脉冲信号即可计算曲轴的位置及发动机的转速。

3. 光电式曲轴位置传感器

光电式曲轴位置传感器一般安装在分电器内（无分电器则安装在凸轮轴左前部），由信号盘和信号发生器组成。信号盘安装在分电器轴上，和分电器轴一起随曲轴转动，其结构如图 2-7 所示，它的外围均匀分布着 360 条缝隙（透光孔），用于产生 1° 信号。对于 6 缸发动机，在信号盘外围稍靠内的圆上，均匀分布着 6 个间隔 60° 的透光孔，分别产生 120° 曲轴转角信号，其中有一个较宽的光孔用于产生第 1 缸上止点对应的 120° 信号孔。信号发生器安装在分电器壳体上，它由两只发光二极管、两只光敏二极管和电子电路组成，如图 2-8 所示，两只发光二极管分别正对着两只光敏二极管，信号盘在发光二极管和光敏二极管之间。

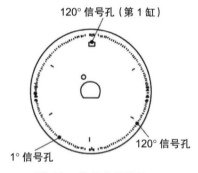

图 2-7　信号盘的结构

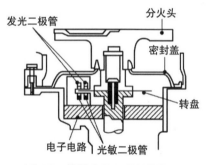

图 2-8　信号盘发生器的结构

光电式曲轴位置传感器利用发动机曲轴运转带动分电器轴和信号盘转动，使发光二极管发出的光线通过信号盘（边缘刻有小孔）产生交替变化，从而使光敏二极管导通与截止，进而产生脉冲电压信号。当信号发生器中的发光二极管的光束通过信号盘的小孔照射到与其正对的光敏二极管上时，光敏二极管感光导通，产生电压信号；当发光二极管的光束被信号盘遮挡时，光敏二极管截止，产生的电压为零，如图 2-9 所示。

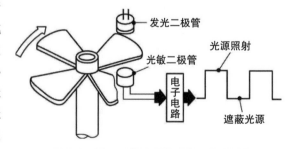

图 2-9　光电式信号发生器的工作原理

将光敏二极管产生的脉冲电压信号经电子电路放大后,便向 ECU 输入曲轴转角的 1°信号和 120°信号。由于信号发生器安装位置的关系,因此 120°信号并不是指活塞上止点时的曲轴位置,而是在活塞上止点前 70°的曲轴位置。

2.2.2 速度传感器

汽车电子控制系统的信息源是汽车速度传感器,其具有检测电控汽车车速、控制发动机怠速、自动变速器的变扭器锁止和换挡及发动机冷却风扇的开闭和巡航定速等功能。汽车仪表盘上显示的车速和里程,一般也是用安装在变速器上的速度传感器进行测量的。速度传感器的输出信号可以是磁电式交流信号,也可以是霍尔式数字信号或光电式数字信号,所以速度传感器分为电磁感应式车速传感器、光电式车速传感器和霍尔式车速传感器。

1. 电磁感应式车速传感器

电磁感应式车速传感器由永久磁铁和电磁感应线圈组成,如图 2-10a 所示,它固定在自动变速器输出轴附近的壳体上,靠近输出轴上的停车锁止齿轮或感应转子安装。当输出轴转动时,停车锁止齿轮或感应转子的凸齿不断地靠近或离开车速传感器,使感应线圈内的磁通量发生改变,从而产生交流感应电压,如图 2-10b 所示。车速越高,输出轴的转速越高,感应电压的脉冲频率也越大。ECU 根据感应电压脉冲频率的大小计算车速。

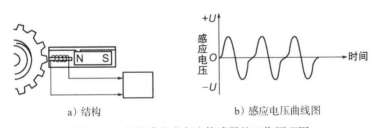

a) 结构　　　　　　　　b) 感应电压曲线图

图 2-10　电磁感应式车速传感器的工作原理图

2. 光电式车速传感器

光电式车速传感器的工作原理示意图如图 2-11 所示。当遮光板不能遮断光束时,发光二极管的光射到光敏三极管上,光敏三极管的集电极中有电流通过,该管导通,这时三极管 VT1 也导通,因此在 S_i 端子上就有 5V 电压输出。

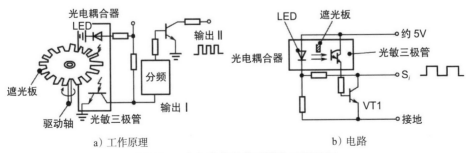

a) 工作原理　　　　　　　　b) 电路

图 2-11　光电式车速传感器的工作原理

3. 霍尔式车速传感器

霍尔式车速传感器主要由触发叶轮、带导板的永久磁铁、霍尔元件及集成电路组成，其结构如图2-12所示。

霍尔式车速传感器是利用霍尔效应的原理制成的。触发叶轮转动时，其叶片在永久磁铁与霍尔元件间转动，使通过霍尔元件的磁通量发生变化，当霍尔元件用导线连接在电路中，会在霍尔元件上产生一个霍尔电压，经集成电路放大整形后输出矩形方波信号输入给ECU，如图2-13所示。

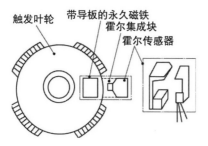 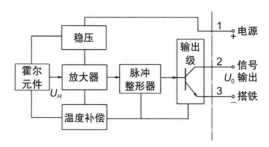

图2-12 霍尔式车速传感器的结构　　图2-13 霍尔集成块的电路框图

2.2.3 温度传感器

温度传感器属于热电式传感器，是将温度变化转换为电量变化的装置，它利用敏感元件的电磁参数随温度变化而变化的特性来达到测量目的。由于热电式传感器具有结构简单、使用方便、测量精度高等优点，因此广泛应用于汽车上。

按照传感器材料及电子元件特性的不同，温度传感器可分为热敏电阻式温度传感器和热电耦式温度传感器两类。

1. 热敏电阻式温度传感器

热敏电阻由半导体材料制成，其特点是电阻随温度的变化而显著变化，因此它是最灵敏的温度传感器。制造热敏电阻的材料有很多，如锰、铜、镍、钴和钛等氧化物，将它们按一定比例混合后压制成型，然后在高温下烧结而成。热敏电阻具有灵敏度高、体积小、较稳定、制作简单、寿命长和动态特性好等优点，又因为随温度的变化，不同的热敏电阻具有不同反应，所以热敏电阻又可以分成3种类型：正温度系数热敏电阻（NTC）、负温度系数热敏电阻（PTC）和临界温度系数热敏电阻（CTR）。由图2-14可知NTC型与PTC型的热敏电阻随温度的变化情况。

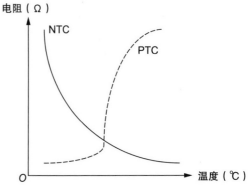

图2-14 热敏电阻温度特性曲线

以 PTC 热敏电阻为例，其电阻与温度之间的关系如下：

$$R = A \times e^{B/T} \tag{2.6}$$

其中，A 为与热敏电阻尺寸形状以及它的半导体物理性能有关的常数，量纲为 $Ω$，B 为与半导体物理性能有关的常数，量纲为 K，T 为热敏电阻的绝对温度。

2. 热电耦式温度传感器

热电耦式温度传感器通常可以将温度信号转换成热电动势信号，外形根据需要而改变。其结构简单、动态特性好、测量温度范围宽、热惯性小、准确度高，以及输出信号便于远距离传输、集中检测和自动记录，可应用于汽车温度测量。

热电耦由在一端连接的两条不同金属线（金属 A 和金属 B）构成，图 2-15 所示为热电耦传感器工作原理图，其测温的基本原理是，当热电耦一端受热时，热电耦电路中就有电势差，可用测量的电势差来计算温度。

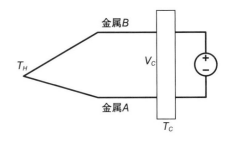

图 2-15　热电耦传感器工作原理

当两端存在温度梯度时，回路中就会有电流通过，此时两端之间存在电动势——热电动势，这就是所谓的塞贝克效应。两种不同成分的均质导体为热电极，温度较高的一端为工作端 T_H（热端温度），温度较低的一端为自由端 T_C（冷端温度），自由端通常处于某个恒定的温度下。根据热电动势与温度的函数关系，制成热电耦分度表，分度表是自由端温度为 0℃时的条件下得到的，不同的热电耦具有不同的分度表。

2.2.4　压力传感器

压力传感器是能感受压力信号，并按照一定的规律将压力信号转换成可用的输出的电信号的器件或装置。压力传感器在汽车中广泛应用，型号众多，可以应用于刹车压力、轮胎压力、液压变速箱压力、吸管压力和共享燃油压力等。

压力传感器利用某些介质材料所具有的压电效应，既可以将机械能转换成电能，也可以将电能转换成机械能。当材料受力作用而变形时，其表面会有电荷产生，从而实现非电量测量。压力传感器具有使用频带宽、灵敏度高、信噪比高、结构简单、工作可靠、质量轻、测量范围广等优点。本节以金属膜片式压力传感器为例进行介绍，如图 2-16 所示。

其中膜片的面积是确定的，作用在膜片上的压力乘以面积就是作用力，作用力会使膜片变形。膜片上贴有电阻应变片硅材料的电阻应变片的温度效应特别敏感，电桥及它的后续电路对温度的影响会进行补偿校正，膜片的变形引起电阻应变

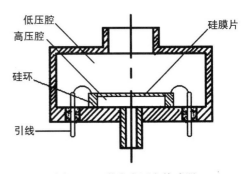

图 2-16　膜片式压力传感器

片的电阻变化。电阻应变片接在电桥电路上，其电阻值的变化会产生一个变化的电压，这个电压值和压力值接近线性比例。

2.3 汽车传动系统

汽车传动系统是指从发动机到驱动轮之间所有动力传递装置的总称，其功能是将发动机输出的动力传递给驱动轮，使地面对驱动轮产生驱动力，从而推动汽车行驶。汽车传动系统包括离合器、变速器、传动轴、主减速器、差速器及半轴等部分。发动机输出的动力首先经过离合器，由变速器变速后，再经传动轴把动力传递到主减速器上，最后通过差速器和半轴把动力传递到驱动轮上，以下是对汽车传动系统部分组成部件的介绍。

2.3.1 离合器

1. 离合器的结构

（1）离合器的结构组成

离合器位于发动机和变速器之间，是汽车传动系统中直接与发动机相连的部件，在汽车行驶过程中，驾驶人可以根据需要踩下或松开离合器踏板，使发动机与变速器暂时分离或逐渐接合，以便切断或传递动力。任何汽车都有离合器，其主要结构是相同的，即由主动部分、从动部分、压紧机构和操纵机构组成，如图2-17所示。

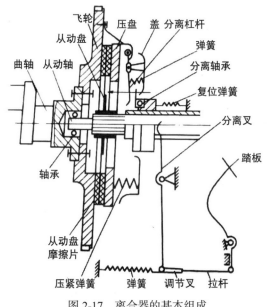

图 2-17 离合器的基本组成

1）主动部分：离合器的主动部分由飞轮、离合器盖以及压盘三大部分组成。其中，飞轮位于曲轴的后端，它与离合器盖相互连接，其主要用于存储做功行程所需的能量，克服各种阻力，使得曲轴能够均匀旋转，并且可以使发动机在短时间内克服超负荷。离合器盖的特点是质量轻，拆卸方便、快捷。压盘通常使用强度和刚度都较大并且具有较好耐热性的高强度铸铁制成。

2）从动部分：从动部分包括从动轴和从动盘。其中，从动盘的结构可以分为不带扭转减震器和带扭转减震器两大类型。从动盘由从动盘毂、从动盘本体及摩擦衬片组成。

3）压紧机构：离合器的压紧机构可以分为弹簧膜片式压紧结构以及周布螺旋弹簧式压紧结构。

4）操纵机构：操纵机构是使离合器分离的装置，由离合器踏板、分离拉杆、分离叉、分离轴承和分离杠杆组成。其中，分离杠杆的内端处于自由状态，而分离杠杆的外端则与压盘铰接。

（2）离合器的功能

1）可以随接通或断开发动机与变速器之间的动力传递，便于发动机的起动和变速器的顺利换挡。

2）可以使汽车的发动机与传动系分离再接合，以使传递动力，保证汽车平稳起步。

3）可以限制所传递的转矩，防止发动机和传动系统过载。

2. 离合器的类型与工作原理

汽车离合器按照工作原理的不同可分为机械摩擦式离合器和自动离合器两大类型。目前，与手动变速器相配合的离合器绝大部分为摩擦式离合器，下面主要介绍摩擦式离合器的工作原理。

机械摩擦式离合器的结构简单，主要由压紧机构和分离机构两部分组成，而压紧机构又分为主动（飞轮、压紧盘）、从动（摩擦盘、输出轴）和压紧（弹簧、离合器盖）三部分，分离机构则由分离轴承、拨叉及附件组成。

离合器壳体通过螺丝固定在飞轮上，离合器中的摩擦盘在主弹簧的作用力下被压紧盘紧紧压在飞轮的摩擦面上，而摩擦盘通过花键与变速器的输入轴相连。利用摩擦传递原理，将发动机发出的扭矩传递给变速器。下面具体介绍机械摩擦式离合器的工作原理。

1）分离过程：当驾驶员踩下离合器踏板后，踏板左移，推杆左移，推动膜片弹簧分离板左移，将力传递到分离叉和分离轴承，分离轴承前移将膜片弹簧往飞轮端压紧，膜片弹簧以支承圈为支点使大端向右移动，同时拉压盘右移，使压紧盘、摩擦盘与飞轮脱离接触，离合器实现分离，这时发动机动力传输中断，如图2-18a所示。

2）接合过程：当驾驶员松开离合器踏板后，踏板恢复到原位，同时带动推杆和分离轴承回位，与分离过程互为逆过程。依靠主弹簧再次将摩擦盘紧紧地压在飞轮的摩擦面上，通过摩擦传递原理，将发动机发出的扭矩传递给变速器，接合过程结束，离合器恢复传递动力功能，如图2-18b所示。

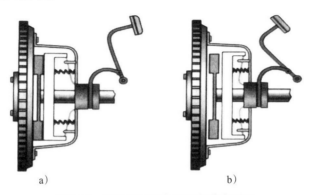

图2-18 离合器的接合过程与分离过程

2.3.2 变速器

1. 变速器的原理及功能

（1）变速器的原理

汽车变速器是一套用来协调发动机的转速和车轮的实际行驶速度的变速装置，又被称为变速箱。变速器可以在汽车行驶过程中在发动机和车轮之间产生不同的变速比，通过换挡使发动机在最佳的动力性能状态下工作。

变速器的原理包含齿轮机械和杠杆的原理。降挡时，实际上是将被动齿轮切换成了更大的齿轮，根据杠杆原理，此时变速器输出的转速就会相对降低，但转矩增大；反之升挡时，实际上是被动齿轮切换为小齿轮，此时变速器输出的转速就会提高，但转矩会减小。

（2）变速器的功能

1）可以扩大汽车牵引力和速度的变化范围，实现变速变矩，适应汽车在各种行驶条件的需要。

2）可以在发动机曲轴旋转方向不变时，实现汽车的倒向行驶，满足汽车出库、入库、掉头等情况下的需求。

3）可以利用空挡，必要时中断发动机向驱动轮传递动力，以使发动机可以起始和怠速运转，使汽车短暂地滑行、停驶。

2. 变速器的分类

汽车采用的变速器可以分为手动变速器和自动变速器两大类型。其中手动变速器最为常见，自动变速器有逐渐取代手动变速器的趋势。虽然手动变速器与自动变速器的类型、组成部分都不同，但它们的功能几乎一样。

（1）手动变速器

手动变速器又称为机械式变速器，即必须手动拨动变速器的操作杆，改变变速器内的齿轮咬合位置，从而改变变速器的挡位，改变传动比。手动变速器由齿轮变速器、同步器和换挡操纵结构三大部分组成。

1）齿轮变速器：包括输入轴、输出轴、倒挡轴、齿轮组。齿轮变速器的主要功能就是通过多种主、从动齿轮形成不同的转动比，从而实现变速变矩。变速器的挡位数就是齿轮变速器前进挡的数量。

2）同步器：变速器在换挡过程中，即将啮合的一对齿轮转速必须相同（及同步状态），才能平顺啮合而顺利挂挡。如果未达到同步强行啮合，两个齿轮之间会出现冲击，导致齿端发生磨损、撞击，甚至造成齿轮折断。在装了同步器后，它使待接合的两个齿轮迅速同步，保证换挡顺利，简化驾驶员换挡操作，从而延长了齿轮的使用寿命。

3）换挡操纵结构：在驾驶员的操作下，机械传动结构控制同步器进行齿轮变速器换挡，变速器的换挡操作就可以迅速、准确地进行。行车时把手柄松开放下，驻车时拉紧制动，防止车辆滑动。

手动变速器有三大基本原理，分别为变速/变矩原理、倒挡原理以及换挡原理。下面对这三个原理进行简单介绍。

1）变速/变矩原理：手动变速器内有多个不同的齿轮，由齿轮传动原理可知，不同齿数的齿轮相互组合，若小齿轮作为主动齿轮带动大齿轮转动，此时变速器输出的转速就会相对降低，但转矩会增大；反之，若是大齿轮作为主动齿轮带动小齿轮转动，此时变速器输出的转速就会相对提高，但转矩会减小，如图2-19所示。

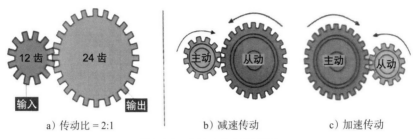

a）传动比=2:1　　　b）减速传动　　　c）加速传动

图2-19　变速/变矩原理图

2）倒挡原理：每出现一次外啮合齿轮转动，其从动轮的转动方向就改变一次，驱动输出轴就改变一次转向，最终带动车轮向反方向进行倒车。

3）换挡原理：将正在啮合的齿轮相互分离，再使另外一对齿轮相互啮合，就会使转动比产生改变，从而实现换挡。

（2）自动变速器

自动变速器即自动操纵式变速器，它可以在车辆行驶过程中自动改变齿轮传动比，驾驶员通常只需要操作加速踏板。它根据发动机负荷和车速等变化自动变换传动系统的传动比，使汽车获得良好的动力性和燃油经济性，同时还可以有效减少发动机的排放污染，并显著提高车辆的安全性以及操作的轻便型。

自动变速器有以下几个特点：驾驶操作方便，提高了行车的安全性并且消除了驾驶员换挡技术的差异性；提高了传动系统的使用寿命；有良好的传动比转换性能，从而提高了汽车的加速性能；可充分利用发动机的功率，减少了废气的污染；可以降低换挡时对燃料的消耗；架构复杂，造价高昂，并且传动的效率低。

自动变速器由自动变速器主要由液力传动（动液传动）装置、辅助变速装置、液压控制系统和电子控制装置四大部分组成。

1）液力传动装置是一个自动离合器。它有液力耦合器和液力变矩器两种类型。液力变矩器在传递动力的同时还能增加输出轴的转矩，因此目前的液力传动装置更多采用液力变矩器。

2）辅助变速机构分为行星齿轮式变速器和平行轴齿轮变速器。行星齿轮式变速器一般由2～3排行星齿轮组成，可以实现2～5个速比，从而增大输出轴转矩，提高车辆行驶的适应能力。

3）驾驶员可以利用液压控制系统使离合器和制动器在一定的条件下实现自动换挡。

4）电子控制系统可以改善和提高全液式自动变速器的性能，也可以使变速器变为电控式自动变速器。

有自动变速器的汽车，一般装有变速杆和控制开关，用于选择变速器的挡位。

（3）变速杆

1）P位（停车位），在车辆停放时使用。当自动变速器的操纵手柄置于P位时，变速器的齿轮处于可自由转动状态，不传递动力；同时，通过锁止机构将变速器机械锁止，可以使车辆不再移动。

2）R位（倒车位），在倒车时使用。当自动变速器的操纵手柄置入R位时，变速器的输入轴与输出轴转向相反。

3）N位（空位）。当自动变速器的操纵手柄置于N位时，变速器处于空转状态，不再传递动力，但是N位不能通过锁止机构将变速器机械锁止。挂N位时，可使用人力推着汽车移动。

4）D位（前进位），在起步和行驶时使用。当自动变速器的操纵手柄置于D位时，自动变速器可以根据汽车的车速和节气门的开度自动地升挡或降挡。

5）L位（低挡）。当自动变速器的操纵手柄置于L位时，变速器只在1挡行驶，或者只能在1、2挡之间自动换挡。置于L位时与D位时的区别是：置于L位时可以获得更大的动力性，使汽车上坡行驶时具有足够的驱动力；可以使变速器逆向传递动力，发动机的制动力比较大。

（4）控制开关

1）超速挡开关（O/D开关）。安装在自动变速器的变速杆上，由驾驶员操作控制。它用来限制升入超速挡。当超速挡开关接通时，在D位下自动变速器可以上升至超速挡；当超速挡开关关闭时，自动变速器最高只能上升至直接挡。

2）模式开关。模式开关又称为程序开关，用于自动变速器换挡模式的选择。模式开关可以在经济模式、动力模式和通常模式（或称标准模式）下进行选择。

3）保持开关。保持开关又称为挡位锁定开关。当保持开关接通时，自动变速器不能进行自动换挡，只能通过手动换挡。

2.3.3 传动装置

实现汽车传动系动力传输的关键装置为传动装置。它位于传动轴的末端，连接传动轴驱动桥和半轴等零件，作用是在汽车的车身空间、汽车轴距、装配误差等各方面因素引起的发动机与汽车轴线不在同一位置时，能够解决动力传递过程、适应转向和汽车运行时所产生的上下跳动角度变化问题。

变速器和主减速器在车辆中的位置不同，因此需要传动轴传递扭矩，并且允许特定交角的万向节。此外，在车轮弹簧压缩和伸长时还需进行长度补偿，车轮与主减速器之间的距离也可能会发生变化。

1. 万向节

万向节（universal joint）是汽车传动轴上的关键部件，能够实现变角度动力传递。万向节与传动轴的组合被称为万向节传动装置。万向节传动必须具备以下特点：

1）保证所连接两轴的相对位置在预计范围内变动时能可靠地传递动力。

2）保证所连接两个轴都能均匀运转。由于万向节夹角而产生的附加载荷、振动和噪声应在允许范围内。

3）传动效率高，使用寿命长，结构简单，制造方便，维修容易。

万向节还是转动轴与转动轴之间实现变角度传递动力的核心部件，车辆的传动轴和转向驱动桥上都安装了万向节，目前常用的万向节是十字轴式万向节。

十字轴式万向节在发动机前置后轮驱动的汽车传动系统中应用最为广泛，其结构简单、传动可靠、效率高，生产成本也较低，允许两个转动轴之间在最大夹角为 15°～20° 的情况下传递动力，是一种不等速的万向节。在通过万向节连接的两轴存在夹角时，输入轴与输出轴之间就会以变化的瞬时角速度比来传递动力。

2. 传动轴

传动轴是一个高转速、少支承的旋转体，其对平衡至关重要。对前置引擎、后轮驱动的车来说，传动轴是把变速器的转动传到主减速器的轴，节与节之间由万向节连接。

在汽车行驶过程中，变速器与驱动桥的相对位置经常变化，为适应变速器与驱动桥的相对位置变化，传动轴中设有由滑动叉和花键轴组成的滑动花键连接，来实现传动轴长度的变化。若连接两个部件之间的距离较长，就需要将传动轴分为两段。传动轴的前段称为中间传动轴，在其后端部设有中间支承，而传动轴的后段则被称为主传动轴，都用薄钢板卷焊而成。

2.3.4 驱动桥

汽车发动机的动力经离合器、变速器、传动轴，最后被传送到驱动桥，再将其分配给半轴驱动车轮，在这条动力传送路径上，驱动桥是最后一个总成，它的主要部件是主减速器、差速器和半轴。

1. 主减速器

主减速器是汽车传动系中减小转速、增大扭矩的主要部件。主减速器的存在有两个作用：第一是改变动力传输的方向，第二是作为变速器的延伸为各个挡位提供一个共同的传动比。当通过主减速器将传动速度降下来以后，能获得比较高的输出扭矩，从而得到较大的驱动力。此外，汽车主减速器还有改变动力输出方向、实现左右车轮差速或中后桥的差速功能，且可根据需要改变转矩的方向。主减速器有单级主减速器和双极主减速器两种类型。

（1）单级主减速器

单级主减速器只有一对锥齿轮转动，它结构简单、重量很轻、体积小，但是它的传动效率高，如图2-20所示。

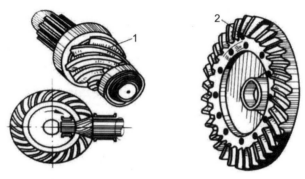

图2-20 单级主减速器齿轮
1—主动齿轮 2—从动齿轮

（2）双级主减速器

当主减速器要求较大的传动比时，需要使用双级主减速器，如图2-21所示，第一级为一对锥齿轮减速，第二级为一对圆柱斜齿轮减速。经过双级减速后，传动比可达到7.63，同时又能保证足够的离地间隙。

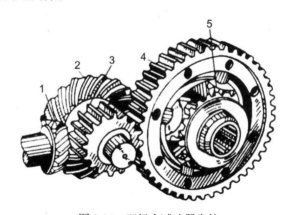

图2-21 双级主减速器齿轮
1—圆锥主动齿轮 2—圆锥从动齿轮 3—圆柱主动齿轮
4—圆柱从动齿轮 5—差速器行星齿轮

2. 差速器

汽车在拐弯时车轮的轨线是圆弧，如果汽车向左转弯，圆弧的中心点在左侧，在相同的时间里，右侧轮子走的弧线比左侧轮子长，为了平衡这个差异，就要左边轮子慢一点，右边轮子快一点，用不同的转速来弥补距离的差异。如果将后轮轴做成一个整体，就无法做到两侧轮子的转速差异，也就是做不到自动调整。为了解决这个问题，一百年前法国雷诺汽车公司的创始人路易斯·雷诺设计了差速器装置。

汽车差速器是能够使左、右（或前、后）驱动轮实现以不同转速转动的机构。差速器主要由差速器壳、半轴齿轮、行星齿轮等部分组成。现代汽车上的差速器通常按其工作特性分为齿轮式差速器和防滑差速器两大类。发动机的动力经传动轴进入差速器,直接驱动行星齿轮,再由行星齿轮带动左、右两条半轴,分别驱动左、右车轮。

差速器的设计要求满足:左半轴转速 + 右半轴转速 = 行星齿轮转速。

3. 半轴

半轴也叫驱动轴,它是差速器与驱动轮之间传递动力的轴,其内外端各有一个万向节,分别通过万向节上的花键与减速器的半轴齿轮及轮毂轴承内圈连接。根据其支承形式的不同,有全浮式和半浮式两种半轴,如图 2-22 所示。

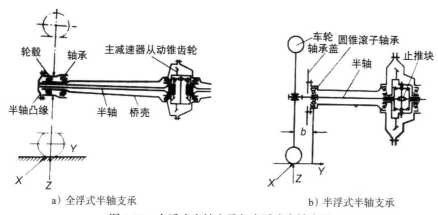

图 2-22 全浮式半轴支承与半浮式半轴支承

(1)全浮式半轴支承

半轴内端借花键与半轴齿轮啮合,半轴齿轮的轴部支承在差速器壳两侧的轴颈孔内,全浮式半轴易于拆卸,拆卸时只要松开半轴的凸缘与轮毂连接的螺栓,就可以从半轴套管内抽出半轴。在汽车行驶中,全浮式半轴支撑的半轴内以及外端只承受转矩,而不承受其他任何的反力和反力矩。它的特点是拆卸方便、传力能力大,因此广泛应用于各种类型的货车。

(2)半浮式半轴支承

半轴内端与半轴齿轮通过花键连接,其外端是锥形的,并且通过轴承直接支承于桥壳内,车轮轮毂则通过键直接固定于半轴外端上。半浮式半轴内端的支承方式与全浮式半轴内端的支承方式相同,即不承受弯矩,但是半浮式半轴外端不仅要承受转矩,还要承受各种反力及其形成的弯矩。它的特点是结构简单、质量小、造价低,适用于小直径车轮,但半轴承受的载荷复杂且拆装不便,多用于反力、弯矩较小的轿车和微型汽车。

2.4 车身电子控制系统

汽车车身是能够容纳驾驶员、乘车员以及货物的场所。汽车车身主要由车身壳体、车门、车窗、车身内外装饰件、车身附件、仪表、空调和座椅等组成,车身电子控制系统应具备良好的操作条件,为乘客提供安全、舒适的乘坐环境,还要能够保证行车安全以及减轻事故后果等。本节将从汽车中央控制门锁系统、防护系统(安全带与安全气囊)、防盗系统和空调系统四个方面介绍车身电子控制系统。

2.4.1 中央控制门锁系统

中央控制门锁是一种门锁控制系统,为了方便开关车门,现代汽车大都安装了中央控制门锁,它可以让所有的门锁随着驾驶员的门锁统一动作。另外,出于安全和方便的考虑,所有的中央门锁系统都支持传统的机械式开关车门,即在车门锁止的状态下,拉动车门内扣手解锁车门,再拉动一次可打开车门。

1. 组成与功能

中央控制门锁由门锁开关、钥匙控制开关、门锁总成和行李箱门开启器开关等组成。

(1)门锁开关

汽车的门锁开关一般安装在驾驶员前侧门的扶手上,通过门锁开关可以同时锁上或打开车门,图 2-23 所示为哈弗 H6 轿车的门锁开关,A 为解锁按钮,B 为锁止按钮。

(2)钥匙控制开关

钥匙控制开关在前门的钥匙门上,当用机械钥匙开门和关门时,钥匙控制开关发出信号给门锁开关 ECU,就可以锁止所有的车门或者解锁驾驶员侧车门,图 2-24 所示为哈弗 H2 轿车解锁和锁止示意图。

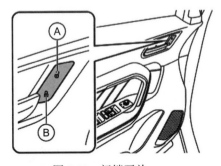

图 2-23 门锁开关

图 2-24 机械钥匙解锁和锁止示意图

(3)门锁总成

门锁总成主要由门锁传动机构(包括电动机、蜗杆蜗轮、位置开关和回位弹簧等)、门锁位置开关、外壳等组成。电动机即为门锁执行器,每个门锁的开和关都需要将锁杆向前或向后移动几厘米。例如当电动机转动时,蜗杆带蜗轮转动,蜗轮推动锁杆,车门锁止或解锁,在回位弹簧的作用下,蜗轮重新返回原位,防止操作门锁时电动机工作。门锁执行器可以分为螺线管执行器、直流电机执行器和步进电机执行器。

(4)行李箱门开启器开关

行李箱门开启器安装在行李箱门上,行李箱门开启器开关一般安装在仪表板下面,拉动开启器开关能打开行李箱门。注意：行李箱钥匙门在行李箱门开启器附近，如果推压钥匙门，断开行李箱内主开关，即使拉动开启器开关也不能打开行李箱门，只有打开钥匙门，接通主开关，才可以实现用行李箱门开启器打开行李箱。

2. 分类

中央门锁控制系统根据生产厂家的不同，形式也比较多，常见的有继电器控制的中央门锁控制系统、具有防盗功能的 ECU 控制的中央门锁控制系统和遥控门锁系统等。以遥控门锁系统为例，通过智能遥控钥匙的无线遥控功能，可进行遥控闭锁/解锁所有车门、遥控升/降车窗玻璃、遥控开启/关闭天窗、遥控开启掀背门等。图 2-25 所示为广汽传祺 GM8 产品的智能遥控钥匙图，以配备单侧电动滑移门车型的钥匙为例。

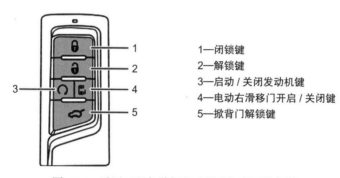

图 2-25 适用于配备单侧电动滑移门车型的钥匙

注意：智能遥控钥匙内含收发器芯片，芯片配有电子代码，此代码会被发送至车辆。只有芯片的电子代码与车辆登记的 ID 代码一致时，才能使用智能遥控钥匙操作车辆。

2.4.2 防护系统

汽车安全系统的概念包含两个方面，一是主动安全系统，二是被动安全系统。主动安全的作用就是避免事故的发生，而被动安全系统则是发生事故的汽车对车内乘员的保护或者对被撞车辆或行人的保护，如安全带、安全气囊、车身的前后吸能区、车门防撞钢梁都属于被动安全设计。

1. 安全带

安全带是汽车重要的被动防护装置之一，当车辆发生碰撞时，正确佩戴安全带可以将驾乘人员约束在合适的位置，减缓驾乘人员向前运动的惯性，防止驾乘人员的失控运动，避免驾乘人员被抛出，尽可能降低其所受到的冲击和伤害，降低碰撞事故中车内成员的伤亡率。值得注意的是，安全气囊绝对不可以代替安全带。无论车辆是否配备安全气囊，正确佩戴安全带都是十分必要的。

安全带一般由卷收器和织带及锁扣等组成。根据卷收器的不同可分为以下几种类型：无锁式安全带、手调式安全带、自锁式安全带、紧急锁止式安全带、预紧式安全带和限力式安全带。以哈弗 H2 汽车为例，它采用的是预紧式安全带，如图 2-26 所示。

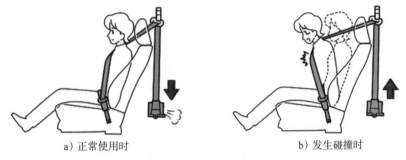

图 2-26 预紧式安全带

预紧式安全带的预紧力不是太大，安全带与人体之间会有一定间隙，限力器能够使安全带的负荷维持在规定值内，以减轻对胸部的压力。预紧式安全带使用预紧器，当发生碰撞时，预紧器能够使安全带瞬间收紧，从而有效消除间隙，提高安全带的效用，使乘员受到最佳的约束保护。

2. 安全气囊

安全气囊也是汽车重要的被动防护装置之一，它被称为汽车辅助防护系统（Supplemental Restraint System，SRS）。

（1）分类

汽车的安全气囊有多种结构形式。按照适用的碰撞类型可分为正面碰撞防护安全气囊系统、侧面碰撞防护安全气囊系统和顶部碰撞防护安全气囊系统。图 2-27 所示为广汽传祺 GM8 安全气囊系统，它安装了正面、侧面和侧窗帘式（侧窗帘式安全气囊安装在顶棚的左、右两侧内部）安全气囊。当车辆发生严重正面、侧面碰撞时，若达到触发条件，系统触发正面安全气囊、侧面安全气囊和侧窗帘式安全气囊迅速膨胀，协助安全带对前排驾驶员的附加保护。

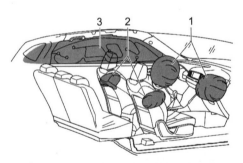

图 2-27 广汽传祺 GM8 安全气囊系统
1—前排正面安全气囊 2—前排侧面安全气囊
3—侧窗帘式安全气囊

按照安全气囊安装的数目可以分为单气囊系统（只装在驾驶员侧）、双气囊系统（驾驶员侧和副驾驶员侧各有一个安全气囊）和多气囊系统（除了前排之外，还在后排、顶部等多处有安全气囊）。按照安全气囊的触发形式可以分为机械式安全气囊、电子式安全气囊和智能型安全气囊。

（2）系统构成与基本原理

安全气囊系统主要包括传感器、安全气囊控制器、点火器、点火剂和气囊等，如图 2-28 所示。

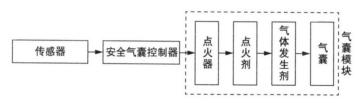

图 2-28 安全气囊系统的基本组成

下面介绍它的基本工作原理。在行驶过程中,当汽车发生碰撞事故时,第一步:安全气囊传感器接收撞击信号,当达到规定的强度时,传感器即产生动作并向控制器发出信号。第二步:电子控制器接收到信号后,与其原存储信号进行比较,如果达到气囊展开条件,则由驱动电路向气囊组件中的气体发生器发送起动信号。第三步:气体发生器接到信号后引燃气体发生剂,产生大量气体,经过滤并冷却后进入气囊,使气囊在极短的时间内突破衬垫迅速展开。

(3)电路原理

桑塔纳汽车上的安全气囊系统电路原理图如图 2-29 所示,包括安全气囊控制单元(J_{234})、碰撞传感器(G_{435} 为驾驶员侧头部安全气囊碰撞传感器、G_{436} 为副驾驶员侧头部安全气囊碰撞传感器)和安全气囊引爆装置(N_{251} 为驾驶员侧头部安全气囊引爆装置、N_{252} 为副驾驶员侧头部安全气囊引爆装置)等。

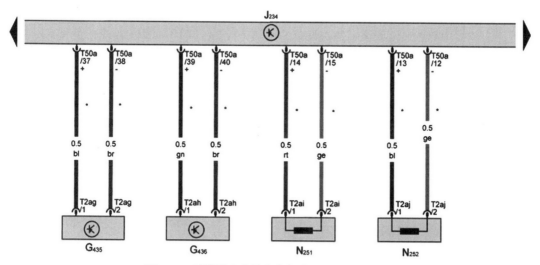

图 2-29 桑塔纳汽车的安全气囊系统电路原理图

2.4.3 防盗系统

随着汽车盗窃案件数的逐年上升,为了使偷盗者放弃偷盗该车辆,也为了保护车主的利益,汽车制造商对汽车的防盗系统进行了深入研究,力图在窃贼接近汽车时以警笛、灯光等形式警示窃贼,并吸引路人注意。现在汽车的防盗系统已经作为车辆的标准装备嵌入在汽车的主电路中。

1. 概述

汽车的防盗技术及产品经历了四个阶段。早期的防盗器材是机械的防盗锁，主要通过锁定离合器、制动器、油门、节气门和转向盘等达到防盗的目的，没有报警功能，只能限制车辆的操作。后来出现了第一代单向通信电子防盗器，单向是指车主通过遥控器来控制汽车，但无法将车辆的真实状况反馈给车主，它的优点是价格便宜而且维修方便，缺点是质量不稳定，在闹市区或电视台发射塔周围极易受到无线电波干扰，抗干扰能力差。

在第一代产品的基础上，又出现了具有双向通信功能的电子防盗器。这款产品最早出现在韩国，车主不仅可以遥控车辆，还可以接收到车辆的反馈信息，当车辆有异动并且报警时，遥控器上的显示屏就会显示车辆正在遭遇的情况，反馈距离比第一代也有了较大的提升，能达到 1000 米。

第三代出现了芯片式防盗系统，又称为密码防盗器，是用大规模的集成电路芯片和单片机技术制成的车载电脑防盗系统。其主要原理是利用密码钥匙锁住汽车的马达和电路，在没有钥匙的情况下无法启动车辆，而且只有在钥匙内芯片的密码数据与车载电脑预存的数据一致时，发动机才可以启动。很多进口的高档车、国产的大众和广州本田等车型都安装了原厂的芯片式防盗系统。

第四代即网络式（GPS）防盗技术。GPS 最早应用于军事领域，在汽车反劫防盗中获得了良好效果。GPS 包括监控中心的中央控制系统、车辆上的 GPS 终端设备以及 GSM 通信网络。监控中心通过对安装了终端设备的车辆进行 24 小时不间断的监控，实现监控车辆位置、监听车内信息，必要时还可以切断车辆油路、电路和锁死所有门窗等。如果非法拆卸了 GPS 防盗器，则汽车会自动发出报警信息，监控中心会很快锁定车辆位置。其缺点是 GPS 价格昂贵，还要向监控中心缴纳一定的服务费，所以发达国家使用得比较多。

2. 构成

以 ECU 控制的防盗系统为例，其主要包括报警启动/解除操作部分、防盗 ECU 和执行器，如图 2-30 所示。

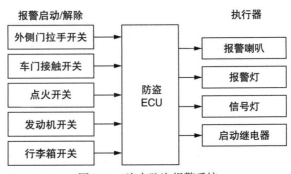

图 2-30 汽车防盗报警系统

点火开关最先启动防盗系统，接着由各类开关上的各类传感器检测是否出现非法闯入汽车或非法搬运汽车的情况，一旦发现异常，防盗 ECU 向执行器发送指令，要求其发出报警信号，并且阻止发动机运转。

3. 典型的汽车防盗系统

典型的汽车防盗系统有德国桑塔纳 2000GSI 轿车的防盗系统。它采用的是经驻车防盗系统认可的钥匙启动工作程序的防盗装置，主要由带有脉冲转发器的汽车钥匙、读识线圈、防盗 ECU、发动机 ECU 及警告灯等组成。还有美国别克轿车的防盗系统，主要由点火钥匙、点火锁芯、报警模块、报警继电器和 PCM（动力系控制）模块等组成。还有德国宝马（BMW）车系防盗系统，它主要分为 3 种，第一种为 EWS 系统（EWS 系统包括 EWS1、EWS2、EWS3、EWS4）、第二种为 CAS 系统（CAS 系统包括 CAS1、CAS2、CAS3、CAS3+、CAS4、CAS4+）、第三种为新款集成 FEM、BDC 系统（集成系统包括 FEM 系统、BDC 系统），在 1995 年以后，宝马车系就开始采用以 EWS2 为核心的防盗系统。

2.4.4　空调系统

为了提升驾驶员与乘车员的舒适感，现代汽车内部普遍装备了空调系统，它具有调整汽车内的温度、湿度和输送新鲜空气等作用。

1. 空调技术的发展

随着汽车的普及，空调技术也得到了发展：从低级到高级，从单一功能到多功能。

- 第一阶段是 1925 年，美国首次利用汽车发动机的冷却水通过加热器进行供热。但直到 1927 年才组成了完整的供热系统，包括加热器、鼓风机和空气滤清器等。第一阶段可以称为单一供热阶段。
- 第二阶段是 1939 年，称为单一制冷阶段。美国 Packard 汽车公司首次在轿车上安装了机械制冷降温的空调装置，1950 年，美国石油产地的炎热天气使得这种单一制冷装置迅速发展，现仍在热带地区广泛使用。
- 第三阶段是 1954 年，称为冷暖一体化阶段。与前两个单一阶段相比，其最大的特点就是同时具有制冷和制热功能。随着技术的发展，冷暖一体化空调基本上具有降温、供热、除湿、通风、过滤、除霜等功能。目前，这种空调仍然在经济型轿车上大量使用。
- 第四阶段是 1964 年，称为自动控制阶段。冷暖一体化汽车空调需要人工操纵，会增加工作量，所以人们着手研究自动控制的汽车空调，最早是通用公司在凯迪拉克轿车上安装了自动控制的汽车空调，这种空调系统可以预先设置温度，让空调能自动地在设定好的温度范围内工作。
- 第五阶段是 1973 年，称为微机控制阶段。美国通用汽车公司和日本五十铃汽车公司联合研究微机控制的汽车空调，并于 1977 年同时将微机控制的汽车空调安装在各自生产的汽车上。由微处理器控制的这种自动空调系统具有了更多的控制功能，包括增加了显示数字化、制冷 / 供热 / 通风三位一体化和故障诊断智能化等功能，还实现了汽车运行与空调运行的相关统一，提高了汽车的性能。

2. 组成与功能

现代空调系统包括制冷系统、采暖装置、通风装置、空气净化装置和控制系统装置。它们的作用分别是：

- 制冷系统对车内的空气或从车外进来的空气进行冷却和除湿，使车内凉爽舒适；
- 采暖装置主要用于取暖，对车内的空气或从车外进来的空气进行加热和除湿，使车内温暖舒适；
- 通风装置用于将车外的新鲜空气吸进车内，达到通风和换气的效果；
- 空气净化装置可以除去车内的尘埃、有味气体等，达到清洁空气的效果；
- 控制系统装置有控制空调的作用，负责有效地整合制冷、采暖和通风，形成温度适宜的气流。

2.5 底盘电子控制系统

底盘是整个汽车的基体，支撑发动机和车身等各种零部件，分配和传送发动机的动力，完成汽车加速、减速、转向及制动等动作。底盘由传动系、行驶系（悬架系统）、转向系和制动系四大系统组成。本节将对其中的部分内容展开说明。

2.5.1 电子控制悬架系统

传统悬架主要由弹性元件、减振器和导向机构等组成。由于传统悬架系统的刚度和阻尼是针对特定的道路和行驶条件确定的，在汽车行驶过程中，其性能是无法调节的，从而使汽车行驶平顺性和乘坐舒适性受到了限制，因此就有了现代汽车的电子控制悬架系统（electronic control suspension system）。电子控制悬架能自动控制车辆悬架的刚度、阻尼系数及车身高度，根据车载质量、车速和路面状况的变化改变悬架特性，使车辆的行驶平顺性和操纵稳定性达到平衡。

主动悬架系统根据是否包含动力源，可分为四类：全主动悬架（有源主动悬架）、慢主动悬架（部分有源主动悬架）、半主动悬架（无源主动悬架）和馈能型主动悬架，如图 2-31 所示，本节以全主动悬架和半主动悬架为例展开描述。

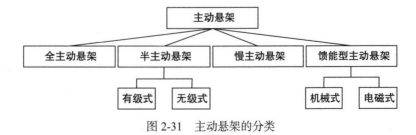

图 2-31 主动悬架的分类

1. 全主动悬架

全主动悬架简称为主动悬架，是一种有源主动悬架。它由主动作用器（液压缸、气缸、伺服电动机、电磁铁等）、测量元件（加速度、位移和力传感器等）和反馈控制器等构成，如图 2-32 所示。悬架的主动控制就是根据汽车在行驶过程中的实际状况，对悬架弹簧的刚度和阻尼进行动态的自适应调节，使其处于最佳减振状态，从而使汽车达到良好的行驶平顺性、安全性和乘坐舒适性。

2. 半主动悬架

半主动悬架系统是一种无源主动悬架，主要由无动力源且可控的阻尼元件（减振器）和支持悬架质量的弹性元件构成。它与全主动悬架的区别在于半主动悬架用可控阻尼的减振器取代了执行器，因此半主动悬架是不改变悬架的刚度、只改变悬架阻尼的悬架系统。图 2-33 所示为半主动悬架模型示意图。

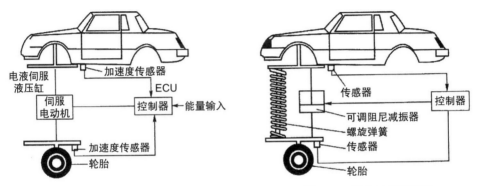

图 2-32　全主动悬架模型　　　　　图 2-33　半主动悬架模型

可调阻尼减振器由具有不同节流孔的转阀得到舒适（软）、正常（中）、运动（硬）三个等级的阻尼。起步、制动、急转弯和高速时选择运动（硬）以保证良好的操纵稳定性，低速时选择舒适（软）以获得良好的平顺性，中速时选择正常（中）兼顾平顺性与操纵稳定性。

2.5.2　防抱死制动系统

防抱死制动系统（ABS）是一种具有防滑、防锁死等特点的汽车安全控制系统。它的功能是在汽车制动过程中防止车轮被制动抱死滑移，提高汽车的制动力，缩短车辆的制动距离，保证汽车在制动过程中的方向稳定性和转向操纵能力。

防抱死制动系统可以提高行车时车辆紧急制动的安全系数。换句话说，没有 ABS 的汽车，在遇到紧急情况采取紧急刹车时，容易出现轮胎抱死，车轮与路面间的侧向附着力将完全消失，会导致汽车失去转向能力或产生侧滑现象，极易造成严重的交通事故。制动防抱死系统主要由车轮转速传感器、电子控制单元（ECU）、液压调节器、继电器、制动主缸和制动轮缸等组成，图 2-34 所示为 ABS 的结构图。

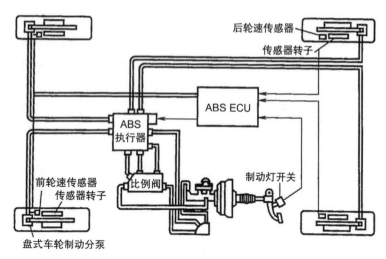

图 2-34 ABS 结构

在每个车轮上各安置一个转速传感器,可将关于各车轮转速的信号输入电子控制单元。电子控制单元根据各个车轮转传感器输入的信号对各个车轮的运动状态进行监测和判定,并形成相应的控制指令。该指令通过控制压力调节装置对各个制动轮缸的制动压力进行调节,将车轮的滑动率控制在 10%～20% 之间。比如制动过程中,电子控制装置根据车轮转速传感器输入的车轮转速信号判定,当有车轮趋于抱死时,ABS 就进入防抱死制动压力调节过程。在制动开始阶段,轮缸压力快速上升,车轮减速度很快超出门槛值,电磁阀会从升压状态转变为保压状态,将控制起始时刻的车轮角速度作为初始参考速度,计算出制动控制的参考车速,由此得到参考滑动率门槛曲线。在保压状态下,轮速继续下降,当轮速降低至滑动率门槛值以下时,电磁阀从保压状态转变为减压状态;在减压过程中,轮速会逐渐上升,当车轮减速度减小,逐渐超过减速度门槛值时,系统又进入保压状态。

若在规定的保压时间内,车轮加速度不超过加速度门槛值,系统判定此时为低附着系数情况,以另外的方式进行之后的控制;若超过加速度门槛值则继续保压。为了解决不同附着系数的情况需要,又设定了第二加速度门槛值。当加速度超过第二门槛值时,对轮缸进行增压,直到车轮加速度低于第二门槛值后,再进行保压,直至车轮减速度低于第一加速度门槛值。在之后的升压过程中,采用比初始增压慢得多的上升梯度,电磁阀在增压和保压之间来回切换,直到车轮减速度再次低于减速度门槛值。ABS 的控制过程其实就是通过制动压力调节系统对制动压力循环往复地进行"增压—保压—减压"的过程。

2.5.3 驱动防滑控制系统

驱动防滑控制系统(Acceleration Slip Regulation)也称为牵引力控制系统(Traction Control System),简称为 ASR 或 TCS。实际上,ASR 是在 ABS 的基础上发展起来的,两者都是主动安全装置,ABS 的作用是自动调节制动力,使其增大或减小,防止车轮抱死滑移;ASR 的作用是维持附着条件,增大总驱动力。

1. ASR 的原理

汽车在附着力差的路面行驶时,容易发生"打滑"。汽车"打滑"可以分为两种情况:一是汽车制动时车轮抱死滑移,即轮子不转,汽车牵引力推动车轮纯平移;二是汽车驱动时车轮滑转,即汽车牵引力不足,车轮原地打转。防抱死制动系统是防止制动时车轮抱死滑移,驱动防滑控制系统是防止牵引力不足时车轮原地滑转。滑转程度用滑转率 S_d 表示:

$$S_d = \frac{v_w - v_{车}}{v_w} \times 100\% \quad (2.7)$$

式中 v_w 是车轮滚动的圆周线速度,w 是车轮转动角速度,$v_{车}$ 是汽车行驶速度。

当 $v_w = v_{车}$ 时,滑转率为 0;当 $v_{车} = 0$ 时,滑转率为 100%,车辆完全滑转;当 $v_w > v_{车}$ 时,滑转率在 0~100% 之间,车轮既滚动又滑转。S_d 的值越大代表车轮滑转程度越大。ASR 控制的目的是通过一定的技术和方法,使汽车在低附着系数的路面行驶时减少滑移,保证汽车在行驶过程中的稳定性。

2. ASR 的组成

ASR 系统主要包括传感器、控制器(ECU)和执行机构,如图 2-35 所示。ASR 系统的传感器包括车轮转速传感器和节气门开度传感器,控制器(ECU)是控制单元,具有运算功能,可以根据传感器传来的信号经过分析和判断向执行机构下达控制指令,ASR 系统的执行机构包括制动压力调节器和节气门开度调节装置等。

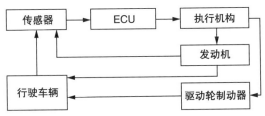

图 2-35 ASR 系统的基本构成

3. ASR 的控制方式

ASR 的控制方式主要包括控制发动机的输出扭矩、控制驱动轮的制动力和控制防滑转差速器的锁止程度三种。这些方法的最终目标都是调节驱动轮上的驱动力,并将驱动轮的滑转率控制在一定范围内。

(1)控制发动机的输出扭矩

通过控制发动机的输出扭矩来调节驱动力是实现防滑转调节的方法之一,此方法能保证发动机的输出扭矩与地面提供的驱动转矩相互匹配。控制发动机输出扭矩的方法包括:控制点火时间、控制燃油供给量、控制节气门开度等。对于汽油机,可控制燃油喷油量、点火时间和节气门开度以调整发动机的输出扭矩;对于柴油机,可控制燃油喷射量以控制发动机的输出扭矩。

(2)控制驱动轮的制动力

控制驱动轮的制动力又被称为电子差速锁(EDL)控制,实际上是利用差速器的差速效应来获得较大的驱动力,对即将产生滑移的驱动轮施加制动力矩,减轻滑移以改善驱动附着性能。通常,这种技术可与 ABS 组合实施,即不需要另设控制系统,只在 ABS 系统中调整部分装置即可。需要注意的是,这种控制是使驱动轮保持最佳滑转率且响应速度较快的控制方法,但设计控制系统时为了保证舒适性与制动器不能过热,则制动力不能太大且施加制动力的时间不能过长,因此此方法只适用于短时间的低速行驶。

(3)控制防滑转差速器的锁止程度

控制防滑转差速器的锁止程度必须采用防滑转差速器进行控制,防滑转差速器是一种由电控单元控制的可以锁止的差速器。对此锁止装置进行控制,使锁止范围在 0 ~ 100%,如果汽车不出现打滑现象,就实施 ABS 控制,锁止为 0;如果汽车出现打滑现象,则实施 ASR 控制,防滑转差速器工作,锁止为 100%。

4. 典型 ASR 系统的工作原理

ASR 与 ABS 系统有很多共通之处,所以通常将二者结合在一起,构成具有制动防抱死和驱动防滑转功能的防滑控制系统——ABS/ASR 系统,如图 2-36 所示。

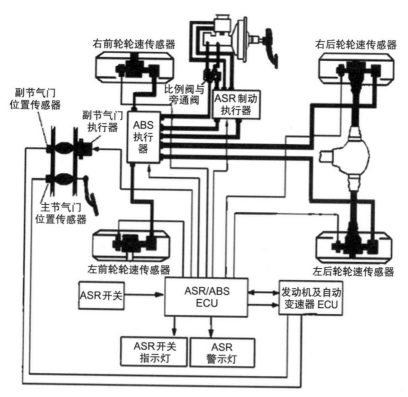

图 2-36 典型 ABS/ASR 系统示意图

在控制驱动轮制动力的过程中,ASR 通过调节副节气门的开度和对驱动轮施加制动力来实现驱动轮防滑转调节。我国进口的一些高级轿车,例如德国的奔驰、宝马以及日本的丰田、凌志等一般都装有防滑控制系统。

在正常制动过程中,ASR 系统中的所有执行器电磁阀断电。当汽车加速且驱动轮发生滑转时，ASR 系统作用，ASR/ABS 的 ECU 控制发动机扭矩并对驱动轮实施制动，这一过程类似于 ABS 的增压、保压和减压。增压过程：ECU 控制 ASR 制动执行器使电磁阀通电，ABS 的主控制阀置于"增压"工作位，实现防滑制动。保压和减压工作过程与 ABS 类似，可参见 ABS 的工作过程。

在控制驱动轮的制动力时，ASR 和 ABS 的相互配合使用是控制驱动轮制动力的最佳方案，将进一步增强汽车的安全性能。考虑到汽车的乘坐舒适性与操作稳定性，对前驱动汽车来说，ASR 和 ABS 对制动力的建立速度有不同要求，一般 ASR 的制动力建立速度要慢于 ABS，因此驱动轮的制动力可以直接用 ABS 的液压系统进行调节，到时只需在 ABS 系统中添加防滑转液压调节装置即可。

2.5.4 稳定性控制系统

当汽车的前轮受到侧向力的作用发生侧滑，或转动方向盘过猛导致后轮产生较大的侧偏角，后轮发生侧滑时，车身就会失去稳定性。

1. ESP 的概念

根据生产公司的不同，车身稳定性控制系统的命名方式也各不相同。例如，日产汽车称之为车辆行驶动力学调整（Vehicle Dynamic Control，VDC）系统，丰田汽车称之为车辆稳定控制（Vehicle Stability Control，VSC）系统，宝马汽车称之为动态稳定控制（Dynamic Stability Control，DSC）系统，还有本田汽车的 VSA、三菱汽车的 ASC、德国博世公司的专利产品 ESP，ESP 是博世独占的电子稳定程序，享有商标使用权，因此其他供应商提供的类似产品只能另起其他名称。

ESP 是能够提升车辆安全性、操控性的一种系统，它是在防抱死制动系统（ABS）和防滑转控制系统（ASR）的基础上，增设了控制程序和传感器的一种车身电子稳定系统。

2. ESP 的作用

ESP 的作用在于能够用于汽车行驶时的稳定性控制，相当于一个综合控制程序。当汽车在行驶过程中由于道路湿滑或驾驶员操作不当，发生侧滑、甩尾或转向不足/过度时，ESP 会根据相关传感器的信号识别汽车此时的状态，迅速确定控制方案以调节各车轮的驱动力和制动力，及时纠正车辆的不稳定驾驶趋势，确保车辆稳定行驶，避免引发交通事故。

3. ESP 的构成

虽然不同公司的命名方式不同，但其基本功能大体相似，仅因控制程序的不同所以采用不同的传感器而有所差别，各类汽车的电子稳定控制系统主要包括传感器（有转向传感器、车轮转速传感器、角速度传感器、横向加速度传感器和踏板位置传感器等）、电控单元（ESP ECU）和执行机构三部分。以奇瑞 A3 手动挡轿车为例，其 ESP 系统电路简图如图 2-37 所示。ESP 系统主要由 ABS 轮速传感器（4 个）、偏角传感器（Y&G）、转角传感器、ESP 模块总成和 CAN BUS 等组成。

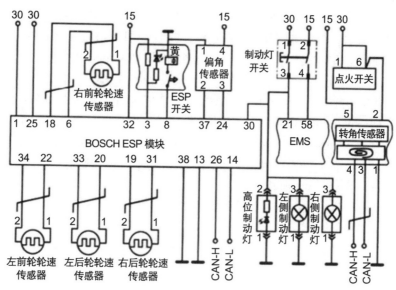

图 2-37 奇瑞 A3 手动挡轿车 ESP 系统电路图

4. ESP 的工作原理

有 ESP 的汽车与无 ESP 只有 ABS 及 ASR 的汽车之间的差别在于，ABS 及 ASR 只能被动地做出反应，而 ESP 则能够通过监测车轮速度传感器、横向偏摆率传感器和方向盘转角传感器确定车轮是否侧向滑移，探测和分析车况并纠正驾驶的错误，防患于未然。

ESP 通过对四个车轮制动力的控制来实现车辆的稳定性行驶控制。当 ESP 检测到车轮侧向滑移时，首先利用牵引力控制系统中的发动机扭矩减小功能，并发送一个串行数据通信信号，请求减小发动机扭矩，如果 ESP 仍然检测到车轮侧向滑移，则电子稳定程序将实行主动制动干预。ESP 实施制动干预的操作流程如图 2-38 所示。

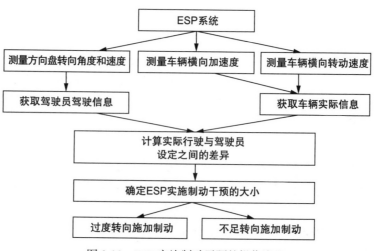

图 2-38 ESP 实施制动干预的操作流程

如果在 ESP 模式下进行手动制动，则向电子控制单元发送一个信号，以退出 ESP 制动干预模式并允许常规制动。ESP 主要修正两种状态：一种是转向不足，另一种是转向过度。图 2-39 所示为 ESP 电子稳定系统的工作原理图。

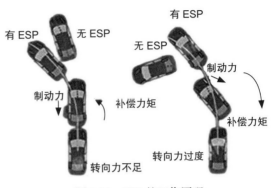

图 2-39　ESP 的工作原理

（1）转向不足

工作时，各个传感器的信号不断输入 ECU。当 ECU 接收到行驶方向、打转方向和汽车前端滑移方向的信号，然后进行汽车行驶状态的分析计算，确定车辆开始转向不足，就会输出控制信号，减小前外轮的制动力，并向转弯内侧的后轮施加制动力，产生帮助车身转向的力矩。

（2）转向过度

当 ECU 接收到行驶方向、打转方向和汽车后部滑移方向的信号并确定车辆开始转向过度时，则增大前外轮的制动力，减小后内轮的制动力，产生抵抗转向的力矩。从而保证行驶的稳定，部分 ESP 程序还会在车辆失控时减小发动机的动力。

2.6　电磁兼容

汽车电子系统一般被安放在比较好的车舱环境中，出现电子故障的情况相对早期的电子系统来说比较少，人们希望当汽车系统出现故障时，能够最小化故障时间，解决问题，增强汽车电子系统的可靠性。

随着汽车智能化的不断升级，汽车系统的复杂性也逐渐增加。一方面，综合控制成为汽车电子信息化的发展趋势，包括传动控制系统、车身控制系统、底盘系统等，控制器通过各种复杂的运算协调各个子系统，能够将车辆性能控制在最佳水平；另一方面，在提升汽车电子系统的动力性、安全性等性能的同时其对外界的电磁干扰也随之增大。车辆性能达到最佳水平的前提条件是车载电子、电器设备能够正常工作，而现实是由于存在电磁兼容性问题，电磁干扰水平往往会超标，或受到电磁干扰后会导致不能正常工作，严重时甚至遭受损坏。例如，汽车的 ABS 系统所受的电磁干扰比较大，这就要求相应的微处理器必须有很好的电磁兼容性能。

2.6.1　电磁兼容概述

1. 电磁兼容

电磁兼容（Electro Magnetic Compatibility，EMC）指电子电气设备或系统在预期的电磁环境中，按设计要求正常工作的能力，是电子电气设备或系统的重要技术性能。它包括以下三方面的含义：

1）电磁干扰（Electro Magnetic Interference，EMI）：当设备或系统在某一环境中正常工作时，其产生的电磁能不应超过相应标准的要求。

2）电磁抗扰度（Electro Magnetic Susceptibility，EMS）：在一定的电磁环境中，设备或系统在正常运行时能承受相应标准规定范围内的电磁能量干扰。

3）电磁环境：系统或设备的工作环境。

随着科技的发展，车辆的电磁环境越来越复杂，为了确保系统与设备能正常发挥效用，国际上对于电磁兼容测试的研究越来越多。从 20 世纪 90 年代开始，对电磁兼容的研究慢慢由解决问题过渡到预先分析、检测和设计，电磁兼容逐渐成为车辆电子系统的主要指标，电磁兼容方面的测试、分析和预测等方法不断增多。

2. 干扰

电磁传导、电磁感应和电磁辐射是电力设备之间互相关联与影响的方式，在一定条件下，这三种方式会对运行的设备和人员造成干扰、影响和危害。为了解决干扰的产生、传播、接收等问题，1952 年，美国出台法案要求在点火系统高压线中安装抑制电阻以避免对无线电以及 TV 接收机的干扰，这是人们第一次考虑到汽车的电磁兼容性问题。

对设备的干扰可以分为内部干扰与外部干扰。内部干扰（电子设备内部各元部件之间的相互干扰）包括：电容和绝缘电阻漏电造成的干扰；信号通过地线、电源和传输导线的阻抗互相耦合，或导线之间的互感造成的干扰；设备或系统内部元件的发热，影响元件本身或其他元件的稳定性造成的干扰；大功率和高电压部件产生的磁场、电场通过耦合影响其他部件造成的干扰；等等。

外部干扰（电子设备或系统以外的因素对线路、设备或系统的干扰）包括：外部的高电压、电源的绝缘漏电产生的干扰；外部大功率的设备在空间产生的强磁场，通过互感耦合产生的干扰；空间电磁波对电子线路或系统产生的干扰；工作环境温度不稳定，引起电子线路、设备或系统内部元器件参数改变造成的干扰；供电的设备通过电源变压器所产生的干扰；等等。

汽车是移动的，它的高机动性决定了其可能会处于各种各样来源不同、强度不同的电磁场中，既包括电磁环境良好的乡村地区，又包括电磁场环境异常复杂的城市、机场及雷达站。对汽车的电磁干扰可以分为以下三种。

1）汽车电磁干扰源：包括行驶过程中其他邻近的电子设备工作造成的干扰；以及自然现象引起的电磁干扰，比较典型的有雷电、大气层的电场和电离层变化、太阳黑子的电磁辐射等。同时，汽车内复杂的电磁环境是车内、外各个电子电器干扰源共同作用而导致的，相对车外干扰源而言，车内的各个电子电器的电磁干扰作用更大，因此汽车电磁干扰源主要指汽车内部的电磁干扰源，包括供电系统电磁干扰源（如发电机负载瞬变、激励衰减瞬变）、发动机点火系统电磁干扰源、感性负载瞬变干扰源、触点放电干扰源、静电干扰源和电磁耦合干扰源等。

2）汽车内部电磁干扰：汽车内部电磁干扰主要通过传导和辐射传播，传导主要将干扰信号沿各个电子电器中 PCB 上的引线和各个电子电器之间的传输线传至受干扰设备，即其具有"二维"特点，而辐射则通过通电的电缆和导线或者汽车天线、汽车外壳缝隙将干扰电磁波向四周空间辐射，具有"三维"特点。

3）汽车电磁敏感源：汽车内部的电磁敏感源主要指易受电磁干扰影响或者抗电磁干扰能力弱的电子部件，主要指汽车内部各个电子电器中易受电磁干扰的敏感元件。

2.6.2 电磁兼容问题

电磁兼容故障通常是因为在电磁兼容性设计时没有考虑周全，或者在对上级系统进行集成的时候，电磁环境无法兼容而导致电气、电子设备发生故障。随着国内外对电磁兼容技术的不断研究，我国电磁兼容技术水平也在不断提高，电磁兼容方面的理论、标准规范日益完善，测试方法也在不断发展、成熟，尤其是零部件级别的电磁兼容，在系统集成之前能够有效地解决部分电磁兼容性问题。但是因为电磁兼容问题比较复杂，在对系统进行集成时，仍然很难完全避免发生电磁兼容性问题。不管是简单的装置还是复杂的电子系统，任何情况下电磁兼容性问题的发生都须具备三要素，即干扰源、干扰传播途径和被干扰对象。

1. 电磁干扰源

任何形式的电能装置以及自然界所发射出的电磁能量，能使处于同一环境的人或其他生物受到伤害，或者使其他设备、分系统或系统发生电磁危害，导致性能降级或失效，即称为电磁干扰源。电磁干扰源种类众多，一般可以将干扰源分为人为干扰源与自然干扰源。

（1）人为干扰源

任何电气电子设备都可能产生人为干扰，人为干扰又可根据有无意识分为无意发射干扰源和对于为了某种目的而有意识地释放干扰，即有意发射干扰源。

人为干扰源包括：车辆的内燃机点火系统产生的带宽干扰、架空输电线的电晕和绝缘断裂等接触不良导致的受污染导体表面的电火花造成的干扰、电动机械（如伺服电动机、继电器、电钻等）通/断电流的瞬间产生的电流剧变及伴随的电火花造成的干扰、照明器具造成的干扰、家用电器造成的干扰以及工业/医用射频设备造成的干扰等。

（2）自然干扰源

来自大气、太阳、宇宙的噪声干扰以及人体和设备上累积的可高达几万伏甚至是几十万伏的静电高压产生的静电放电。

2. 电磁干扰传播途径

电磁干扰的形成首先应具备干扰源，其次是传播干扰的通路或途径，也叫耦合通道，耦合指从一个电路部分到另一个电路部分的能量传递。在嵌入式系统或其他电子设备中，一个电路所受的干扰程度为：

$$S = \frac{WC}{I} \tag{2.8}$$

WC 代表干扰源的强度与干扰源通过传播途径到达敏感设备的耦合因素的乘积，I 表示受干扰电路的抗干扰性能，二者相除得到电路受到干扰的程度。

其实在许多情况下，寻找真正的干扰源是很困难的，所以最有效的解决方法就是切断或降低干扰耦合因素，尽可能衰减干扰强度。汽车上的电磁干扰传播途径主要有沿着导线直接传导和通过空间辐射两种方式，所以电磁干扰传播途径一般分为两种：即传导耦合方式和辐射耦合方式。

（1）传导耦合

电磁干扰沿着导线直接传导，要求干扰源和敏感设备之间有完整的电路连接，干扰信号沿着设备的信号线、控制线、电源线、公共阻抗、接地平板、电阻、电感、电容和互感元件等直接侵入敏感设备内部，发生干扰现象。

由于汽车和外界没有直接的电路连接关系，因此传导干扰基本上都是由车载电子电器部件引起的，且通常是因电动机、继电器以及其他感性负载的瞬态脉冲电压产生的。传导耦合传播方式包括以下几种。

1）公共阻抗耦合：通常发生在两个电路的电流有共同通路的情况下。在电子设备中，各个器件都要求接地，而接地就会在地电路上汇流经过各个元器件的电流，除非出现超导情况，否则地线不可能没有阻抗，公共阻抗耦合有公共地和电源阻抗两种。要防止这种耦合，应使耦合阻抗趋近于零，使干扰源和被干扰对象之间没有公共阻抗。

2）电耦合：又称静电耦合或电容耦合。耦合电容存在于连接电路的干扰源与被干扰电路之间。这是由于分布电容的存在而产生的一种耦合方式，而不是人为加上的。

3）电磁耦合：又称互感耦合，指电磁干扰源通过电路或系统之间的磁场并以互感（耦合电感）形式作用于敏感对象的电磁耦合方式。

（2）辐射耦合

通过空间以电磁波形式传播的电磁干扰称为辐射干扰。辐射干扰的实质是电磁干扰源的电磁能量以场的形式向四周空间传播，是一种无规则的干扰，这种干扰很容易通过电源线传到系统中。当干扰源与敏感设备相距较远时，敏感设备就会接收到干扰源的电磁波而受到干扰，当信号传输线较长时，它们能辐射干扰波和接收干扰波，这被称为大线效应。

汽车上的电磁场强既包括车载电子、电器辐射场强，又包括外界的电磁辐射场强。电磁辐射干扰的传输路径非常复杂，既可以直接辐射到电子、电器上，又可以先辐射到线束上然后再以传导干扰的方式进入电子、电器。辐射干扰的传播方式有近区场感应耦合和远区场辐射耦合。

3. 被干扰对象

被干扰对象又称为敏感设备（victim），是指当受到电磁干扰源所发出的电磁能量的影响时，受到伤害的人和生物，或是发生了电磁危害导致性能降级或失效的器件、设备或系统。许多器件、设备和系统既是电磁干扰源又是敏感设备，它可以是一个很小的元件或一个电路板组件，也可以是一个单独的用电设备，甚至可以是一个大型系统。

2.6.3　EMC 故障诊断方法

2.6.2 节中提到电磁兼容故障指的是设备本身能够发挥应有效用的能力的缺失现象，故障一般表现为两种情况：一种情况是设备在初始时没有按照电磁兼容性指标进行设计，这是故障隐藏的主要缘由，另一种情况是在通过故障诊断后确定是电磁兼容性故障，这是显性的故障。必须满足电磁兼容的三个要素才会发生电磁兼容故障。一般发生的故障都是设备或者零部件级的。电磁兼容主要采用以下几种方法进行故障诊断。

1）普查法：对三要素之间的独特联系进行利用，结合干扰源与敏感设备之间的相关性，检查和分析诊断电磁干扰源。

2）响应推进法：从响应干扰辐射的电子设备开始，采用辐射的方式，由近到远地对与该设备有联系的其他设备或者系统进行测试检查和分析诊断。

3）假设法：对三要素进行假设，依据发生电磁干扰的研究和分析，对故障源进行诊断。

4）代替法：采用与可能的故障源相似的电子设备或者元器件等来代替；或者采用相似电磁干扰三要素和电磁环境来代替，重现电磁干扰现象，或者使其发生变化或消失，以此得到诊断的结论。

5）模拟法：模拟电磁干扰源、耦合途径和敏感设备，对电磁干扰现象进行再现或者使其发生一定的变化，分析结果进而得出诊断结论。

6）排除法：运用部分停电或通电的方法对电磁干扰现象依次排查，排除不可能的干扰源，由此得出正确的诊断结果。

2.6.4　电磁兼容设计

在电子、电气设备中必须进行 EMC 设计，以提高系统的可靠性，本节将进一步说明在 EMC 设计中可采取的措施。

1. 电路设计

由于汽车上的电子电器种类和数量越来越多，因此汽车内部的电磁环境也越来越复杂，为保证其电磁兼容，工程师和学者仍然在不断探讨更为有效、更为全面的方法，如在端口连接时，采用具有特殊端口电路的专用连接器（RS485/232、以太网接口），在电路中可能产生过电压的地方，采用特殊的抗干扰元器件等。

元器件布局应该遵循的一般原则主要有：产生干扰的元器件和敏感元器件尽量分离；低电平、高电平，低功率、高功率的元器件应按照输入/输出方向顺序排列，避免高电平、高功率的信号耦合低电平、低功率的器件而造成反馈干扰；减少元器件间的电容耦合、电感耦合。减小电容耦合最有效的措施是屏蔽，若无法采用屏蔽手段，可以采用正确的接地方式减小线圈间的电容性耦合；如果两个线圈必须平行安装，要尽量拉开距离以减少线圈之间的互感耦合；非辐射元器件或同一级中的元器件尽量靠近，减少公共阻抗耦合；尽量减少辐射回路面积或接受回路面积等。

2. 屏蔽技术的应用

对于辐射干扰，通常采用屏蔽的措施来抑制。首先要设法抑制作为主要辐射源的电源辐射，尽量不要将散热线和地线布置在一起，同时电源散热板不能单端接地，要求地线尽可能宽和短；其次要抑制产生高频辐射的主控板辐射源，要尽量选用高频辐射少的元器件，并在高速信号线上适当应用零电阻，并应用具有良好导电性和导磁性材料的屏蔽板，并通常将地线布在电路外围以作为良好的电场屏蔽工具。根据屏蔽目的的不同，分为电场屏蔽、磁场屏蔽和电磁屏蔽。

1）电场屏蔽，目的是减少电路、元件、组件等设备间的电场感应。电场屏蔽包括静电屏蔽和交变电场屏蔽。

2）磁场屏蔽，用来隔离磁场耦合的措施。将磁导率（磁介质磁性的物理量）不同的两种介质放到磁场中，在发生突变的交界面处，使磁感应强度的大小与方向发生变化。屏蔽体一般由磁导率很高的强磁材料（如钢）制成，可把磁力线限制于屏蔽体内。例如，为防止通有电流的导线周围的磁场导致敏感器件受到干扰，可以采用高磁导率的屏蔽材料将敏感元件包围，因为屏蔽材料的磁导率高于空气的磁导率数十至数千倍，能够使敏感元件免受干扰。与电场屏蔽一定要接地不同，屏蔽体不接地不会影响屏蔽效果，但由于屏蔽材料对电场有一定的屏蔽作用，因此通常也接地。

3）电磁屏蔽，是指在空间某个区域内减弱由某些源引起的场强的措施。通过使干扰场在屏蔽体内形成涡流并在屏蔽体与被保护空间的分界面上产生反射，削弱干扰场在被保护空间的场强值，达到屏蔽效果，遏止高频电磁场的影响。电磁屏蔽是防止交变电磁场感应与辐射干扰的有效方法。根据不同的原理与方法，电磁场可进一步分为交变电场、交变磁场和交变电磁场。

3. 滤波技术的应用

对于传导干扰，通常采用滤波的措施来抑制，主要通过适当调整滤波参数和滤波器的阶数等措施来加强对传导干扰的抑制作用，同时还可采取其他措施，如尽量减小电流回路的有效面积、通过锡箔屏蔽变压器、采用双绞线来传输信号、传输线路保持阻抗匹配、尽量对各回路单独供电、避免干扰信号产生谐振等。此外，还应设法减少导线串扰，包括：PCB布线时电缆的弯曲次数、穿通孔数目、线路长度要尽量减小，数字地、模拟地要分开，对关键信号线要加保护地，输入、输出线要电气隔离、空间分离等。

在电源中的干扰分为共模干扰与差模干扰。共模干扰指电源相线对大地和中线对大地之间的相位差 U_1、U_2，差模干扰存在于电源相线与中线之间（U_3），如图2-40所示。

实际中，电源线中同时存在共模干扰与差模干扰，因此实用的电源滤波器由共模滤波电路与差模滤

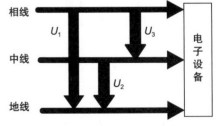

图2-40 共模干扰与差模干扰

波电路综合构成,如图 2-41 所示。

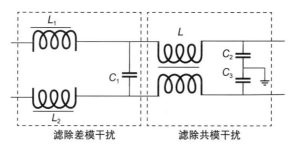

图 2-41 电源滤波器

4. 接地设计

通常汽车电路中设计了许多搭铁,以建立可靠的接地系统,减小寄生电容和耦合电流,保证良好的屏蔽和滤波效果。同时国家规定,汽车上的电路必须采用负极搭铁,尤其要采用单线连接电源及用电设备,单点搭铁电源、信号等回路,以及电缆、静电屏蔽层。此外,要采用与接地螺栓匹配的焊接螺母在导电性良好的干燥处可靠接地,同时为了确保特殊电器(如安全气囊)的可靠工作,要采用屏蔽线或者双绞线接地。

(1)安全接地

安全接地是指接大地,即将电气设备的外壳以低阻抗导体连接大地,当人员意外触碰时不易遭受电击。

(2)信号接地

信号接地不仅可以提供参考点,还可以消除大量干扰,根据接地时处理的方式不同,又分为单点接地、多点接地和混合接地。

1)单点接地:系统或装备上仅有一点接地,即在整个系统中,只有一个物理点被定义为接地参考点,其他所有需要接地的点都连接到这一个点上,这种方式适用于频率较低(1MHz)的电路,对防止各电路间的干扰及地回路干扰是非常有效的。根据电路连接方式的不同可分为串联单点接地和并联单点接地,如图 2-42 和图 2-43 所示。

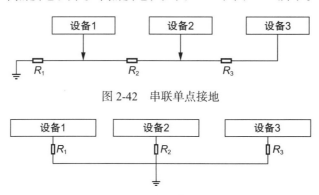

图 2-42 串联单点接地

图 2-43 并联单点接地

2）多点接地：设备中各个接地点都直接连接到距离最近的接地平面上，使得接地引线的长度最短，适用于高频电路（大于10MHz）。多点接地因为接地线短，所以可能出现的高频驻波现象显著减少。多点接地后，设备内部增加的地线回路会对较低电平的电路产生干扰，所以对于高频电路，为了降低地线阻抗，一般均采用多点接地方式，如图2-44所示。

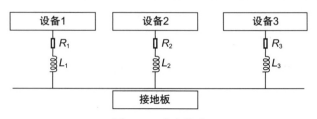

图 2-44　多点接地

3）混合接地：在用电设备的电路构成中，既有高频部分又有低频部分，此时应该分别对待，低频电路采用单点接地，高频电路采用多点接地，同时使用串联与并联法，这种接地体系称为混合接地系统，如图2-45所示。

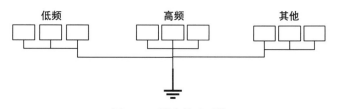

图 2-45　混合接地系统

在实际中，用电设备的情况更加复杂，单一的接地方式很难解决问题，因此这种混合接地系统的应用更加普遍。

汽车是一种特殊的设备，按规定，其在开设前一定要装好地线，否则会导致整车供电系统工作不可靠，甚至会威胁到操作人员的人身安全。而汽车没有地，所以车体作为整车的零电位，被视为"地"。为给车辆提供保护地，引入了搭铁接线制的概念。

（3）搭铁接线制

汽车的搭铁接线制与汽车的单线制有关，是指将蓄电池和发电机正极或负极与汽车车架相连，使车架带正电或负电，从而使安装在车架上的所有汽车电气设备只需一根从电源另一极引出的导线就可构成回路。让汽车电源系统的一极与车架相连的接线制度就称为搭铁接线制（简称搭铁），采用搭铁后的汽车电气接线制度就称为单线制。

采用搭铁好处在于既可以节约导线支出的费用，又可以解决导线数量多造成的铺线困难、故障点多等问题。国际上一般采用负极搭铁，汽车上所有电气设备的搭铁接线柱用"-"或"-E"表示，非搭铁的电源接线柱用"+"或"B"表示。

在整车的搭铁中，对于汽车的搭铁技术有以下几点要求：

1）要保证蓄电池负极端子搭铁，发动机和变速器的搭铁点的稳定可靠。

2）为防止同一搭铁点对不同信号产生影响，需对控制器类零件采用单独搭铁。

3）由于裸露的铜端子会发生氧化现象，从而影响搭铁的效果，因此需要在铜制端子的表面进行镀层。

4）对于敏感类、传感器类元器件需就近搭铁。

5）对搭铁线的连接点的保护一般采用 PVC 胶带、热缩管、耐磨胶带等材料。

6）如果搭铁点的分布过于密集就会导致局部区域过热，从而导致烧线，因此搭铁点之间的距离或搭铁点到下一个线束分支点之间的距离至少为 30mm。

7）搭铁面的面积尽可能大，且搭铁线、搭铁面的材料需具有一定的厚度和宽度，材料应采用低阻抗材料。

8）对于搭铁点的设计，需要做好设计失效模式及后果分析和潜在失效分析，尽量放置在便于安装和维修的区域。

9）搭铁线长度一般不超过信号波长的 1/20，否则起不到搭铁的作用，还会有很强的天线效应。

10）部分设备需采用单一搭铁和多电器搭铁线相连搭铁，比如刮水电动机、蓄电池负极搭铁、空调、音响喇叭、散热风扇、照明设备等。

11）进行线束搭铁设计时，将感性、容性负载的搭铁尽量与其他控制单元分离，以减少干扰。

5. 内部设计（PCB 板）

几乎在所有的电子设备（小到电子手表，大到军工系统）中，只要有集成电路等电子元器件，为了它们之间的电气互连，都要使用 PCB，这意味着在电子产品的研究过程中，最基本的要素是该产品的 PCB 的设计与制造，若 PCB 设计不当，将影响电子设备的可靠性。而随着 PCB 板上元器件的安装密度增大，电流速度加快，由此引发的电磁兼容性问题越来越明显，因此保证 PCB 板的电磁兼容性是系统设计的关键之一。PCB 板的电磁兼容性设计应考虑以下几个方面。

（1）元器件的选用

PCB 板电磁兼容性的最主要影响因素之一就是元件的选择。例如，在 PCB 板的电源线入口，应选择铁氧体抑制元件，以消除高频干扰和尖峰干扰。

（2）布局

一个合理的布局是提高 PCB 电磁兼容性的基础。布局时应注意模拟电路、数字逻辑电路和接口电路要尽可能分开。例如，将模拟电路布置在电路板的左侧，目的是减小数字电路对模拟电路通过耦合阻抗的干扰，如图 2-46 所示。

将管脚密集、集成度高、工作频率高的 CPU 芯片、以太网控制器芯片和扩展 RAM 放在一起组成高频数字电路，并为它制作小尺寸、4 层厚的 PCB 板，通过插针与原先

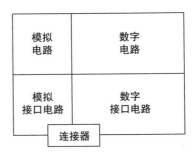

图 2-46　布局方式

的 PCB 板相连。这样，一方面使电源线与地线的电感大大减小，另一方面电源层与地线层间的分散电容为电源提供了非常好的高频解耦作用，从而有效减少了高频数字电路之间和对其他线路和器件的干扰。在同一系统中，数字地和模拟地必须具有同一电位参考点。因此，PCB 板在把数字地和模拟地整体隔离开后又通过铁氧体磁珠将二者在一点处连接起来。PCB 板上加入了大量的去耦电容和防静电元件，并为控制器悬空时状态不确定的输入输出端口设置了上拉或下拉电阻。

（3）布线

采用正确的布线策略能够保证 PCB 的信号完整性，PCB 布线应遵守以下原则：

1）信号走线（尤其高频信号）要尽量短，线宽不要突然改变，导线不要突然拐角。要为模拟电路专门提供一条零伏线，专用零伏线的走线宽度要大于 1mm，PCB 板的信号接口要尽可能地多分配一些零伏线的连接脚，且均匀分开信号线。

2）单面或双面板的电源线和地线要尽量靠近，采用平等走线可以减少电感，但导线之间的互感和分布电容会增加，所以最好使电源线和地线呈井字形网状布线结构，具体做法是印制板的一面横向布线，另一面纵向布线，然后在交叉孔处用金属化孔相连。

3）模拟地与数字地分开。模拟信号在电路板的所有层的模拟区布线，数字信号在所有层的数字电路区内布线，避免产生公共阻抗耦合。

（4）接地处理

在电子设备中，合理的接地能够有效地控制干扰，降低高频阻抗。接地技术既可应用于多层 PCB，也可应用于单层 PCB，汽车电子设备接地就是就近接到车体和线束屏蔽层的接地。PCB 板的接地处理应注意以下几个方面：

1）PCB 板的工作频率在 1MHz 以下，选择单点接地；工作频率在 10MHz 以上，选择多点接地；不管是单点接地还是多点接地，都必须构成低阻抗回路进入真正的地或设备机架。

2）所有电路用短、粗线就近接地，尽量加粗接地线，将接地线构成闭环路。若接地线很细，接地电位则随电流的变化而变化，致使电子设备的定时信号电平不稳，抗噪声性能变差，因此应将接地线尽量加粗，若可能，接地线的宽度应大于 3mm。而将接地线构成闭环路，可以明显提高抗噪声能力。

3）整个 PCB 板对外界只有一个地线节点，内部的模拟地与数字地也不相连，所以必须在内部处理数模共地的问题，将两者以粗短的导线连接，然后一点接地，即在 PCB 与外界连接的接口处（例如插头等），数字地与模拟地有且仅有一个连接点。

开发新车型时，需要对其电磁兼容性能究竟如何，能否满足相关标准法规的要求进行评价。目前，国内外采用的最直接、最有效的评价方法是根据相关标准进行测试评估，也可以采用仿真分析法等。本节只针对电磁兼容的一般问题进行了讲解，读者可根据自身需求进一步进行有针对性的学习。

2.7 本章小结

本章从基础的电子传感器开始，简单介绍了汽车用传感器中的曲轴位置传感器、速度、温度和压力传感器，详细地分析了各传感器的组成与工作原理，对部分汽车传动系统组成部件做了简单介绍。接着重点研究了车身电子控制系统和底盘电子控制系统中各个电子控制系统的构成、原理与应用。最后介绍了汽车电子系统的电磁兼容性。通过本章的学习，读者可以更好地了解汽车电子系统，知道汽车电子系统的构成、工作原理以及电磁兼容设计的基本概念和基本原则。

思考题

1. 什么叫传感器？它由哪几部分组成？说出各部分的作用及其相互间的关系。
2. 传感器的静态特性指什么？衡量它的性能指标主要有哪些？传感器的动态特性指什么？常用的分析方法有哪几种？
3. 思考 ABS 和 ASR 的异同点。
4. 什么叫汽车搭铁？在整车的搭铁中，对于汽车的搭铁技术有什么要求？

参考文献

[1] 于秩祥. 汽车传感器原理与应用 [M]. 长春：吉林人民出版社，2013.
[2] 赖夫. 汽车电子学 [M]. 3 版. 李裕华，李航，马慧敏，译. 西安：西安交通大学出版社，2011.
[3] BORGEEST K. 汽车电子技术——硬件、软件、系统集成和项目管理 [M]. 武震宇，译. 北京：机械工业出版社，2014.
[4] 张金柱. 图解汽车原理与构造 [M]. 北京：化学工业出版社，2016.
[5] 中国国家标准化管理委员会. 传感器通用术语：GB/T 7665—2005[S]. 北京：中国标准出版社，2005.
[6] 李剑秋，等. 汽车电子学教程 [M]. 北京：清华大学出版社，2006.
[7] 陈新亚. 汽车为什么会跑：图解汽车构造与原理 [M]. 北京：机械工业出版社，2009.
[8] 魏学哲，等. 汽车嵌入式系统原理、设计与实现 [M]. 北京：电子工业出版社，2010.
[9] 张幽彤，陈宝江，翟涌，等. 汽车电子技术原理及应用 [M]. 北京：北京理工大学出版社，2006.
[10] 白鸿辉. 汽车构造 [M]. 北京：机械工业出版社，2014.
[11] 杨保成. 汽车电器与电子控制技术 [M]. 北京：清华大学出版社，2016.
[12] 徐立友，程广伟. 汽车构造（下）[M]. 长沙：中南大学出版社，2016.
[13] 姜立标. 现代汽车新技术 [M]. 北京：北京大学出版社，2018.
[14] 田晋跃. 现代汽车新技术概论 [M]. 北京：北京大学出版社，2018.
[15] 舒华. 汽车电子控制技术 [M]. 4 版. 北京：人民交通出版社股份有限公司，2017.
[16] 麻友良. 汽车电器与电子控制系统 [M]. 北京：机械工业出版社，2013.

[17] 司景萍，高志鹰. 汽车电器及电子控制技术 [M]. 北京：北京大学出版社，2012.

[18] 唐德修，徐燕. 汽车机械构造与基础 [M]. 成都：西南交通大学出版社，2014.

[19] 周晓飞. 汽车构造与原理百事通 [M]. 北京：化学工业出版社，2017.

[20] 关文达. 汽车构造 [M]. 2版. 北京：清华大学出版社，2009.

[21] 李伟. 新型汽车传感器、执行器原理与故障检测 [M]. 北京：化学工业出版社，2016.

[22] 姚科业. 图解汽车传感器识别·检测·拆装·维修 [M]. 北京：化学工业出版社，2013.

[23] 刘春晖，顾雅青. 图解汽车传感器结构原理与检修 [M]. 北京：机械工业出版社，2019.

第 3 章
汽车嵌入式系统控制网络

汽车嵌入式系统控制网络是当前汽车控制网络化发展的重要方向，由于嵌入式技术被应用于内部计算机控制的设备或者系统，因此使得各种车用总线成为控制系统的热门，CAN、LIN、FlexRay、MOST、IDB.139 等已成为现在汽车网络总线的关键技术。本章将通过控制网络技术在电子汽车中的应用，阐述网络技术在汽车中的重要性，详细讲述车载网络技术并引申到其应用领域，对现有车载控制总线，如 CAN 总线、LIN 总线以及 FlexRay 总线进行原理性的讲解并引申到其相关应用中，通过部分实例的代码演示让读者可以深入地领悟到总线的相关知识。通过本章的学习，读者将逐步地认识网络技术在电子汽车中的重要性，并为研究相关技术打下基础。

3.1 网络技术在汽车中的应用

随着现实社会的日益发展，人们的生活进入飞速发展的信息时代，汽车对于人们来说已经不只是一个代步工具了，现代汽车内部所具有的多媒体系统已经逐渐成为人们生活的一部分，可以说汽车是我们生活和工作的一种延伸。随着汽车电子系统的不断发展，越来越多的汽车厂商已经将汽车电子系统的发展程度作为衡量汽车水平的一个标准，也就是汽车内部的电子化程度是评价一辆汽车好坏的分水岭，可以说这是汽车发展史上的一次革命。通信技术的日益更迭，计算机技术的飞速发展，汽车现场总线的不断开发，使得传统的现场控制技术及现场控制设备发生了巨大的变化。这些变化所带来的好处就是汽车内部总线越来越简洁，汽车总线标准越来越规范化，以前复杂的总线系统现在可以被单一的现场总线所替代，提高了传输量的同时安全性也随之增强，汽车网络时代也因此到来。

将众多的汽车产品划分为不同的类别，大体可以分为汽车电子控制装置和车载汽车电子装置。可以将前者理解为包括车身电子控制系统、发动机等在内的汽车电子控制装置，可以将后者理解为包括汽车多媒体系统、通信信息系统等在内的车载汽车电子装置。

3.1.1 网络技术在汽车内部的应用

现代汽车技术发展迅速，数字技术与网络技术已在汽车上得到广泛应用，现代新型汽车电子控制系统已形成局域网。汽车集中控制系统是其中不可缺少的一部分。

简单地说，集中控制系统就是接收输入信号的 ECU，即电控单元。可以通过通信线路传输此数据，其他 ECU 可以利用这些数据做出判断并执行。汽车集中控制系统可以分为组合开关控制模块、继电器控制模块、车门多路控制模块、多路集中控制系统、仪表控制模块、空调控制模块，如图 3-1 所示，也可根据不同类型划分为其他不同的模块。

图 3-1 汽车集中控制系统

通常，汽车上装有几十个微控制器，上百个传感器，这就给汽车实现网络应用提供了条件，而且解决了汽车一直存在集中控制和分散控制的矛盾。所谓分散控制就是汽车上的一个部件（如点火或喷油）用一个微控制器进行控制，这是微机在汽车上应用的开始。发展到汽车集中控制系统之后，解决了部分问题。汽车集中控制系统可分为完全集中控制系统、分级控制系统、分布集中控制系统，如图 3-2 所示。

完全集中控制系统	如美国的通用汽车公司采用一个微机系统分别控制汽车防滑制动、牵引力控制、优化点火、超速报警、自动门锁和防盗等
分级控制系统	如日产公司的分级控制系统，用 1 台中央控制计算器指挥 4 台微机，分别控制防滑制动、优化点火、燃油喷射、数据传输等
分布集中控制系统	根据汽车的各大部分而进行分块集中控制，如发动机、底盘、信息、显示和报警等几大件控制系统，如日本五十铃生产的汽车 I-TEC 系统，它对发动机的点火、燃油喷射、怠速及废气再循环进行集中控制

图 3-2 不同的汽车集中控制系统

各种类型的控制都有优缺点，但在汽车上应用网络后，可发挥各种控制的优点，克服它们的缺点。例如，集中控制和分散控制的最大问题是可靠性，如完全集中控制，一旦微机出现故障会导致全车瘫痪。

采用网络技术后，整车不但共用所有传感器，还可以共用其他设备，如进行环形网控制，即使个别微机出现问题，由于是环形结构网络，整车还可以正常运行。所以网络在汽车上的应用不但增加了许多功能，而且增强了可靠性。这是汽车控制中最重要的问题之一。

汽车内部网络除具有一般网络的优点外，还应具有以下特点（如图 3-3 所示）：①灵活的组成结构，针对不同的汽车电子设备配置，无须对整个系统进行重新设计就可以使用，易于扩展；②系统构成方便，本系统所用软硬件均是普遍流行的器件，设计人员易于对其进行开发和升级；③资料的一致性，所有子系统均使用同一资料，不仅减少了传感器的使用，而且由于资料的同一性提高了子系统的控制精度，解除了子系统采集、转换资料所带来的负担，提高了工作效率；④生产成本降低，所需传感器、导线束及接插件的减少，导致生产成本降低，同时减轻了安装的负担。⑤便于扩充子系统，大量资料的交换流通，使在不增加硬件的情况下提高、扩充子系统的功能成为现实。⑥可实现自我诊断，汽车本身自带自诊断系统，当系统发生故障时，可读出故障码并确定故障的性质和部位。

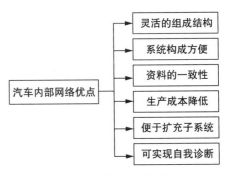

图 3-3　汽车内部网络优点

3.1.2　汽车内部网络标准

由于没有一个确定的汽车网络标准协议，各个汽车之间不能很好地完成信息交流、协调控制、资源共享及标准化与通用化，因此世界各国的汽车厂商积极合作并完成了统一的汽车网络标准协议，其中包括 CAN 总线的开发者博世公司制定的控制器局域网 CAN 总线协议以及 Intel 公司推出的 SAE J18065 网络标准。这些网络通信协议标准很好地规定了汽车间的总线规范，使得汽车总线有了更好的发展，针对符合标准的微处理器和通信协议也有了更好的成果，更加符合国际标准的汽车网络国际协议也应运而生。

在汽车数据传输网当中，为了贴切不同的汽车网络标准，在开发中会将汽车数据传输网分为 A 类、B 类和 C 类三类。其中，这三类网络满足向下兼容的特性，也就是说，C 类网络功能最高，它可以实现前两类网络的所有功能，同理 B 类网络也可以实现 A 类网络的所有功能，具体如图 3-4 所示。

A 类	面向传感器/执行器控制的低速网络、数据传输位元速率通常只有 1～10kbit/s。主要应用于电动门窗、座椅调节、灯光照明等控制。
B 类	面向独立模块间资料共享的中速网络，数据传输位元速率为 10～100kbit/s。主要应用于电子车辆信息中心、故障诊断、仪表显示、安全气囊等系统。以减少冗余的传感器和其他电子部件。
C 类	面向高速、实时闭环控制的多路传输网。最高位元速率可达 1Mbit/s，主要用于悬架控制、牵引控制、发动机控制、ABS 等系统。以简化分布式控制和进一步减少车身线束。

图 3-4　汽车数据传输网

3.1.3　控制局域网络的应用

控制器局域网（CAN）总线在汽车网络总线中占据着十分重要的地位，CAN 总线的功能十分强大，使用 CAN 总线的汽车内部的系统资料也异常庞大，它保存着汽车所必需的快速变化信号和渐变信号。CAN 总线要维护信号的发送顺序,重要的信息必须要通过仲裁优先发送,CAN 总线要合理地去排列信息的发送顺序,保证信息在规定的时间内到达,其内部的优先级尤为重要。汽车内部的电子元器件所能够容许的最大时间也是决定 CAN 总线优先级的一个特别重要的因素。对汽车的某些快速变化的因素,包括车速、转矩等信号需要进行采样,这些因素优先级较高,需优先发送,而对于燃油温度、冷却液温度等变化缓慢的信号就不需要进行实时检测,可以进行周期性的采样检测,相对应的优先级也就比之前快速变化的信号的优先级要低。不过,在特殊情况下,如果此类信号对汽车产生比较大的影响,也可以获得更高的优先级。也就是说,优先级的设定不是一成不变的,而是要根据车辆的实际情况进行动态调整,优先级可能升高也可能降低。

3.1.4 网络技术在汽车外部的应用

现代汽车可以在绝对安全的情况下连接互联网并享用互联网所带来的便利。汽车内部的上网模块系统是无线结构,它可以主动连接手机端甚至 PC 端,在完全不打扰驾驶员正常行驶的情况下与手机端以及 PC 端交互信息,既保证了安全性又使汽车享受到了互联网带来的便捷。举例来讲,最常用的汽车导航具有查看路况信息、规划路线、发送信息等通信功能。

汽车网络技术的飞速发展以及车内互联网的普及使得汽车内部电子元件急剧增加的同时也保证了汽车在行驶过程中汽车电路系统的安全性、抗干扰性以及后期的可维护性。

3.2 车载控制网络

汽车在最初采用电子控制单元的时候,通常使用常规的点对点通信方式,通过导线将各电子控制单元及电子装置连接起来。随着电子设备的不断增加,这样势必会造成导线数量的不断增多,从而导致在有限的汽车空间内布线越来越困难,线束越来越复杂。汽车上的电控单元不仅要与负载设备简单地连接,还要与其他电控单元进行信息交流,并经过复杂的控制决策运算发出控制指令,这些是不能通过简单导线连接完成的。另外,在不同子系统中的电控单元常常会同时需要一些相同的传感器信号,这就要求相同的传感器信号必须同时被送至不同的控制器,因此各模块与此传感器之间要通过导线连接起来,从而导致车内导线数量及电器接点大幅增加,电器系统可靠性下降。

基于安全性和可靠性的要求,现代汽车正越来越多地考虑使用电控系统代替原有的机械和液压系统。随着汽车电子控制单元的不断增多,需要共享的信息越来越多,采用串行总线实现多路传输,以组成汽车电子网络,是一种既可靠又经济的做法。通过汽车内部的总线网络,可以实现各电子控制系统之间的信息共享、减少布线、降低成本以及提高总体可靠性的目的。

汽车控制网络是在网络通信协议的管理下,由若干终端、传输设备和通信控制处理器等组成的系统集合。汽车电子控制网络则指按照特定的车用网络协议,以共享资源为主要目的,将所有位置上分散且独立工作的车载控制模块相互连接在一起的集合。汽车电子网络化控制是指网络的控制功能在汽车这一特定对象上的应用,它体现在车内各控制模块间的自由通信与相互协调。汽车网络化技术是通信技术及计算机技术与汽车控制理论相结合的产物,它将成为现代汽车控制技术中最重要的技术基础。

3.2.1 汽车控制网络的分类

1. 按网络拓扑结构分类

网络的拓扑结构(Topological Structure)是指网上的计算机或设备与信息传输介质形成的节点和数据传输线的物理构成模式。车载网络的拓扑结构主要有线形结构、星形结构、环形结构等几种。

(1)线形拓扑结构

线形拓扑结构是一种信道共享的物理结构,如图 3-5 所示。这种结构中的总线具有信息的双向传输功能,普遍用于控制器局域网的连接,总线一般采用同轴电缆或双绞线。线形拓扑结构的优点是:安装简单,扩充或删除一个节点很容易,不需要停止网络的正常工作,节点的故障不会殃及整个系统。由于各个节点共用一条总线作为数据通路,因此信道的利用率高。

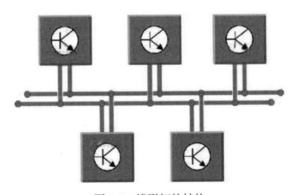

图 3-5 线形拓扑结构

但线形拓扑结构也有其缺点:由于信道共享,连接的节点不宜过多,并且总线自身的故障可以导致整个系统崩溃。车载网络多采用这种结构,应用在 CAN 总线系统上。动力 CAN 数据总线(高速)速率为 500kbit/s,用于动力系统和底盘系统数据总线;舒适 CAN 数据总线(低速)速率为 100kbit/s,用于中央门锁系统、车窗玻璃升降等系统联网。

(2)星形拓扑结构

星形拓扑结构是一种以中央节点为中心,把若干外围节点连接起来的辐射式互联结构(见图 3-6)。这种结构适用于局域网。

星形拓扑结构的特点:结构简单,安装容易,费用低,通常以集线器作为中央节点,便于维护和管理。中央节点的正常运行对网络系统来说是至关重要的。中央节点负载重会造成扩充困难，信道（线路）利用率较低。

由于车载网络的应用目的之一就是简化线束，因此这种结构不可能成为整车网络的结构，只在某一总成或系统上使用。宝马车系的安全气囊系统就采用了星形拓扑结构。

（3）环形拓扑结构

环形拓扑结构由各节点首尾相连形成一个闭合环形线路。环形网络中的信息传输是单向的，即沿一个方向从一个节点传到另一个节点；每个节点需安装中继器，以接收、放大、发送信号（见图3-7）。环形拓扑结构的特点是结构简单，建网容易，便于管理。其缺点是，当节点过多时，将影响传输效率，不利于扩充，另外，当某一个节点发生故障时，整个网络就不能正常工作。

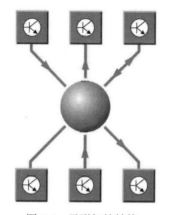

图3-6 星形拓扑结构

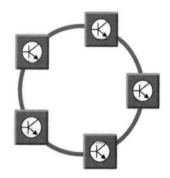

图3-7 环形拓扑结构

奥迪和宝马车系的影音娱乐系统采用的MOST总线即环形拓扑结构，通过光脉冲传输数据，且只能朝一个方向传输数据。光缆作为传输媒介可以传输各种数据（如控制信息、音频和图像数据），并提供各种数据服务。

2. 按联网范围和控制能力分类

总线按联网范围和控制能力分为主总线系统和子总线系统两大类。

（1）主总线系统

主总线系统负责跨系统的数据交换，其相关参数如表3-1所示。

表3-1 主总线系统相关参数

主总线系统名称	数据传输速率	总线拓扑结构	传输介质
K总线	9.6kbit/s	线形、单线	铜质导线
D总线	10.5~115kbit/s	线形、单线	铜质导线
CAN	100kbit/s	线形、双线	铜质导线
K-CAN	100kbit/s	线形、双线	铜质导线
F-CAN	100kbit/s	线形、双线	铜质导线
PT-CAN	500kbit/s	线形、双线	铜质导线

(续)

主总线系统名称	数据传输速率	总线拓扑结构	传输介质
Byteflight	10Mbit/s	星形	光纤
MOST	22.5Mbit/s	环形	光纤

（2）子总线系统

子总线系统负责系统内的数据交换，其相关参数如表3-2所示。这些系统用于交换特定系统内的数据，且数据量相对较少。

表3-2 子总线系统相关参数

主总线系统名称	数据传输速率	总线拓扑结构	传输介质
K总线协议	9.6kbit/s	线形、单线	铜质导线
BSD	9.6kbit/s	线形、单线	铜质导线
DWA总线	9.6kbit/s	线形、单线	铜质导线
LIN总线	9.6~19.2kbit/s	线形、单线	铜质导线

3. 按信息传输速率分类

为方便研究和设计应用，美国汽车工程师学会（Society of Automotive Engineers, SAE）的汽车网络委员会按照系统的复杂程度、传输流量、传输速率、传输可靠性、动作响应时间等参量，将汽车数据传输网络划分为A、B、C、D、E五类。

A类网络是面向传感器/执行器控制的低速网络，数据传输位速率通常小于10kbit/s。主要用于车外后视镜调节、电动车窗、灯光照明等的控制。B类网络是面向独立模块间数据共享的中速网络，位速率在10～125kbit/s之间，主要应用于车身电子舒适性模块、仪表显示等系统。C类网络是面向高速、实时闭环控制的多路传输网络，位速率在125kbit/s～1Mbit/s之间，主要用于牵引力控制、发动机控制、ABS、ESP等系统。D类网络是智能数据总线IDB（Intelligent Data BUS）网络，主要面向影音娱乐信息、多媒体系统，其位速率在250kbit/s～100Mbit/s之间。按照SAE的分类，IDB-C为低速网络，IDB-M为高速网络，IDB-Wireless为无线通信网络。E类网络是面向汽车被动安全系统（安全气囊）的网络，其位速率为10Mbit/s。

就目前的技术水平而言，以上几种网络技术在汽车上多采用组合方式，即车身和舒适性控制单元都连接到低速CAN总线上，并借助于LIN总线进行外围设备控制。而汽车高速控制系统，通常会使用高速CAN总线将其连接在一起。

远程信息处理和多媒体连接需要高速互联且数据传输量大，视频传输又需要同步数据流格式，因此，影音娱乐信息、多媒体系统多采用DDB（Domestic Digital Bus）总线或MOST（Media Oriented Systems Transport）总线。无线通信则通过蓝牙（Bluetooth）技术加以实现。

随着技术的不断进步，在未来的5～10年里，时间触发协议（Time Trigger Protocol，TTP）和FlexRay将得到广泛使用，使车载网络技术得到一次脱胎换骨的提升。但是，时至今日，仍没有一个通信网络可以完全满足未来汽车的所有成本和性能要求。因此，在车载网络系统中，多种总线、协议并存，各自发挥自身所长，彼此协同工作的局面还将继续存在下去。

3.2.2 不同控制网络的特点

不同的汽车控制网络，对应于不同的控制对象和控制要求。各种网络有各自的特点，下面针对汽车网络的特点进行讨论。

1. A 类总线标准

A 类的网络通信大部分采用 UART（Universal Asynchronous Receiver/Transmitter）标准。UART 比较简单，成本低，但随着技术的发展，将会逐渐从汽车通信系统中淘汰。其中，GM 公司使用的 E&C（Entertainment and Comfort）、Chrysler 公司使用的 CCD（Chrysler Collision Detection）和 Ford 公司使用的 ACP（Audio Control Protocol）现在已逐步停止使用。I^2C 总线在汽车中很少使用，仅见于 Renault 公司在 HVAC（Heating, Ventilation and Air Conditioning）中使用。日本 Toyota 公司制定的一种通信协议 BEAN（Body Electronics Area Network），目前仍在其多种车型（如 Celsior、Aristo、Prius 和 Celica）中使用。表 3-3 对目前一些主要 A 类标准和协议及其特性进行了比较。

表 3-3 A 类标准和协议及其特性

总线名称	UART	E&C	ASE J1708	CCD	ACP	BEAN	LIN
所属机构	GM	GM	TMC ATA	Chrysler	Ford	Toyota	Motorola
用途	通用诊断	通用	控制诊断	通用诊断	音频控制	车身控制诊断	智能传感器
介质	单根线	单根线	双绞线	单根线	双绞线	单根线	单根线
位编码	NRZ	PWM	NRZ	NRZ	NRZ	NRZ	NRZ
媒体访问	主/从	竞争	主/从	主/从	主/从	竞争	主/从
错误检测	8位 CS	奇偶校验	8位 CS	8位 CS	8位 CS	8位 CS	8位 CS
头长度	16bit	11～12bit	16bit	8bit	12～24bit	25bit	2bit
数据长度	0～85Byte	1～8Byte		5Byte	6～12Byte	1～11Byte	8Byte
位速率	8192bit/s	1000bit/s	9600bit/s	7812.5bit/s	9600bit/s	10kbit/s	20kbit/s
总线最大长度		20m			40m		40m
最大节点数	10	10		6	20	20	16
成本	低	低	中	低	低	低	低

A 类总线目前首选的标准是 LIN。

LIN 是用于汽车分布式电控系统的一种新型低成本串行通信系统。它是一种基于 UART 的数据格式、主从结构的单线 12 V 的总线通信系统，主要用于智能传感器（smart sensor）和执行器的串行通信，而这正是 CAN 总线的带宽和功能所不要求的部分。

LIN 采用低成本的单线连接，传输速度最高可达 20 kbit/s，对于低端的大多数应用对象来说，这个速度是可以接受的。它的媒体访问采用单主/多从的机制，不需要进行仲裁。在从节点中不需要晶体振荡器就能进行自同步，这极大地减少了硬件平台的成本。

图 3-8 所示为 LIN 总线在车门模块中的应用。LIN 总线和 CAN 总线可以通过网关来完成信息交换。

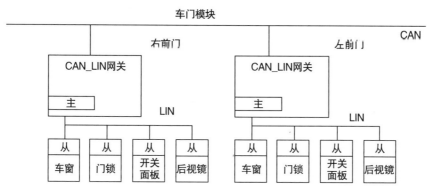

图 3-8 LIN 总线在车门模块中的应用

LIN 的标准简化了现有的基于多路解决方案的低端 SCI，同时降低了汽车电子装置的开发、生产和服务费用。LIN 的规范包含传输协议、传输介质、开发工具接口以及应用软件。因此，从硬件、软件以及电磁兼容性方面来看，LIN 保证了网络节点的互换性。

2. B 类总线标准

B 类标准在轿车上应用的是 ISO 11898，传输速率在 100 kbit/s 左右，在卡车和大客车上应用的是 SAE 的标准 J1939，传输速率约为 250 kbit/s。GM、Ford 等公司目前在许多车型上都已经开始使用基于 ISO 11898 的标准 J2284，它的传输速率是 500 kbit/s。欧洲的各大汽车公司一直都采用 ISO 11898，所使用的传输速率范围从 47.6 kbit/s 到 500 kbit/s 不等。近年来，基于 ISO 11519 的容错 CAN 总线标准开始得到广泛的使用，ISO 11519-2 的"容错"低速二线 CAN 总线接口标准在汽车中得到普遍的应用，它的物理层比 ISO 11898 要慢一些，同时成本也高一些，但是它的故障检测能力却非常突出。

表 3-4 对目前一些主要 B 类标准和协议及其特性进行了比较。

表 3-4 B 类标准和协议及其特性

总线协议	SWC (SINGLE WIRE CAN)	CAN2.0 ISO 11898 ISO 11519-2 ISO 11992 J2284	J1850 ISO 11519-4			SAE J1939
所属机构	SAE/ISO	BOSCH/SAE/ISO	GM	Ford	Chrysler	TMC-ATA
用途	诊断	控制诊断	通用诊断	通用诊断	通用诊断	控制诊断
介质	单根线	双绞线	单根线	双绞线	单根线	双绞线
位编码	NRZ-5	NRZ-5	VPW	PWM	VPW	NRZ-5

(续)

媒体访问	竞争	竞争	竞争	竞争	竞争	竞争
错误检测	CRC	CRC	CRC	CRC	CRC	CRC
头长度（bit）	11	11 或 29	32	32	8	29
数据长度（Byte）	0～8	0～8	0～8	0～8	0～10	8
位速率（kbit/s）	33.33～83.33	10～1000	10.4	41.6	10.4	250
总线最大长度（m）	30	40（典型）	35	35	35	40
最大节点数	16	32	32	32	32	30（STP） 10（UTP）
成本	低	中	低	低	低	低

注：VPW 表示可变脉冲宽度调制。

B 类中的国际标准是 CAN 总线。

CAN 总线是德国博世公司从 20 世纪 80 年代初为解决现代汽车中众多的控制与测试仪器之间的数据交换而开发的一种串行数据通信协议。它是一种多主总线，通信介质可以是双绞线、同轴电缆或光导纤维，通信速率可达 1 Mbit/s。

CAN 总线通信接口中集成了 CAN 协议的物理层和数据链路层功能，可完成对通信数据的成帧处理，包括位填充、数据块编码、循环冗余检验、优先级判别等工作。

CAN 协议的一个最大特点是废除了传统的站地址编码，而代之以对通信数据块进行编码，最多可标识 2048（2.0A）个或 5 亿（2.0B）多个数据块。采用这种方法的优点是可使网络内的节点个数在理论上不受限制。数据段长度最多为 8B，不会长时间占用总线，从而保证了通信的实时性。CAN 协议采用 CRC 检验并可提供相应的错误处理功能，保证了数据通信的可靠性。

图 3-9 所示为符合 B 类标准的低速 CAN 总线以及符合 C 类标准的高速 CAN 总线在汽车上的应用框图，高速 CAN 和低速 CAN 通过网关连接起来。

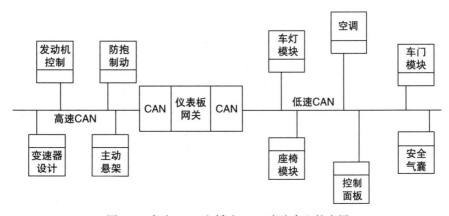

图 3-9　高速 CAN 和低速 CAN 在汽车上的应用

3. C类总线标准

由于C类标准主要用于与汽车安全相关及实时性要求较高的地方，如动力系统，因此其传输速率比较高，通常在125kbit/s～1 Mbit/s之间，必须支持实时的周期性的参数传输。

在C类标准中，欧洲的汽车制造商基本上采用的都是高速通信的CAN总线标准ISO 11898，而J1939则广泛适用于卡车、大客车、建筑设备、农业机械等工业领域的高速通信。在美国，GM公司已开始在所有的车型上使用其专属的所谓GMLAN总线标准，它是一种基于CAN的传输速率为500 kbit/s的通信标准。

表3-5对目前一些主要C类标准和协议及其特性进行了比较。

表3-5 C类标准和协议及其特性

特性	CAN2.0，ISO 11898	SAE J2284	SAE J1939
所属机构	BOSCH/ISO	SAE	TMC-ATA
用途	控制诊断	控制诊断	控制诊断
介质	双绞线	双绞线	双绞线
位编码	NRZ-5	NRZ-5	NRZ-5
媒体访问	竞争	竞争	竞争
错误检测	CRC	CRC	CRC
头长度（bit）	11或29	11或29	29
数据长度（Byte）	0～8	0～8	8
位速率（kbit/s）	1000	500	250
总线最大长度（m）	40（典型）	30	40
最大节点数	32	16	30（STP） 10（UTP）
成本	中	中	中

ISO 11898对使用控制器局域网络构建数字信息交换的相关特性进行了详细的规定，汽车电子控制单元（ECU）之间的通信传输速率需大于125 kbit/s，且最高为1Mbit/s。

J1939供卡车及其拖车、大客车、建筑设备以及农业设备使用，是用来支持分布在车辆各个不同位置的电控单元之间实现实时闭环控制功能的高速通信标准，其数据传输速率为250 kbit/s。J1939使用了控制器局域网协议，任何ECU在总线空闲时都可以发送消息，它利用协议中定义的扩展帧29位标识符实现一个完整的网络定义。29位标识符中的前3位被用来在仲裁过程中决定消息的优先级，对每类消息而言，优先级是可编程的，这样原始设备制造商在需要时可以对网络进行调整。J1939通过将所有11位标识符消息定义为专用，允许使用11位标识符的CAN标准帧的设备在同一个网络中。这样，11位标识符的定义并不直接属于J1939的一个组成部分，但是也被包含进来。这是为了保证其使用者可以在同一网络中并存而不出现冲突。

4. 诊断系统总线标准

使用排放诊断的目的主要是为了满足OBD-II（On Board Diagnostics）、OBD-III或E-OBD

（European-On Board Diagnostics）标准。目前，许多汽车生产厂商都采用 ISO 14230（Keyword Protocol 2000）作为诊断系统的通信标准，它满足 OBD-Ⅱ。美国的 GM、Ford、DC 公司广泛使用 J1850 作为满足 OBD-Ⅱ 的诊断系统的通信标准，但欧洲汽车厂商拒绝采用这种标准。2004 年，美国三大汽车公司开始对乘用车采用基于 CAN 的 J2480 诊断系统通信标准，它满足 OBD-Ⅲ 的通信要求。在欧洲，以往诊断系统中使用的是 ISO 9141，它是一种基于 UART 的通信标准，满足 OBD-Ⅱ 的要求。从 2000 年开始，欧洲汽车厂商开始使用一种基于 CAN 总线的诊断系通信标准 ISO 15765，它满足 E-OBD 的系统要求。

表 3-6 对目前一些主要诊断系统总线标准和协议及其特性进行了比较。

表 3-6 诊断总线标准和协议及其特性

特性	J2480	ISO 15765	J1850 ISO 11519-4			ISO 9141	KWP 2000（ISO 14230）
所属机构	SAE	ISO	GM	Ford	Chrysler		
用途	诊断	诊断	通用诊断	通用诊断	通用诊断	诊断	诊断
介质	双绞线	双绞线	单根线	双绞线	单根线	单根线	单根线
位编码	NRZ	NRZ	VPW	PWM	VPW	NRZ	NRZ
媒体访问	竞争	竞争	竞争	竞争	竞争	Tester/Slave	主/从
错误检测	CRC	CRC	CRC	CRC	CRC	奇偶校验	CS
头长度（bit）		11 或 29	32	32	8		16
数据长度（Byte）		0～8	0～8	0～8	0～10		0～85
位速率（kbit/s）	250	10.4	41.6	41.6	<10.4		5～10.4
总线最大长度（m）	40	35	35	35			
最大节点数	32	32	32	32			10
成本	低	中	低	低	低	低	低

ISO 15765 适用于将车用诊断系统在 CAN 总线上加以实现的场合。ISO 15765 的网络服务符合基于 CAN 的车用网络系统的要求，是遵照 ISO 14230-3 及 ISO 15031-5 中有关诊断服务的内容来制定的，因此 ISO 16765 对于 ISO 14230 应用层的服务和参数完全兼容，但并不限于只用于这些国际标准所规定的场合。

5. 多媒体系统总线标准

汽车多媒体网络和协议分为 3 种类型：低速、高速和无线。对应 SAE 的分类为 IDB-C（Intelligent Data Bus-CAN）、IDB-M（Intelligent Data Bus Multimedia）和 IDB-Wireless，其传输速率在 250 kbit/s ～ 100 Mbit/s 之间。

低速总线用于远程通信、诊断及通用信息传送，IDB-C 按 CAN 总线的格式以 250kbit/s 的位速率进行信息传送。由于其低成本的特性，IDB-C 有望成为汽车类产品的标准之一。GM 公司等美国制造商计划使用 POF（Plastic Optical Fiber），在车中安装以 IEEE 1394 为基础的 IDB 1394，预计 Toyota 等日本汽车制造商也将跟进采用 POF，由于消费者手中已经有许多 IEEE 1394 标准下的设备，并与 IDB-1394 相兼容，因此，IDB-1394 将在 IDB 产品进入车辆的同时成为普遍的标准。

高速总线主要用于实时的音频和视频通信，如 MP3、DVD 和 CD 等的播放，所使用的传输介质是光纤，这一类中主要包括 IDB-M、D2B、MOST 和 IEEE 1394。表 3-7 对目前一些主要的汽车多媒体系统总线标准和协议及其特性进行了比较。

表 3-7 多媒体系统总线标准和协议及其特性

总线名称	IDB-C	IDB-M	MOST	D2BCopper	D2BOptical	MML	USB	IEEE 1394
所属机构	SAE	SAE	Philips	Philips	Philips	Delco		IEEE
用途	通信娱乐	通信娱乐	数据流控制	数据流控制	数据流控制	数据流控制	PC 设备	PC 设备
介质	双绞线	光纤	光纤	双绞线	光纤	光纤	屏蔽双绞线	屏蔽双绞线
位编码	NRZ	BiPhase	PWM	BiPhase		NRZ	NRZ	NRZ
媒体访问	TOKEN-SLOT	主/从	主/从	主/从	主/从		竞争	竞争
错误检测	CRC		CRC	奇偶校验	CRC	CRC	CRC	CRC
头长度（bit）	11				1			
数据长度（Byte）	8				0～200			
位速率（kbit/s）	0.25	400	25	0.0298	12	110	12	98～393
总线最大长度（m）			无限制	150	无限制	10		72
最大节点数	16		24	50	24	16	127	16
成本	低	高	高	高	高	高	中	中

在汽车生产中，生产线上作为最后一道工序的是下载软件，蓝牙技术应用于这一场合非常合适。一个蓝牙基站和现场总线相连，当在线汽车和蓝牙基站获得连接时，上载它的串行信号，然后，生产计算机通过现场总线向基站下载该汽车的软件，最后将其传送到汽车。同时，蓝牙还可以用于汽车服务，当汽车进入服务站时，服务人员在其 PC 上获得必要的工作指示，用以控制和调节一些功能，如灯、车窗、发动机参数等。另外，蓝牙也可为任何电子控制单元下载最新版本的软件。

目前已有一些公司研制出了基于蓝牙技术的处理器。例如，美国德州仪器公司（TI）推出了一款新型基于 ROM 的蓝牙基站处理器，可用于汽车远程通信及娱乐或 PC 外设等。

3.2.3 汽车安全总线

随着汽车生产工艺的不断进步，汽车生产过程需要更高的质量、更多的生产创新。生产创新的方法之一就是使用最新、最先进的自动化控制技术，当然，与此同时，这些技术的功能性和经济性也必须符合包括安全标准在内的高标准。

安全总线主要用于安全气囊系统（见图 3-10），以连接加速度传感器、安全传感器等装置，为被动安全提供保障。目前已有一些公司研制出了相关的总线和协议，包括 SafetyBUS p 和 Byte flight。

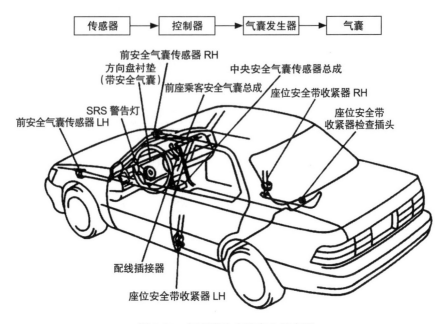

图 3-10　气囊模块在汽车上的应用

　　SafetyBUS p 是专门为满足制造厂安全技术的要求而设计的,"集中控制,信号分散采集,分散驱动"对它来说是非常合适的形容,它已被 BMW 公司用于连接模块化自动控制单元,从而实现总装车间流水线的最优成本,同时也能保证生产线及时投产,以便能更快地获得更高的生产效率。SafetyBUS p 是用户整个控制系统的重要组成部分之一,这种安全的开放式总线系统能够满足汽车制造厂的各种安全要求。在 BMW 公司,技术规范对系统的要求是安全等级达到 4 并将反应时间减少到最短,并且要求它是一个灵活的、适合工作组功能的、可应用于整个安全区域的系统,同时也要求系统有较好的经济性。SafetyBUS p 就是符合这些要求的系统,它能把标准功能和安全功能明显区分开来,这种特性保证了员工能够清晰地确定职责的分配。当然,PSS 系列的可编程安全系统也能够确保有关安全应用的执行,它不仅能满足个别的、单个的安全要求,也能够满足整个制造厂的功能性需求,它的快速反应时间小于 0.01ms。表 3-8 对目前一些正在开发中的汽车安全系统总线标准和协议及其特性进行了比较。

表 3-8　汽车安全系统总线标准和协议及其特性

特性	SafetyBUS	BOTE	PLANET	DSI	SI (Byte flight)	BSRS
所属机构	Delphi	BOSCH-Temic	Philips	Motorola	BMW	Breed-Siemens
用途	气囊	气囊	气囊	气囊	气囊	气囊
介质	双线	双线	双线	双线	双线或三线	双线或三线
媒体访问	主/从	主/从	主/从	主/从	主/从	主/从
错误检测	CRC					
头长度(bit)	1				1	

(续)

数据长度(Byte)	24～39				0～200	
位速率	500kbit/s	31.25～125kbit/s	20～250kbit/s	5kbit/s	10Mbit/s	250kbit/s
最大节点数	64	12	64	16		
成本	低	低	低	低	中	低

3.3 CAN 总线

3.3.1 CAN 总线简介

控制器局域网（Controller Area Network，CAN）总线是德国博世（BOSCH）公司在1986年开发的一种汽车网络协议，它是具有 ISO 国际标准化的一种通信协议，称为 Automotive Serial Controller Area（汽车串行控制局域网）。CAN 总线以其较好的安全性、舒适性、低成本等优秀性能使它在汽车总线中占据了很高的地位。汽车采用 CAN 总线作为汽车内部系统的控制总线，可以使汽车所有的外围单元都被接在一个 CAN 总线上，这样就会让汽车内部的电子系统、通信系统简单许多，可以扩展更多的功能。CAN 总线经过不断的发展，先后进行了 ISO 11898 及 ISO 11519 的国际标准化，并且 CAN 总线已经成为欧洲汽车网络的标准总线。随着 CAN 总线的不断发展和完善，它显然已经成为汽车网络中最重要的一环。

1. CAN 总线的优点

对于汽车上的整个系统来说，CAN 总线具有如下优点。

1）控制单元间的数据传输都在同一平台上进行（图 3-11），该平台称为协议，CAN 总线起到数据传输"高速公路"的作用（图 3-12）。

2）可以很方便地用控制单元来对系统进行控制，如发动机控制、变速器控制、ESP 控制等。

3）可以很方便地加装选装装置，为技术进步创造了条件，为新装备的使用埋下了伏笔。

4）CAN 总线是一个开放系统，可以与各种传输介质进行适配，如铜线和光导纤维（光纤）。

5）对控制单元的诊断可通过 K 线来进行，车内的诊断有时通过 CAN 总线来完成（如安全气囊和车门控制单元），称为"虚拟 K 线"。随着技术的进步，今后有逐步取消 K 线的趋势。

6）可通过多个控制单元进行系统诊断。

2. CAN 总线的结构特点

CAN 总线系统上并联有多个控制单元，具有以下特点。

1）可靠性高。系统能将数据传输故障（不论是由内部还是外部引起的）准确地识别出来。

2）使用方便。如果某一个控制单元出现故障，其他控制单元还可以保持原有功能，以便进行信息交换。

3）数据密度大。所有控制单元在任一瞬时的信息状态均相同，这样就使得两个控制单元之间不会有数据偏差。如果系统的某一处有故障，那么总线上所有连接的元件都会得到通知。

4）数据传输快。连成网络的各控制单元之间的数据交换速率必须很快，这样才能满足实时要求。

5）采用双线传输，抗干扰能力强，数据传输的可靠性高。

图 3-11　控制单元间的数据传输都在同一平台上进行

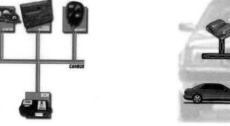

图 3-12　CAN 总线数据传输

3. CAN 总线的传输速率

传统的 CAN 总线系统中的信号是采用数字方式经铜导线传输的，其最大稳定传输速率可达 1Mbit/s，目前最新版的 CAN-FD（Controller Area Network with Flexible Data Rate）数据传输速率达到了 10Mbit/s。大众和奥迪公司将最大标准传输速率规定为 500kbit/s，考虑到信号的重复率及产生出的数据量，CAN 总线系统分为三个专门的系统。

1）驱动 CAN 总线（高速），亦称为动力 CAN 总线，其标准传输速率为 500kbit/s，可充分满足实时要求，主要用于发动机、变速器、ABS、转向助力等汽车动力系统的数据传输。

2）舒适 CAN 总线（低速），其标准传输速率为 100kbit/s，主要用于空调系统、中央门锁（车门）系统、座椅调节系统的数据传输。

3）信息 CAN 总线（低速），其标准传输速率为 100kbit/s，主要用于对响应速度要求不高的领域，如导航系统、组合音响系统、CD 转换控制等。

4. CAN 总线的自诊断功能

CAN 总线是车内电子装置中的一个独立系统，从本质上讲，CAN 总线就是数据传输线路，用于在控制单元之间进行信息交换。由于自身的布置和结构特点，CAN 总线工作时的可靠性很高。如果 CAN 总线系统出现故障，故障就会被存入相应的控制单元故障存储器内，可以用诊断仪读出这些故障。

1）控制单元具有自诊断功能，通过自诊断功能还可识别出与 CAN 总线相关的故障。

2）用诊断仪（如 VAS5051、VAS5052 等）读出 CAN 总线故障记录之后，即可按这些提示信息快速、准确地查寻并排除故障。

3）控制单元内的故障记录用于初步确定故障，还可用于读出排除故障后的无故障说明，即确认故障已经被排除。如果想要更新故障显示内容，必须重新启动发动机。

4）CAN 总线正常工作的前提条件是车辆在任何工况均不应有 CAN 总线故障记录。

3.3.2 CAN 总线的组成

1. CAN 总线的基本系统

CAN 总线的基本系统由多个控制单元和两条数据线组成，这些控制单元通过收发器（发射－接收放大器）并联在总线导线上。如图 3-13 所示，数据总线犹如高速公路，总线机制犹如公交车，载运着乘客（数据）在各个车站（控制单元）之间穿梭，完成乘客（数据）的运输工作。这也是总线在英文中被称为 BUS 的原因所在。

CAN 总线上各个控制单元的条件是相同的，也就是说，所有控制单元的地位均相同，没有哪个控制单元有特权。从这个意义上讲，CAN 总线也称为多主机结构。

数据传输是按顺序连续完成的。原则上 CAN 总线用一条导线就可以满足功能要求，但 CAN 总线系统上还配备了第二条导线，且两根导线互相缠绕在一起，称为双绞线。这两根导线中，一根导线称为 CAN-High 导线，另一根导线称为 CAN-Low 导线（图 3-14），在双绞线上，信号是按相反相位传输的，这样可有效抑制外部干扰。

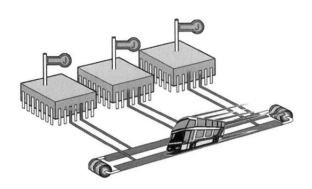

图 3-13 CAN 总线的数据传输与公交车载运乘客相似

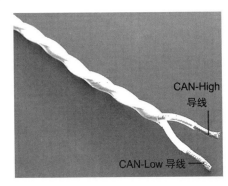

图 3-14 CAN 总线的双绞线

2. CAN 总线的数据结构

如图 3-15 所示，CAN 总线所传输的每条完整信息由 7 个区构成，信息的最大长度为 108bit。在两条 CAN 导线上，所传输的数据内容是相同的，但是两条导线的电平状态相反。

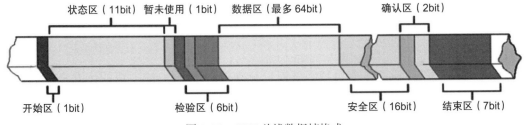

图 3-15 CAN 总线数据帧格式

1）开始区。开始区（长度为 1bit）标志数据开始，CAN-High 导线的电压大约为 5V（具体数值视系统而定），CAN-Low 导线的电压大约为 0V。

2）状态区。状态区（长度为11bit）用于确定所传数据的优先级。如果在同一时刻有两个控制单元都想发送数据，则优先级高的数据先行发出。

3）检验区。检验区（长度为6bit）用于显示数据区中的数据数量，以使数据的控制单元）检验自己接收到的、来自发送器（发送数据的控制单元）的数据是否完整。

4）数据区。数据区（长度不确定，视具体情况而定，最大长度为64bit）是信息的实质内容。

5）安全区。安全区（长度为16bit）用于检验数据在传输中是否出现错误。

6）确认区。确认区（长度为2bit）是数据接收器发给数据发送器的确认信号，表示接收器已经正确、完整地收到了发送器发送的数据。如果检测到在数据传输中出现错误，则接收器会迅速通知发送器，以便发送器重新发送该数据。

7）结束区。结束区（长度为7bit）标志着数据的结束。

3. 信息的发送与接收

CAN 数据总线在发送信息时，每个控制单元均可接收其他控制单元发送出的信息。在通信技术领域，也把该原理称为广播（图 3-16），就像一个广播电台发送广播节目一样，每个广播网范围内的用户（收音机）均可接收。这种广播方式可以使连接的所有控制单元总是处于相同的信息状态。

如图 3-17 所示，CAN 数据总线的数据传输又类似于"电话会议"，一个电话用户（控制单元）将数据"讲"入网络中，其他用户通过网络"接听"该数据。对该数据感兴趣的用户就会记录并使用该数据，而其他用户则选择忽略，可以对该数据不予理睬。

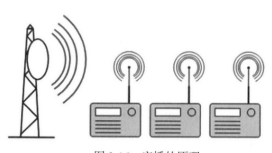

图 3-16 广播的原理

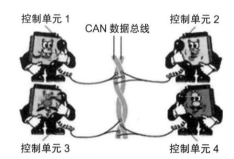

图 3-17 CAN 总线数据的数据传输类似于"电话会议"

为了说明数据传输的基本原理，下面以只有一条 CAN 总线导线的情况来进行阐述（图 3-18）。

想要传输的数据称为信息，每个控制单元均可发送和接收信息。信息包含重要的物量，如发动机转速、冷却液温度等。在进行数据传输时，首先要把物理数据转换成一系列二进制数，如发动机转速为 1800r/min，可表示成 00010101。

如图 3-19 所示，在发送过程中，二进制数先被转换成连续的比特流（信息流），该比特流通过 TX 线（发送线）到达收发器（放大器），收发器将比特流转换成相应的电压值，最后这些电压值按时间顺序依次被传送到 CAN 总线的导线上（图 3-20）。

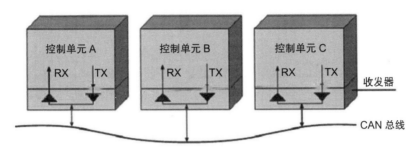

图 3-18 单线 CAN 总线的数据传输示意图

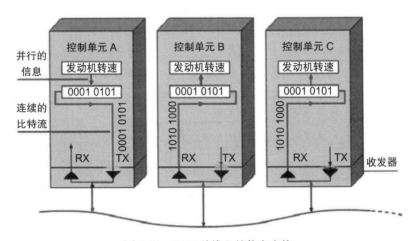

图 3-19 CAN 总线上的信息交换

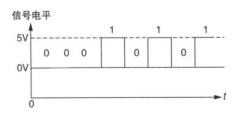

图 3-20 按时间顺序的电信号传输

在接收过程中，这些电压值经收发器又转换成比特流，再经 RX 线（接收线）传至控制单元，控制单元将这些二进制连续值转换成信息，如二进制值 00010101 又被转换成发动机转速 1800r/min。

3.3.3 CAN 总线系统元件的功能

如图 3-21 所示，CAN 总线系统元件主要由以下几部分组成。

1. K 线

K 线用于在 CAN 总线系统自诊断时连接汽车故障检测仪（如 VAS5051），属于诊断时使用的通信线。

2. 控制单元

控制单元接收来自传感器的信号，将其处理后再发送指令到执行元件上。控制单元中的微处理器上带有输入、输出存储器和程序存储器。控制单元接收到的传感器数据值（如发动机转速或冷却液温度）会被定期查询并按顺序存入输入存储器。微处理器按事先编制好的程序来处理输入值，处理后的结果被存入相应的输出存储器内，然后到达各个执行元件。为了能够处理 CAN 信息，各控制单元内还有一个 CAN 存储区，用于容纳接收到的和要发送的信息。

3. CAN 构件

CAN 构件用于数据交换，它分为两个区，一个是接收区，一个是发送区。CAN 构件通过接收邮箱或发送邮箱与控制单元相连，其工作过程与邮局收发邮件的过程非常相似。CAN 构件一般集成在控制单元的微处理器芯片内。

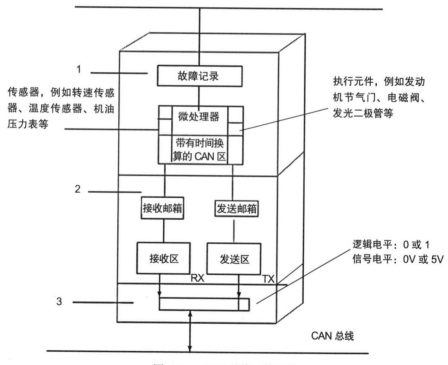

图 3-21 CAN 总线系统元件

1—控制单元 2—CAN 控制器 3—CAN 收发器

4. 收发器

收发器就是一个发送–接收放大器，在接收数据时，收发器将 CAN 构件连续的比特流

（亦称逻辑电平）转换成电压值（传输电平）；当发送数据时，收发器把电压值（传输电平）转换成连续的比特流。电路传输电平非常适合在铜质导线上进行数据传输。

收发器通过 TX 线（发送导线）或 RX 线（接收导线）与 CAN 构件相连。RX 线通过一个放大器直接与 CAN 总线相连，并总是在监听总线信号。

（1）收发器的特点

如图 3-22 所示，收发器的 TX 线始终与总线耦合，两者的耦合过程是通过一个开关电路来实现的。收发器内晶体管的状态与总线电平之间的对应关系如表 3-9 所示。

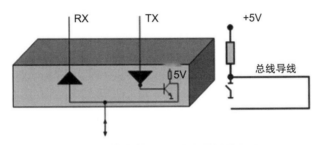

图 3-22 收发器的 TX 线与总线的耦合

表 3-9 收发器内晶体管的状态与总线电平之间的对应关系

状态	晶体管状态	是否有源	电阻状态	总线电平
1	截止（相当于开关断开）	无源	高阻抗	1
0	导通（相当于开关闭合）	有源	低阻抗	0

（2）多个收发器与总线导线的耦合

当有多个收发器与总线导线耦合时，总线的电平状态将取决于各个收发器开关状态的逻辑组合。下面以 3 个收发器接到一根总线导线上（图 3-23）的情况为例加以说明。

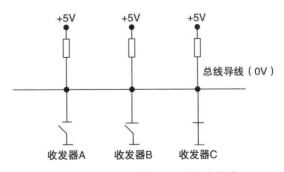

图 3-23 3 个收发器接到一根总线导线上

在图 3-23 中，收发器 A 和收发器 B 的开关呈断开状态，收发器 C 的开关呈闭合状态。开关断开表示 1（无源），开关闭合表示 0（有源）。由图 3-23 不难看出，如果某一开关已闭合，电阻上就有电流流过，于是总线导线上的电压就为 0V；如果所有开关均未闭合，那么电阻上就没有电流流过，电阻上就没有电压降，于是总线导线上的电压就为 5V。3 个收发器开关的状态与总线电平的逻辑关系如表 3-10 所示。

表 3-10 3 个收发器开关的状态与总线电平的逻辑关系

收发器 A	收发器 B	收发器 C	总线电平	收发器 A	收发器 B	收发器 C	总线电平
1	1	1	1（5V）	0	1	1	0（0V）
1	1	0	0（0V）	0	1	0	0（0V）
1	0	1	0（0V）	0	0	1	0（0V）
1	0	0	0（0V）	0	0	0	0（0V）

如果总线处于状态 1（无源），那么该状态可以由某一个控制单元使用状态 0（有源）来改写。一般将无源的总线电平称为隐性的，有源的总线电平称为显性的。其意义体现在：发送传输错误信号时（错误帧故障信息）；冲突仲裁时（如果几个控制单元欲同时发送信息）。

3.3.4 CAN 总线的数据传输过程

下面以发动机转速信息的传输过程为例，介绍 CAN 总线上的数据传输过程。从发动机转速信号获取、接收、传输数据，直到将其在发动机转速表上显示出来这一完整的数据传输过程中，可以清楚地看出数据传输的时间顺序以及 CAN 构件与控制单元之间的配合关系。

1. 信息格式的转换

首先是发动机控制单元的传感器接收到发动机转速信息（转速值）。该值以固定的周期（循环往复地）到达微处理器的输入存储器内。由于瞬时转速值不仅用于发动机运转控制、变速器换挡控制，还用于其他控制单元（如组合仪表），故该值通过 CAN 总线来传输，以实现信息共享。于是转速值就被复制到发动机控制单元的发送存储器内。该信息从发送存储器进入 CAN 构件的发送邮箱内。如果发送邮箱内有一个发动机转速实时值，那么该值会由发送特征位（举起的小旗）显示出来。将发送任务委托给 CAN 构件，发动机控制单元就完成了数据传输任务。如图 3-24 所示，发动机转速值按协议被转换成标准的 CAN 信息格式。

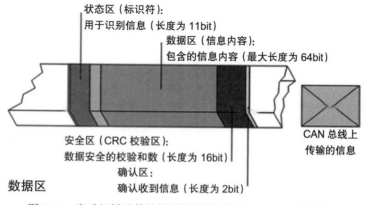

图 3-24 发动机转速值按协议被转换成标准的 CAN 信息格式

在本例中，状态区（标识符）= 发动机_1，数据区（信息内容）= 发动机转速（即发动机转速为 xxx r/min)。当然，CAN 总线上传输的数据也可以是其他信息，如节气门开度、冷却液温度、发动机转矩等，具体内容取决于系统软件的设定。

2. 请求发送信息——总线状态查询

如果发送邮箱内有一个发动机转速实时值，那么该值会由发送特征位（举起的小旗）显示出来请求发送信息，相当于学生举手向老师示意，申请发言。只有总线处于空闲状态时，控制单元才能向总线上发送信息。如图 3-25 所示，CAN 构件通过 RX 线来检查总线是否有源（是否正在交换其他信息），必要时会等待，直至总线空闲下来为止。如果在某一时间段内，总线电平一直为 1（总线一直处于无源状态），则说明总线处于空闲状态。

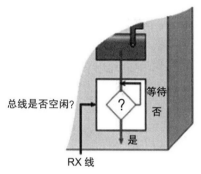

图 3-25　总线查询状态

3. 发送信息

如图 3-26 所示，如果总线空闲下来，发动机信息就会被发送出去。

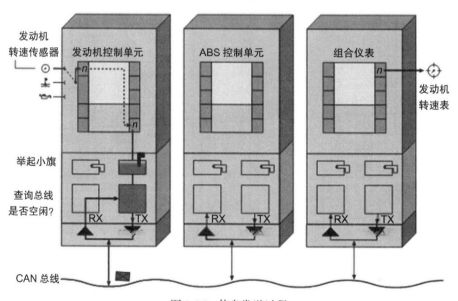

图 3-26　信息发送过程

4. 接收过程

如图 3-27 所示，连接在 CAN 总线上的所有控制单元都接收发动机控制单元发送的信息，该信息通过 RX 线到达 CAN 构件各自的接收区。

接收过程分两步，首先检查信息是否正确（在监控层），然后检查信息是否可用（在接收层）。

（1）检查信息是否正确

接收器接收发动机的所有信息，并且在相应的监控层检查这些信息是否正确。这样就可以识别出在某种情况下某一控制单元上出现的局部故障。按照 CAN 总线的信息广播原理，连接在 CAN 总线上的所有控制单元都接收发动机控制单元发送的信息。数据传输是否正确，可以通过监控层内的 CRC 校验和来进行校验，CRC 校验为循环冗余码校验（Cycling Redundancy Check，CRC）。

在发送每个信息时，所有数据位都会产生并传递一个 16bit 的校验和数，接收器按同样的规则从所有已经接收到的数据位中计算出校验和，随后系统将接收到的校验和与计算出的实际校验和进行比较。

如果两个校验和相等，确认无数据传输错误，那么连接在 CAN 总线上的所有控制单元都会给发送器一个确认回答（也称应答，如图 3-28 所示），这个回答就是所谓的"信息收到符号"（Acknowledge，Ack），它位于校验和之后。

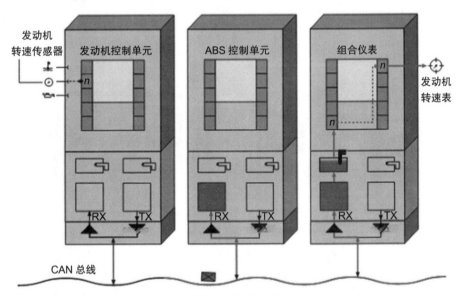

图 3-27 接收过程

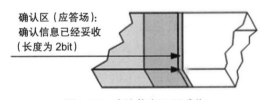

图 3-28 确认信息已经妥收

如图 3-29 所示，经监控层监控、确认无误后，已接收到的正确信息会到达相关 CAN 构件的接收区。

（2）检查信息是否可用

CAN 构件的接收层判断该信息是否可用。如果该信息对本控制单元来说是有用的，则举起接收旗,予以放行(图3-30),该信息就会进入相应的接收邮箱;如果该信息对本控制单元来说是无用的,则可以拒绝接收。

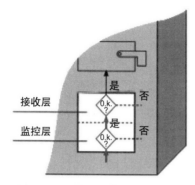

图3-29 监控层对信息的监控

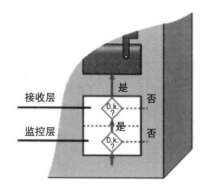

图3-30 接收层判断信息是否可用

连接在CAN总线上的组合仪表根据升起的"接收旗"就会知道,现在有一个信息(发动机转速)在排队等待处理。组合仪表调出该信息并将相应的值复制到它的输入存储器内。通过CAN总线进行的数据传输(发送和接收信息)过程至此结束。在组合仪表内部,发动机转速信息经微处理器处理后到达执行元件并最后到达发动机转速表,显示出发动机转速的具体数值。上述数据传输过程按设定好的循环时间(如10ms)在CAN总线上周而复始地重复进行。

5. 冲突仲裁

如果多个控制单元同时发送信息,那么数据总线上就必然会发生数据冲突。为了避免发生这种情况,CAN总线具有冲突仲裁机制。按照信息的重要程度分配优先权,十万火急的信息(如事关汽车被动安全、汽车稳定性控制的信息)优先权高,不是特别紧急的信息(如车窗玻璃升降、车门锁止等)优先权低。确保优先权高的信息能够优先发送。

每个控制单元在发送信息时通过发送标识符来标识信息类别,信息优先权包含在标识符中。所有控制单元都通过各自的RX线来跟踪总线上的举动并获知总线状态。每个控制单元的发送器都将TX线和RX线的状态一位一位地进行比较(它们可以不一致)。

CAN总线是这样来进行仲裁的:TX线上首先出现"0"的控制单元必须退出总线。用标识符中位于前部的"0"的个数调整信息的重要程度,从而保证按重要程度来发送信息。标识符中的数字越小,表示该信息越重要,需要予以优先发送。如图3-31所示,当发动机控制单元、变速器控制单元、组合仪表控制单元三者在同一时刻都想向CAN总线发送数据时,则按照优先权的高低来进行仲裁。

如表3-11所示,转向角传感器的信息标识符中的数字最小,说明该信息最为重要,CAN总线予以优先发送。

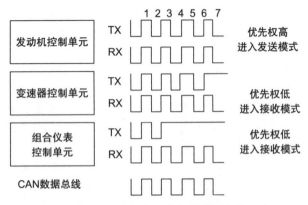

图 3-31　避免数据冲突的仲裁过程

表 3-11　信息标识符中的数字

信息标识符	二进制数	十六进制数	信息标识符	二进制数	十六进制数
发动机_1	01010000000	280H	转向角传感器_1	00011000000	0C2H
制动系统	01010100000	1A0H	自动变速器_1	10001000000	440H
组合仪表	01100100000	320H			

3.3.5　CAN 总线的应用

在汽车嵌入式系统中，基于 CAN 的控制系统方案非常多，比较典型的有以下三种。

（1）ST 公司的汽车网络解决方案

图 3-32 是 SGS-Thomson（ST）电子集团公司给出的汽车内网络解决方案。

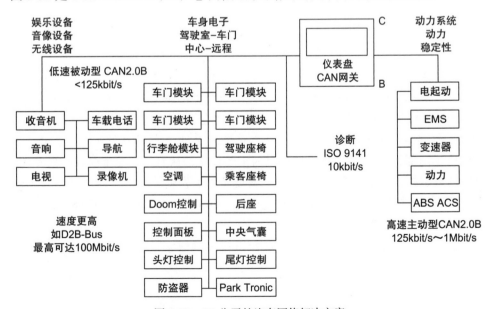

图 3-32　ST 公司的汽车网络解决方案

该方案的特点是将整车电子系统按照通信数据的类型和对传输速率的需求分成 3 大区域：娱乐设备、车身电子和动力系统。由于娱乐设备之间主要传递音频、视频之类的多媒体信息，它对总线带宽和通信速率的要求是最高的，因此采用了最高速率可达 100 Mbit/s 的 D2B-Bus。车身电子部分网络节点最多，布置较为分散，而且控制系统对通信参数有一定的实时性要求，适合用低速被动型 CAN2.0B 标准来构建网络，最高传输速率为 125kbit/s。动力系统对控制参数的实时性要求比车身电子部分要高一些，所以用的是高速主动型 CAN2.0B 标准，最高传输速率可达 1 Mbit/s。

当然，上面 3 块子网之间也有交换数据的需求，比如动力系统对发动机的控制有时会用到车身电子中的空调工作状况、车辆行驶速度等信息。为了解决数据流在 3 种不同技术规范的网络之间传输时的衔接问题，该方案专门在仪表板处设置了一个网关，将高速 CAN 和低速 CAN 连接了起来。娱乐设备则相对封闭，其用于通信的数据内容基本上仅供内部单元使用，所以没必要再单独设置网关与低速 CAN 的主构架互联。另外，该方案在低速 CAN 上引出了用来外挂故障诊断系统的网络接口。故障诊断有专门的比较成熟的通信协议 ISO 9141，支持 10 kbit/s 的传输速率。

（2）Motorola 公司的汽车网络解决方案

图 3-33 是 Motorola 公司提出的汽车电子系统的整车 CAN 方案。该方案也是把动力系统和车身电子区别对待，前者用传输速率大于 250 kbit/s 的高速 CAN 来组建，后者用传输速率不小于 125kbit/s 的低速 CAN 来组建，两个子网之间用专门的中央模块——网关来实现互联。图 3-33 的各模块中还标出了 Motorola 从自身产品中推荐选用的可以实现节点功能的 CAN 微控制器型号。

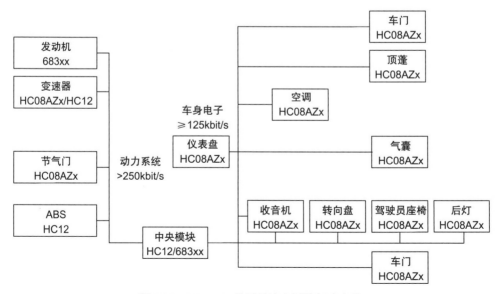

图 3-33 Motorola 公司的汽车网络解决方案

（3）车门模块 CAN 构架方案

由于整车 CAN 的节点众多，通信量大，因此汽车电子系统的整体 CAN 解决方案现在还没有得到大量的实际应用，可以见到的实物很少。目前在汽车工业中成熟应用的 CAN，多是解决汽车电子系统中某些特定分区的局部控制问题，因为系统划分得小，节点会少一些，所以在成本和技术上实现起来要容易得多。图 3-34 就是 SGS-Thomson 公司给出的车门模块的 CAN 构架方案。图中列举了 3 种构架形式。

1）第一种是将驱动设备的电控部分与执行机构分开，和其他汽车电子装置布置到一起，再用 CAN 总线实现互联，称为中央控制式方案（图 3-34a）。该方案中，整个车门只相当于一个网络节点，通信数据要到达车门内部各个不同的设备还需要执行器驱动模块根据消息帧的标识符来拣选配送。

2）第二种与第一种类似，只是驱动设备的电控部分与执行机构分开后，被就近布置到了车门中再用 CAN 总线同其他电子设备互联（图 3-34b）。整个车门还是只相当于一个节点。

3）第三种方案中使用了机电一体的控制设备，它们各自独立地上挂 CAN 总线，这样在一个车门中就出现了 3 个节点（图 3-34c）。

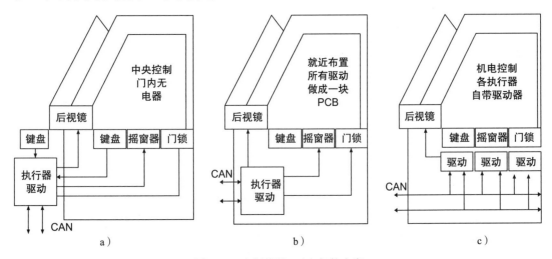

图 3-34　车门模块 CAN 架构方案

上述内容对 CAN 总线的通信进行了基本介绍，为了更进一步了解 CAN 总线通信过程，将通过以下 MATLAB 示例进行 CAN 通信仿真，该示例描述了周期性 CAN 消息的发送与接收的整个过程。

例 1　以下实例演示在 MATLAB 中 CAN 总线与 Simulink 的通信。

周期性 CAN 通信

该示例使用 MathWorks Virtual CAN 通道设置定期发送和接收 CAN 消息的方法，使用 Simulink 虚拟通道在环回配置中连接，通过 Controller Area 网络（CAN）上的 SIMULINK 模型发送和接收实时消息。该示例使用 CAN 配置、CAN Pack、传输、接收和解压缩块，以便在 CAN 总线上执行数据传输，如图 3-35 所示。

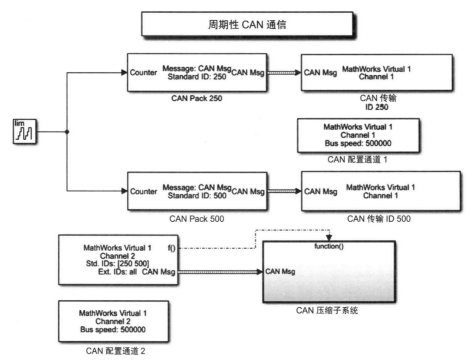

图 3-35　CAN 通信模块一

发送和接收 CAN 消息

创建一个模型，用于在不同的时间段发送两条消息，并且只接收指定的消息，并使用指定的 ID 解压缩消息，具体过程如下。

①使用 CAN 传输块发送 ID 250 的 CAN 消息，每 1 秒发送一次消息。

②使用另一个 CAN 传输块发送 ID 为 500 的 CAN 消息，每 0.5 秒发送一次消息。

③向两个 CAN 包块输入信号到限制为 50 的自动递增计数器。

④两个 CAN 传输块都连接到 MathWorks 虚拟通道 1。

⑤使用 CAN 接收块从 MathWorks 虚拟通道 2 接收 CAN 消息。将该块设置为：只接收 ID 250 和 500 的消息。

⑥如果接收块在任何特定时间步骤接收到新消息，则生成函数调用触发器。

CAN 解包子系统（图 3-36）是一个函数调用触发子系统，只有在特定的时间步骤可以接收到新消息时才能执行。

在不同的时间戳上可视化消息

如图 3-37 所示，绘制结果以查看每个未打包邮件的计数器值和时间戳。图上的 X 轴对应于模拟时间步长。时间戳图显示消息是在指定的时间发送的。

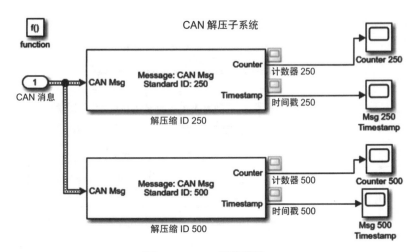

图 3-36　CAN 通信模块二

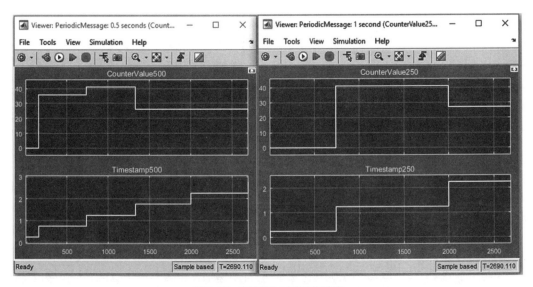

图 3-37　时间戳上可视化消息

该示例使用了 MathWorks CAN 虚拟通道。但是，也可以将模型连接到其他受支持的硬件。还可以修改模型，以不同的速率传输，或者发送周期性和非周期性消息的组合。

3.4　LIN 总线

3.4.1　LIN 总线简介

1. LIN 总线的特点

LIN 是在 1999 年由欧洲汽车制造商 AUDI、BMW、DaimlerChrysler、Volvo、Volkswagen

和VCT（Volcano Communications Technologies）公司以及半导体厂商Motorola共同组成的LIN协会的努力下推出的开放式的低成本串行通信标准，从2003年开始得到使用。目前，LIN协会的成员已增加到20多个。由于得到多家汽车公司的应用和众多国际著名半导体公司的支持，因此LIN在低速总线中应用最为广泛。

LIN是Local Interconnect Network的缩写，意为局域互联网。LIN总线所控制的控制单元一般都分布在距离较近的空间内（如车顶、仪表台车门等处），所以LIN也被称为"局域子系统"。图3-38所示是典型的基于LIN总线的车身网络框图。图中每个模块内部各节点间通过LIN总线构成一个低端通信网络，完成对外围设备的控制，和传统的系统设计相比，车身线束大大减少，设计更为简单，故障诊断方便易行。

各个模块又作为CAN总线的节点，通过作为网关的主机连接到低速CAN总线上，构成上层主干网，这样无须在各传感器/执行器部件安装CAN控制器件就能使得信号在CAN总线上传输，有效地利用了A类网络低成本的优点，使整个车身电子系统构成一个基于LIN总线的层次化网络，实现了真正的分布式多路传输，使网络连接的优点得到充分发挥。

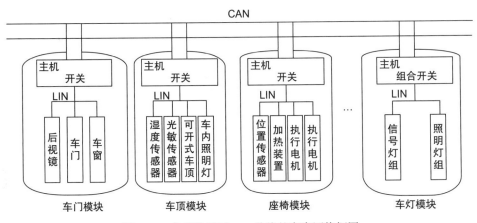

图3-38 典型的基于LIN总线的车身网络框图

LIN总线系统的突出特点是单线式总线，仅靠一根导线传输数据。奥迪车系LIN导线的底色是紫色，有标志色。LIN导线的横截面面积为$0.35mm^2$，无须屏蔽。

如图3-39所示，LIN总线系统由三个部分构成：LIN上级控制单元，即LIN主控制单元；LIN从属控制单元，即LIN从控制单元；单根导线。

2. LIN主控制单元

（1）LIN主控制单元的功能

LIN主控制单元连接在CAN数据总线上，执行以下功能：

①监控数据传输过程和数据传输速率，发送信息标题。

②LIN主控制单元的软件内已经设定了一个周期，该周期用于决定何时将哪些信息发送到LIN数据总线上多少次。

③LIN 主控制单元在 LIN 数据总线系统的 LIN 控制单元与 CAN 总线之间起"翻译"作用,它是 LIN 总线系统中唯一与 CAN 数据总线相连的控制单元(图 3-40)。

④通过 LIN 主控制单元进行与之相连的 LIN 从控制单元的自诊断。

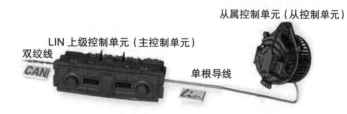

图 3-39 LIN 总线系统的构成

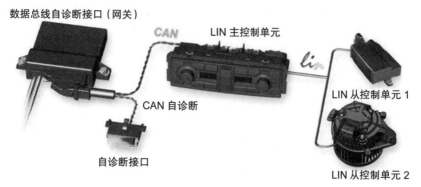

图 3-40 LIN 主控制单元实现 LIN 总线与 CAN 总线之间的连接

(2) LIN 总线的信息结构

LIN 主控制单元控制总线导线上的信息传输情况。LIN 总线的信息结构如图 3-41 所示。

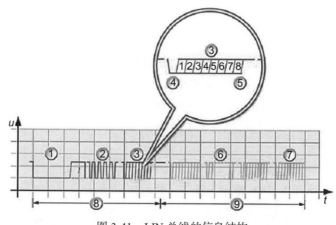

图 3-41 LIN 总线的信息结构

1—同步间隔 2—同步区域 3—标识符 4—起始 5—停止
6—数据区域 7—校验区 8—信息标题 9—信息段

每条信息的开始处都通过 LIN 总线主控制单元发送一个信息标题。该信息标题由一个同步相位（同步间隔和同步字节）构成，后面是标识符字节。可传输 2B、4B 或 8B 的数据。标识符字节包括 LIN 从控制单元地址、信息长度和用于信息安全的两个位等信息。标识符用于确定主控制单元是否将数据传输给从控制单元或主控制单元是否在等待从控制单元的回应（答复）。信息段包含发送给从控制单元的信息。校验区可为数据传输提供更高的安全性。校验区由主控制单元通过数据字节构成，位于信息结束处。LIN 总线主控制单元以循环形式传输当前信息。

3. LIN 从控制单元

在 LIN 数据总线系统内，单个的控制单元（如新鲜空气鼓风机）或传感器及执行元件（如水平传感器及防盗警报蜂鸣器）都可被看作 LIN 从控制单元。

传感器内集成了一个电子装置，该装置对测量值进行分析，其数值是作为数字信号通过 LIN 总线传输的。有些传感器和执行元件只使用 LIN 主控制单元插口上的一个引脚（PIN 脚），即可以实现信息传输（即单线传输），如图 3-42 所示。

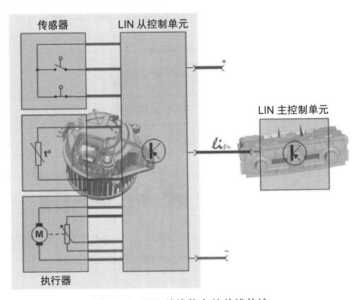

图 3-42 LIN 总线信息的单线传输

LIN 执行元件都是智能型的电子或机电部件，这些部件通过 LIN 主控制单元的 LIN 数字信号接收任务。LIN 主控制单元通过集成的传感器来获知执行元件的实际状态，然后可以进行规定状态和实际状态的对比，并发出相应的控制指令。只有当 LIN 主控制单元发送出控制指令后，传感器和执行元件才会做出反应（执行主控制单元的控制指令）。

电动遮阳卷帘和空调出风口风门伺服电动机的控制（图 3-43 和图 3-44）都是按照这个控制原理工作的。LIN 从控制单元等待 LIN 主控制单元的指令，仅根据需要与主控制单元进行通信。为结束休眠模式，LIN 从控制单元可自行发送唤醒信号。LIN 从控制单元安装在

LIN 总线系统设备上（如空调出风口风门伺服电动机等）。

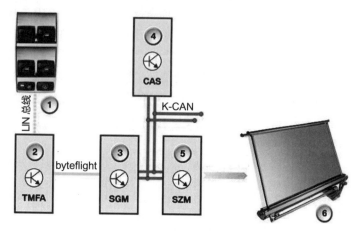

图 3-43　宝马 E60 电动遮阳卷帘的控制
1—驾驶员侧开关组　2—驾驶员侧车门模块 TMFA　3—安全和网关模块 SGM
4—便捷进入及起动系统 CAS　5—中柱开关控制中心 SZM　6—遮阳卷帘

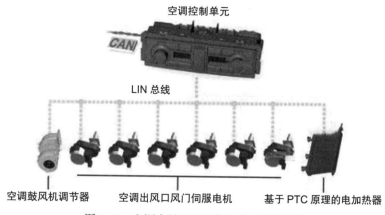

图 3-44　空调出风口风门伺服电动机的控制

3.4.2　LIN 总线的数据传输

1. 传输速率

LIN 总线的数据传输速率为 1～20kbit/s，在 LIN 控制单元的软件内已经设定完毕，该速率最大能达到舒适 CAN 总线数据传输速率的 1/5（图 3-45）。

2. 信号电平

如果无信息发送到 LIN 数据总线上或者发送到 LIN 数据总线上的是一个隐性电平，那么数据总线导线上的电压就是蓄电池电压。为了将显性电平传到 LIN 数据总线上，发送控制单元内的收发报机要将数据总线导线接地。由于控制单元内的收发报机有不同的型号，因此表现出的显性电平是不一样的。

3. 传输安全性

LIN 总线在收发隐性电平和显性电平时，通过预先设定公差值来保证数据传输的稳定性。为了在有干扰辐射的情况下仍能收到有效的信号，实际接收的允许电压值要稍高一些。

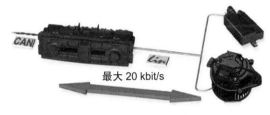

图 3-45 LIN 总线的数据传输速率

4. 信息波形

1）带有从控制单元回应的信息。LIN 主控制单元要求 LIN 从控制单元发送的信息标题内包含一些信息，如开关状态或测量值。该回应由 LIN 从控制单元来发送。

2）带有主控制单元命令的信息。LIN 主控制单元通过信息标题内的标识符来要求 LIN 从控制单元发送带有回应内容的数据。该回应由 LIN 主控制单元来发送。

5. 信息标题

信息标题由 LIN 主控制单元按周期发送。信息标题分为同步暂停区、同步分界区、同步区和识别区四部分。

1）同步暂停区。同步暂停区（Synch Pause）的长度至少为 13bit（二进制的），它以显性电平发送。这 13bit 的长度是必须予以保证的，只有这样才能准确地通知所有的 LIN 从控制单元有关信息的起始点的情况。其他信息是以最长为 9bit 的（二进制的）显性电平来一个接一个地传输的。

2）同步分界区。同步分界区（Synch Delimiter）至少为 1bit（二进制的）长，且为隐性电平。

3）同步区。同步区（Synch Field）由 0101010101 这个二进制位序构成，所有的 LIN 从控制单元都通过这个二进制位序来与 LIN 主控制单元进行匹配（同步）。所有控制单元同步对于保证正确的数据交换是非常必要的。如果失去了同步性，那么接收到的信息中的某数位值就会发生错误，该错误会导致数据传输错误。

4）识别区。识别区（Identify Field）的长度为 8bit（二进制的），头 6bit 是回应信息识别码和数据区的个数。回应数据区的个数为 0～8。后 2bit 是校验位，用于检查数据传输是否有错误。当出现识别码传输错误时，校验位可防止与错误的信息适配。

6. 信息内容（回应）

如图 3-46 所示，对于带有主控制单元的查询信息，LIN 从控制单元会根据识别码给这个查询指令提供回应信息。

对于主控制单元带有动作指令的信息，LIN 从控制单元会提供回应（图 3-47）。根据识别码的情况，相应地 LIN 从控制单元会使用这些数据去执行各种功能，贯彻、执行主控制单元的指令。

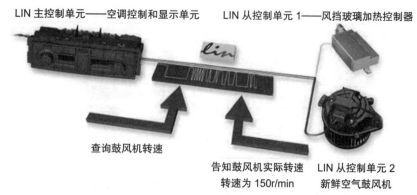

图 3-46 LIN 从控制单元回应主控制单元的查询信息

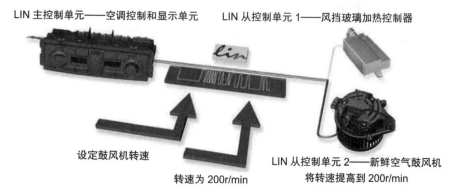

图 3-47 LIN 从控制单元贯彻、执行主控制单元的指令

7. 信息的顺序

LIN 主控制单元的软件内已经设定了一个顺序，LIN 主控制单元就是按这个顺序将信息标题发送至 LIN 总线的。常用的信息会被多次传输。LIN 主控制单元在某些特定的条件下可能会改变信息的顺序。特定的条件包括：点火开关接通/断开，自诊断已激活/未激活，停车灯接通/关闭。

为了减少 LIN 主控制单元部件的种类，主控制单元将给全车可能装备的所有从控制单元的信息标题都发送到 LIN 总线上。如果车上没有安装可以接收某一信息标题的控制单元（如高端车型的低配置版本），那么在示波器屏幕上会出现没有回应的信息标题，但这并不影响系统的功能。

8. 防盗功能

LIN 总线还具有一定的防盗功能。只有当 LIN 主控制单元发送出带有相应识别码的信息标题后，数据才会传至 LIN 总线上。由于 LIN 主控制单元对所有信息进行全面监控，因此无法在车外使用从控制单元通过 LIN 导线对 LIN 总线实施控制。也就是说，LIN 总线不接受外来指令的控制（图 3-48），LIN 从控制单元只能回应。如果在车外通过笔记本电脑连接跨接线发出控制指令，妄图利用 LIN 从控制单元（如安装在前保险杠内的车库门开启控制单元）打开车门是不可能的。因而，LIN 总线具有一定的防盗功能。

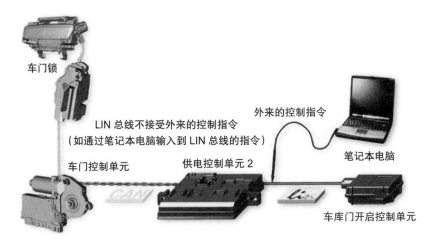

图 3-48　LIN 总线不接受外来指令的控制

3.4.3　LIN 总线的应用

1. 基于 LIN 的车门模块设计

（1）车门模块网络的基本要求

根据目前汽车车门控制单元的基本功能，对车门模块网络提出以下基本要求。

1）完成电动车窗的基本功能。驾驶员可以控制 4 个车窗的升降和锁止。除驾驶员侧车窗外，乘客可以控制其他 3 个车窗的运动。

2）完成中央集控锁的基本功能。驾驶员侧的门锁可以集中控制其他 3 个车门门锁的开和关。

3）具有进入睡眠模式的能力。在完成正常通信、实现以上基本功能的同时，如果整个网络没有任何活动则整个网络能够进入睡眠模式，处于低功耗状态。

4）具有唤醒功能。当需要通信时，能够唤醒整个网络，使其脱离睡眠模式。

（2）车门模块网络的方案设计

典型的车门模块网络结构如图 3-49 所示，每个车门构成一个 LIN 网络，每个 LIN 网络中作为主机节点的控制开关单元是 LIN 和 CAN 的网关，通过 CAN 总线

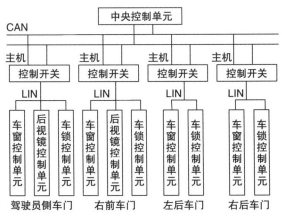

图 3-49　典型的车门模块网络框图

和中央控制单元相连。这种结构的特点是车门内的每个设备都借助 LIN 总线进行控制，实现了分布式控制，具有车门内导线数量少、各节点易于布置、故障诊断与维修方便的优点。同时，中央控制单元通过 CAN 总线和各 LIN 网络主机节点进行通信，实时性好，抗干扰能力强。但是此网络中作为网关的主机都要选用带有 CAN 控制器的主芯片，成本比较高，所以此方案在国产的中低档轿车中推广应用还有一定的困难。

图 3-50 所示是完全基于 LIN 的车门模块网络结构。4 个车门控制单元组成了一个 LIN 网络，即驾驶员侧车门控制单元作为主机，其他 3 个车门作为从机，构成 1 个主机和 3 个从机的 LIN 网络。和上述方案相比，这个方案存在每个车门内仍是集中控制、车门内导线数量多、布线仍然比较烦琐等缺点。但是，和目前存在的基于 CAN 的车门模块网络结构（如图 3-51 所示）相比，本方案以较低的成本、较少的导线构建了车门模块网络。

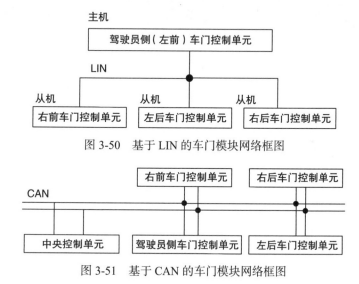

图 3-50 基于 LIN 的车门模块网络框图

图 3-51 基于 CAN 的车门模块网络框图

根据车门模块网络的要求，本方案的特点是通信在主机和各从机之间进行，即主机发送控制命令从机接收，从机接收数据后完成相应的命令操作，如车窗的升或降、车锁的开或锁。

（3）车门模块网络的标识符配置

根据车门模块的基本要求，整个车门模块中 4 个车窗、2 种状态共 8 个任务，4 个车锁、2 种状态共 2 个任务，1 个车窗锁只控制开关 2 种状态共 2 个任务，车门模块共有 12 个任务。主机节点选用具有 8 个键盘中断端口的主芯片控制这 12 个任务，根据键盘连接和其控制的任务数目，可以设计如表 3-12 所示的几种标识符分配方案。

表 3-12 网络标识符的分配方案

方案	键盘连接方式	标识符数目	标识符的分配					
1	2×6	6	左前车窗	左后车窗	右前车窗	右后车窗	车锁	车窗锁止
2	3×4	3	前车窗		后车窗		车锁和车窗锁止	
3	4×4	4	前车窗		后车窗		车锁	车窗锁止

方案1的标识符数目最多,主机标识符查询消耗的时间较长,增加了传输延迟时间,影响了快速响应能力,故排除。方案2的标识符数目最少,但是车锁和车窗锁止控制任务共用一个标识符,会造成从机判断烦琐,同样也会影响从机工作的快速响应。方案3是前两种方案的折中,最后选择了方案3。标识符的具体分配情况如表3-13所示。

表3-13 网络标识符的分配

控制任务	标识符	控制任务	标识符
前车窗	0x06	车窗锁止控制	0x08
车锁	0x07	后车窗	0x09

2. 车身网络中的 LIN 网络设计

以燃料电池城市客车为例。燃料电池城市客车在一般客车的基础上增加了多种控制部件,形成了以燃料电池系统、电驱动系统、电池管理系统、车身电器系统、储氢系统等部件组成的信息网络。图3-52所示为客车的整车网络结构图。

客车车身上的电器有很多,负载类型复杂,主要包括车灯、电机、电磁阀等。客车上各种车灯的功率差别很大,从仪表板指示灯的5W到前照灯的75W,要设计相应的控制电路。电机负载是指电动后视镜和刮水器电机,采用的都是直流电机,但其控制方法是不同的。电磁阀是指客车门控电磁阀,门控电磁阀相应气孔的连通可实现车门的开和关。车身网络系统要监测的驾驶员位置的控制开关数量众多,包括车灯开关、电动后视镜开关、刮水器和车门开关等。此处讨论的燃料电池城市客车上的开关总数达20个。车身开关量还包括车门位置的行程开关、车身后侧的后背门报警开关。

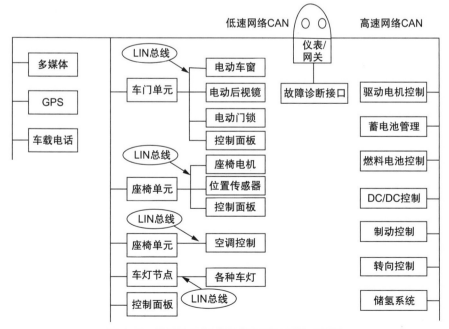

图3-52 燃料电池城市客车的整车网络结构图

3.5　FlexRay 总线

3.5.1　FlexRay 总线简介

网络拓扑结构对于汽车网络系统安全具有重要的影响，要保证汽车环境下通信系统的可用性和可靠性，需要面向特定应用进行优化。由此，FlexRay 总线成为最好的选择。FlexRay 总线是由宝马、飞利浦、飞思卡尔和博世等公司共同制定的一种新型通信标准，专为车内联网而设计，采用基于时间的触发机制，具有高带宽、容错性能好等特点，在实时性、可靠性和灵活性方面具有一定的优势。

FlexRay 总线支持同步数据传输（时间触发通信）和异步数据传输（事件驱动通信），既能满足总线系统工作的可靠性，又具有较高的故障容错能力，是汽车安全及行驶动态管理系统控制单元的理想总线。FlexRay 总线采取时间触发和事件触发的方式进行数据收发。利用时间触发通信时，网络中的各个节点都预先知道彼此将要进行通信的时间，接收器提前知道报文到达的时间，可以预测出报文在总线上的时间。即便行车环境恶劣多变，干扰了系统传输，FlexRay 协议也可以确保将信息延迟和抖动降至最低，尽可能保持传输的同步与可预测。这对需要持续及高速性能的应用（如线控刹车、线控转向等）来说，是非常重要的。

FlexRay 总线采用快速以太网（100Mbit/s、IEEE 803.3u 标准）作为编程接口，应用双芯双绞电缆线进行传输，最大数据传输速率为每通道 10Mbit/s，主要应用在线控转向、线控动力、线控制动系统方面，用来进行车距控制、行驶动态控制和图像处理等。

3.5.2　FlexRay 总线的结构

1. 节点结构

ECU（Electronic Control Unit），即节点（node），是接入车载网络中的独立完成相应功能的控制单元，主要由电源供给系统（Power Supply）、主处理器（Host）、FlexRay 通信控制器（Communication Controller）、可选的总线监控器（Bus Guardian, BG）和总线驱动器（Bus Driver, BD）组成，主处理器提供和产生数据，并通过 FlexRay 通信控制器传送出去。其中 BD 和 BG 的个数对应于通道数，与通信控制器和微处理器相连。总线监控逻辑必须独立于其他的通信控制器。总线驱动器连接通信控制器和总线，或是连接总线监控器和总线。节点的两个通信过程如下。

1）发送数据：Host 将有效的数据发送给 CC，在 CC 中进行编码，形成数据位流，通过 BD 发送到相应的通道上。

2）接收数据：在某一时刻，由 BD 访问栈，将数据位流发送到 CC 进行解码，将数据部分由 CC 传送给 Hosto。

2. 数据帧

一个数据帧由头段（Header Segment）、有效负载段（Payload Segment）和尾段（Trailer

Segment）三部分组成。FlexRay 数据帧的格式如图 3-53 所示。

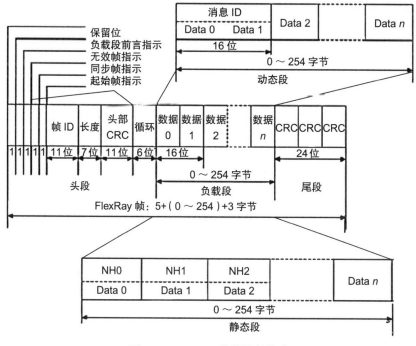

图 3-53　FlexRay 数据帧的格式

头段共由 5 个字节（40 位）组成，包括以下几位。

①保留位（1 位）：为日后的扩展做准备。

②负载段前言指示（1 位）：指明负载段的向量信息。

③无效帧指示（1 位）：指明该帧是否为无效帧。

④同步帧指示（1 位）：指明这是否为一个同步帧。

⑤起始帧指示（1 位）：指明该帧是否为起始帧。

⑥帧 ID（11 位）：用于识别该帧和该帧在时间触发帧中的优先级。

⑦负载段长度（7 位）：标注一帧中能传送的字数。

⑧头部 CRC（11 位）：用于检测传输中的错误。

⑨周期计数（循环，6 位）：每一通信开始，所有节点的周期计数器增 1。

负载段是用于传送数据的部分，FlexRay 有效负载段包含 0～254 个字节数据。对于动态帧，有效负载段的前两个字节通常用作信息 ID，接收节点根据接收的 ID 来判断是否为需要的数据帧。对于静态帧，有效负载段的前 13 个字节为网络管理向量（NM），用于网络管理。尾段只有 24 位的校验域，包含由头段与有效负载段计算得出的 CRC 校验码。计算 CRC 时，根据网络传输顺序将从保留位到负载段最后一位的数据放入 CRC 生成器进行计算。

3. 编码与解码

编码的过程实际上就是对要发送的数据进行相应的处理即"打包"的过程，如加上各种校验位、ID 符等。编码与解码主要发生在通信控制器与总线驱动器之间，如图 3-54 所示。

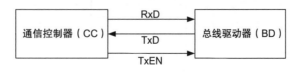

图 3-54 编码与解码

其中 RxD 为接收信号，TxD 为发送信号，TxEN 为通信控制器请求数据信号。信息的二进制表示采用"不归零"码。对于双通道的节点，每个通道上的编码与解码的过程是同时完成的。

静态数据的帧编码过程如图 3-55 所示。

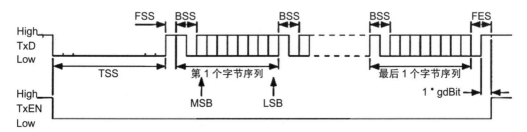

图 3-55 静态数据帧编码

TSS（传输启动序列）：用于初始化节点和网络通信的对接，为一小段低电平。
FSS（帧启动序列）：用来补偿 TSS 后第一个字节可能出现的量化误差，为一位的高电平。
BSS（字节启动序列）：给接收节点提供数据定时信息，由一位高电平和一位低电平组成。
FES（帧结束序列）：用来标识数据帧最后一个字节序列结束，由一位低电平和一位高电平组成。

动态数据的帧编码过程如图 3-56 所示。

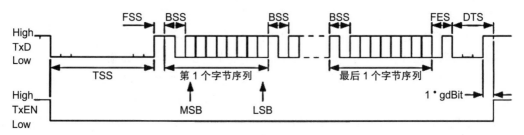

图 3-56 动态数据帧编码

DST（动态段尾部序列）：仅用于动态帧传输，用来表明动态段中传输时隙动作点的精确时间点,并防止接收段过早地检测到网络空闲状态。由一个长度可变的低电平和一位高电平组成。将这些序列与有效位(从最大位 MSB 到最小位 LSB)组装起来就是编码过程,最终形成能够在网络中传播的数据位流。

3.5.3 FlexRay 总线的特性

FlexRay 作为一种新型的通信总线,具有以下特点:快速性,独立通道的传输速率可以达到 10Mbit/s;确定性,采用时分多址机制,在确定的时间片内传输确定的消息,接收端可提前获知相应数据的传输时间;灵活性,支持总线型、星型和混合型多种网络拓扑结构;可根据实际需要选择双通道或者单通道进行数据传输,两个通道的数据传输互不影响;容错能力,FlexRay 标准通信协议提供了用户可灵活配置的容错协议。

FlexRay 规范定义了 OSI 参考模型中的物理层和数据链路层,每个 FlexRay 节点通过一个 FlexRay Controller 和两个 FlexRay Transceivers(用于通道冗余)与总线相连,FlexRay Controller 负责 FlexRay 协议中的数据链路层,FlexRay Transceivers 则负责总线物理信号的接收和发送。FlexRay 可采用屏蔽或不屏蔽的双绞线,每个通道有两根导线,即总线正(Bus-Plus,BP)和总线负(Bus-Minus,BM)组成。采用不归零法(Non-Return to Zero,NRZ)进行编码。可通过测量 BP 和 BM 之间的电压差识别总线状态,这样可减少外部干扰对总线信息的影响,因为这些干扰同时作用在两根导线上可相互抵消。每一个通道需使用 80~110 欧的终端电阻。将不同的电压加载在一个通道的两根导线上,可使总线有四种状态:Idle_Lp (Low power)、Idle、Data_0 和 Data_1。

FlexRay 可以用于无源总线以及星型的网络拓扑结构中,或者将两者的网络结构结合起来构成组合网络拓扑结构。FlexRay 总线支持双通道的 ECU,这种结合了多个系统级功能的 ECU 可以降低复杂性,从而节约成本。并且双通道的架构提供了冗余功能,令可使用的带宽增加了一倍,使得每个通道的最大传输速率也达到了 10Mbit/s。FlexRay 使用无源总线拓扑结构的优势主要体现在以下方面:无源总线网络拓扑结构是设计师所熟悉的汽车网络架构,因此可以很好地节约成本;如果设备需要更高的带宽、更短的延迟时间以及某些确定性行为,而同时不需要容错功能,那么可以使用这种无源总线网络拓扑结构直接替换掉 CAN 总线以满足所需要的带宽要求,如图 3-57 所示。

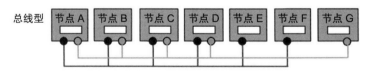

图 3-57 总线型拓扑

黑色接口—可选择冗余信道 灰色接口—可延用当前的物理层

如果容错是必需的,那么 FlexRay 可以使用星形网络拓扑结构,因为容错是为了防止出现意外情况，星形网络拓扑结构可以完全切除错误，星形结构还可以用作复制器，如图 3-58 所示。

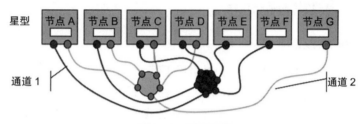

图 3-58 星形拓扑

黑色接口—可选择冗余信道 灰色接口—点对点形式的物理连接

FlexRay 总线除了灵活的拓扑结构之外，还具有很多的优势，比如前文提到的时间触发通信，比如启动制动顺序。FlexRay 还支持总线间的多种消息传递架构，这项功能将随着 FlexRay 总线在汽车上的广泛使用以及网络的日益统一显得越来越重要。比如，多家汽车制造公司已经开始协商使用同一种网络架构，那么不论采用何种通信协议，所有的通信都将通过一个网关，为了跨越协议边界通信，要求网络支持多个消息传递选项。

3.5.4 FlexRay 总线的应用

现阶段，FlexRay 总线主要应用在汽车上，汽车行业中对于汽车内部的全电子系统的设计正如火如荼，它将通过全新的智能驾驶辅助系统来提升用户体验，在保证驾驶员安全的同时提供了更为舒适的车内环境。当然，这种舒适且安全的智能驾驶辅助系统是需要大量的采样、通信以及协调控制的，很明显，这并不容易实现，它对现有的车载网络提出了更高的要求，也正是因此，FlexRay 联盟对 FlexRay 总线的研究有了动力。FlexRay 总线的应用如下。

（1）车载骨干网络

由于 FlexRay 总线的网络拓扑结构十分灵活，它包括单 / 多通道的总线结构、单 / 多通道的拓扑星形结构、星形混合结构等，这使得 FlexRay 总线网络结构可以与现有的总线结构系统完美兼容，例如 CAN 总线、LIN 总线等现有总线。此外，从成本层面来说，FlexRay 总线结构由于其特殊的系统结构，使得设计者可以根据不同的应用场景选择不同的可靠等级，以此来降低研发成本。

（2）线控系统

FlexRay 总线最核心的应用当属车载线控系统，例如汽车的线控转向系统、线控制动系统等，也就是 FlexRay 总线利用容错的电气 / 电子系统取代机械 / 液压部分。在以往的发展中，汽车线控系统来源于飞机的控制系统，在飞机的控制系统中，fly-by-wire 是一种电线代替机械的控制系统，该系统可以根据驾驶员的操作指令及其操作控制将驾驶员的操作指令及操作控制转换为电信号,然后利用飞机上的计算机来控制飞机的整体飞行。将飞机的这种控制方式移到汽车驾驶上就变成了现在的 Driver-By-Wire 系统,也就是俗称的电控驾驶系统,同理将其移到汽车的制动系统上就变成了 Brake-By-Wire,也就是俗称的电控刹车系统,而引入汽车的转向上就成为 X-By-Wire。虽然促成了这些新型系统的出现,但是必须要有一种能够满足严格的容错要求的宽带总线结构,而 FlexRay 总线刚好满足此要求。FlexRay 总线具有较高的传输速率以及很好的容错能力,可满足以上的要求。汽车线控转向系统的结构框图如图 3-59 所示。

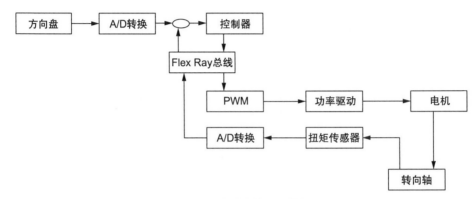

图 3-59 汽车线控转向系统框图

(3) 工业领域

当前市面上的总线种类多种多样,但是各种总线之间仍然能够共存,并且工业以太网的应用也越来越受欢迎。现场总线虽然能够覆盖当下的所有连续和断续领域,不同的需求对应不同的选择,但是还没有任何一种工业总线能够完全适用于生产领域的方方面面。因此,FlexRay 总线虽然没有覆盖全部工业领域的能力,但是完全可以像其他的总线技术一样,在特定的领域中发挥优势,比如在汽车制造领域,或者在对实时性和可靠性有很高要求的检测控制领域。可以将 FlexRay 总线应用于矿井的监控系统,可根据矿井的实际情况建立一种全方位的集散式混合网络控制系统,从而实现数据和指令的实时高速传输。同时可以保证该网络具有很好的鲁棒性,在突发情况下可以很好地完成运行,因此,FlexRay 总线建立的监控平台可以获得很好的实时性和安全预警机制,兼容性强,有扩展和升级余量的开放性检测控制系统的能力。

该监控系统可以分为两部分:井上部分和井下部分。在井上部分,可以采用 FlexRay 总线的星形拓扑网络结构,这样可以有效提高数据的传输速度和容错能力。井下部分可以使用 FlexRay 总线的总线型拓扑结构,可以很方便地连接在矿井中的设备监测装置和部分传感器,以减少布线长度,进而节约成本,而且可以使系统具有分散性和完全可交互操作等特点。另外,FlexRay 总线可以根据自身的灵活性特点方便地更改节点的网络布置,能够快速适应移动和随机介入检测设备的需要,很好地满足煤矿监控设施场所流动很大的特点。

（4）企业上的实际应用

在目前众多的企业中，大量的企业都应用了 FlexRay 总线。第一个启用 FlexRay 总线的企业是 BWM 公司，其 X5 运动型轿车（SUV）中名为 Adaptive Drive 的系统首次应用 FlexRay 总线投入生产。Adaptive Drive 系统应用的是飞思卡尔半导体的 32 位的 FlexRay 微控制器，车辆在行驶过程中的方向盘转度、横向和纵向加速度、车辆本身的速度以及车身和轮子的加速度都可以被检测到。驾驶员可以自行将模式切换为运动或舒适模式，Adaptive Drive 系统将通过控制抗侧倾杆中的旋转发动机和减震器上的电磁阀来相应地调整车辆的侧角和阻尼，控制单元之间通过相互作用来防止出现紧急翻车的状况，BWM 工程师选择了带宽为 10Mbit/s 的 FlexRay 总线，通过 FlexRay 总线进行车辆控制单元之间的快速数据传输。

宝马 7 系配备的博世 ESP 至尊版是全球第一个 FlexRay 界面的制动控制系统，该总线系统能够与传感器、自适应巡航控制、集成底盘管理系统和发动机以及传输控制单元通信。而奥迪 A8 轿车采用了 FlexRay 总线，同时结合 CAN、LIN 和 SBC 收发器打造的车载控制网络（IVN），使汽车具有高级驾驶辅助系统、自适应巡航控制、集成底盘管理系统等。IVN 技术将众多的电子器件通过集线器相连接，而集线器则仅仅由几根轻质铜线构成，从而在减轻了车身的重量的同时又节约了油耗。轻质的车身不仅可使汽车提速很快，而且可减少碳排放。

虽然 FlexRay 总线大多应用于豪华车型，但是通信技术一直在发展并且正逐渐接近成熟，在普通汽车上应用 FlexRay 总线只是时间问题。但是，汽车发展的趋势是自动驾驶技术，那么自动驾驶技术的发展一定需要大量的不同功能的传感器、传输装置以及电子控制单元，而这些零部件之间的相互通信和协调控制就会对现有汽车的车载网络提出更高的要求。

3.6 本章小结

本章通过现有汽车嵌入式系统中比较流行的几类控制网络标准入手，概述了汽车嵌入式系统控制网络的基本知识，强调了汽车嵌入式系统控制网络在汽车中的重要性，描述了各类协议各自的特点及其应用场景。本章重点介绍了汽车总线中具有代表性的 CAN 总线、LIN 总线和 FlexRay 总线，讲解了总线的传输方式及其在汽车嵌入式系统中的应用，并结合相关实例对所学知识点进行总结与验证。通过本章的学习，读者可以较好地理解车载控制网络在汽车嵌入式系统中的重要性，较好地学习各类汽车总线的原理、优缺点及其应用场景。

思考题

1. 汽车控制网络具有怎样的拓扑结构？

2. 汽车控制网络的不同总线标准具有何种特点？
3. 总结 CAN 总线被广泛使用的原因。
4. 试述 LIN 总线系统的组成特点。
5. 试述 CAN 总线与 LIN 总线的区别。

参考文献

[1] 邬宽明. CAN 总线原理和应用系统设计 [M]. 北京：北京航空航天大学出版社，1996.
[2] 陈杨，刘曙生，龙志强. 基于 CAN 总线的数据通信系统研究 [J]. 测控技术，2000.
[3] 王锦标. 现场总线控制系统 [J]. 微计算机信息，1996.
[4] 薛雷，高传善. 基于 CAN 总线的非实时数据的传输 [J]. 微型计算机应用，1999.
[5] 薛雷. CAN 总线的动态优先权分配机制与非实时数据的传输 [J]. 计算机工程与应用，1999.
[6] 王麒麟. CAN 技术及其在军用车辆上的应用探讨 [J]. 兵工自动化，1998.
[7] 胡锦敏，彭楚武，钟庆昌. MCS-51 单片机控制网与 LAN 实现资源共享 [J]. 测控技术，1997.
[8] 王旭东. 汽车电子控制装置与应用 [M]. 北京：机械工业出版社，2007.
[9] 罗玉涛. 现代汽车电子控制技术 [M]. 北京：国防工业出版社，2006.
[10] 刘海鸥，陶刚. 汽车电子学基础 [M]. 北京：北京理工大学出版社，2007.
[11] 李朝晖. 汽车电器及电子设备 [M]. 重庆：重庆大学出版社，2004.
[12] 侯树梅. 汽车单片机及局域网技术 [M]. 北京：高等教育出版社，2005.
[13] 侯树梅，张云龙，苏剑. 一种新型汽车车身低端通信总线 LIN [J]. 汽车技术，2003.
[14] 孙伟，张云龙. 基于 CAN 总线的电控发动机标定系统的研制 [J]. 汽车技术，2004.
[15] 焦玉，张云龙. 客车车身传统电器的网络化设计 [J]. 汽车电器，2006.
[16] 康晓敦. 智能单片 LIN 子节点解决方案 [J]. 世界电子元器件，2004.
[17] 侯树梅，王世震. 汽车车身总线应用现状及其发展趋势 [J]. 汽车电器，2004.

第 4 章
AUTOSAR 体系

AUTOSAR 规范作为汽车嵌入式系统软件的通用开发架构,包括汽车电子功能的划分、ECU 统一软件架构、ECU 软件开发过程等整套的方法和理论,在软件架构、软件开发流程等方面都定义了众多新概念,掌握这些理论知识是进行符合 AUTOSAR 规范的软件开发的基础。所以,本章从 AUTOSAR 标准的产生及发展历程着手,详细介绍 AUTOSAR 分层架构、软件组件、虚拟功能总线、方法论及应用接口等内容。

4.1 AUTOSAR 体系简介

4.1.1 AUTOSAR 标准的产生与发展

随着汽车应用要求的不断提高,软件总量也随之迅速增长,这导致了系统复杂性和成本的剧增,第三方软件的加入也使汽车厂商之间的合作变得更加复杂。在中国,汽车产业的繁荣直接带动了汽车电子产业的迅速崛起。汽车电子市场规模连续五年增长率超过 30%,目前产业处于高速增长期,取得了跨越式的发展,已经初具规模。相关数据表明,电子系统及其软件占整车成本的比重正在逐渐增大,目前已达到 25%~40%;另外,汽车技术创新的 90% 以上都与电子有关,而其中 80% 是嵌入式软件带来的。汽车中包含的大量功能已经改变了汽车厂商使用软件的方式,软件将成为汽车系统关键的差异化因素,也就是厂商形成自己核心技术的关键组成因素。正是市场的需求和发展趋势推动了国内厂商对汽车电子软件平台和标准化的思考。从根本来说,电子系统中的各种功能是由若干个 ECU 实现的,一般而言,这些 ECU 采用分布式的方式连接。例如,在高档车里,一个控制转向灯的软件分布在多达 8 个 ECU 中。此外,将来需要添加的一些功能将在这些已经开发好且相互关联紧密的 ECU 中实现。所以为了完成即将出现的功能,传统的独立式的汽车控制系统需要进行二次开发和互联互通。

为了解决以上问题,汽车工业界正在从原有的以硬件设计和组件驱动为主的设计方式向以需求设计和功能驱动为主的系统开发方法转变。其中,比较有代表性的就是 EAST-EEA 项目。EAST-EEA 是 ITEA(International Test and Evaluation Association)资助的面向汽车领域嵌入式系统架构的研究项目,其目标是通过建立面向汽车工业的通用嵌入式系统架构，实现标准的接口、高质量的无缝集成、高效的开发并通过新的模型来管理复杂的系统。EAST-EEA 的目标是为汽车制造商、配件供应商、工具供应商以及软件中间件供应商提供一个统一的软件架构标准，以增强技术和标准的竞争力、减少开发时间和产品上市时间、提高汽车嵌入式系统软件的质量。EAST-EEA 通过定义一个分层软件架构以支持汽车电子系统的集成，根据该架构，软件将可以作为插件运行在电子控制单元上。该软件架构具有一个中间件的层次，用来提供支持嵌入式软件模块在不同平台之间移植的接口和服务。中间件为应用层提供 API 服务，用来支持不同的应用功能间的透明交互。通信层为中间件提供了基本的通信服务，这些服务通过设备驱动可以支持不同的汽车网络。在 EAST-EEA 架构中，实现了分布式硬件平台中软件和硬件的互操作以及复用。此外，EAST-EEA 还定义了公共的架构描述语言（Architecture Description Language，ADL），该语言为需求和实现之间的交互提供支持。

  2003 年，基于 EAST-EEA 项目的研究成果，全球汽车制造商、部件供应商及其他电子/半导体和软件系统公司联合成立了 AUTOSAR 组织，致力于为汽车工业开发一个标准化的软件架构。除 10 个核心成员外，目前还有 52 个额外成员支持该方案。从半导体工业、工具和软件厂商到汽车制造商本身，整个汽车行业内所有价值链上的成员给予该方案积极的推动。与传统 ECU 软件架构相比，AUTOSAR 分层架构的高度抽象使汽车嵌入式系统的软硬件耦合度大大降低。例如，应用于全新 7 系的宝马 Standard Core 软件系统通过 AUTOSAR 架构实现了对车载网络、系统内存管理以及大部分的系统诊断功能。此外，全新 BMW 7 系所采用的多个 ECU 的运行系统与 AUTOSAR 架构相匹配，允许各应用程序独立运行。例如中央网关，该 ECU 确保了外部 I/O 系统（以太网和 CAN 总线）与内部 I/O 系统总线（CAN、MOST、FlexRay）间的高速宽带连接。同时它还可以调节一些内核功能，如车况监测、系统编码和能量消耗检测等。

  AUTOSAR 规范的出现将带来很多优势：有利于提高软件复用度，尤其是跨平台的复用度；便于软件的交换与更新；软件功能可以进行先期架构级别的定义和验证，从而能减少开发错误；减少手工代码量，减轻测试验证负担，提高软件质量；使用一种标准化的数据交换格式，方便各公司之间的合作交流等。

  另外，国内的各大汽车厂商、科研院校也越来越关注 AUTOSAR 带来的标准化的设计、开发、验证，从而大幅提高汽车电子的研发效率和研发质量。浙江大学 ESE 实验中心从 2004 年开始关注 AUTOSAR，并率先加入了 AUTOSAR 组织。目前浙江大学 ESE 实验中心已经成功开发出一套符合 AUTOSAR 标准的集成的 ECU 开发工具链（简称为 SmartSAR Studio），它可以用于 ECU 软件架构、网络系统配置、基础软件的配置、诊断、标定和仿真测试，支持从上到下、以软件为中心的快速迭代开发模式。另外，ESE 实验室中心已经开发出符合 AUTOSAR 标准的操作系统、通信等基础软件模块。一汽、长安等整车厂技术研究院也于 2009 年开始利用 AUTOSAR 标准的工具进行 ECU 的设计、开发、验证。

  关于 ECU 电子控制单元未来的发展，越来越多的汽车集团开始支持、应用、推广

AUTOSAR 架构。相关的零部件供应商和工具供应商也被纳入相关的规划。针对驱动系统、底盘、安全系统、内部和车身的研发应用已经全面展开。

4.1.2 AUTOSAR 系统的核心思想及目标

AUTOSAR 的核心思想在于"统一标准、分散实现、集中配置"。统一标准才能给各个厂商提供一个通用的开放的平台；分散实现则要求软件系统层次化、模块化，并且降低应用与平台之间的耦合度；不同的模块来自不同的厂商，它们之间存在复杂的相互联系，要想将其整合成一个完善的系统，必须要求将所有模块的配置信息以统一的格式集中管理起来，集中配置生成系统。

一个汽车电子应用系统可以包含多个互相关联的 AUTOSAR 组件。这些组件通过虚拟功能总线（Virtual Functional Bus，VFB）提供的标准通信机制与服务，实现平台无关性。AUTOSAR 开发协会提倡"在标准上合作，在实现上竞争"的原则，它希望在汽车电子领域创造出一个标准，既是功能上、接口上的标准，也是方法上、流程上的标准，以使各个厂商可以在一个开放的平台下，提供符合标准的不同产品。也就是说，软件供应商都遵循同一个标准去开发，最终比的是产品的功能和质量。另外，AUTOSAR 架构还有利于汽车电子行业之间的软件系统的合作开发，提高汽车厂商更换软件模块（由零部件供应商、软件系统公司等提供）的效率，促进软件的升级、更新，提高复杂系统软件的管理效率。另外，AUTOSAR 架构在保证汽车电子产品质量同时，还有助于降低软件开发成本、缩短开发周期、提高软件质量。

现今的硬件和软件所驱动的开发过程越来越多地转为需求和功能驱动的过程。工程不仅旨在优化单一的组件，而且需要在系统级别上进行优化。这就需要一个开放的体系结构以及可裁剪、可交换的软件模块。因为单个公司和企业很难独立解决这些问题，这是全行业的挑战。因此汽车制造商、供应商和工具厂商在 AUTOSAR 发展合作中共同致力于开发汽车电气/电子（E/E）架构的开放标准。

AUTOSAR 成员之间开展合作的主要目标是：使基本系统功能以及功能接口标准化，使软件开发合作伙伴之间能交换、转换和集成各自的车载网络功能，最大限度地提高车辆售后的软件更新和系统升级效率。由于 AUTOSAR 提倡"在标准上合作，在实现上竞争"的原则，其核心思想是"统一标准、分散实现、集中配置"，因此采用 AUTOSAR 将为 OEM（主机厂）带来很多好处，使得他们对于软件采购和控制拥有更大和更灵活的权利。软件系统的开放化和标准化将使更多的软件供应商进入汽车电子软件行业。OEM 将有更多的选择，这将有利于提高软件产品的质量。但是，在全行业内推行此标准也存在潜在的障碍，比如会受到来自规模较大的一级供应商和一些 OEM 的抵制，因为他们已有自己的标准和架构。而采用 AUTOSAR 标准及其架构可能会产生更换成本、丧失控制等风险。然而，面对汽车电子软件架构和开发方法的标准化时代潮流，汽车行业必须做好应对 AUTOSAR 的准备。

AUTOSAR 的计划目标主要有三个：一是建立分层的体系架构；二是为应用程序的开

发提供方法论；三是制定各种应用接口规范。具体介绍可参见 4.2 节的内容。

4.1.3 AUTOSAR 系统功能及作用领域

AUTOSAR 的根本宗旨是要建立汽车电气/电子架构的开放式标准，使其成为汽车嵌入式应用功能管理的基础架构。而为了实现这个目标，AUTOSAR 应有的主要功能包括：解决汽车功能的可用性和安全性需求；实现标准的基本系统功能作为汽车供应商的标准软件模块；集成多个开发商提供的软件模块；在产品生命期内更好地进行软件维护；通过网络共享软件功能；保持汽车电子系统一定的冗余；可以移植到不同汽车的不同平台上；更充分地利用硬件平台的处理能力；进行汽车电子的软件更新。

AUTOSAR 是针对汽车电子这一特定的领域提出的一套开放式软件结构，包括动力系统、汽车底盘、多媒体系统、车身舒适性、人机接口、主动/被动安全等方面。其主要思想是使软件设计和开发更易于管理，使软件系统更易于移植、裁减以及有更好的可维护性和质量保证，AUTOSAR 中的各类模块如图 4-1 所示。

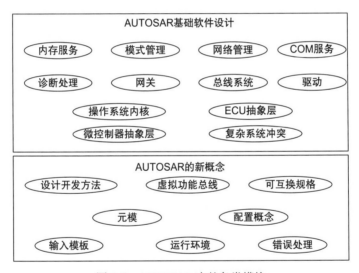

图 4-1 AUTOSAR 中的各类模块

4.2 AUTOSAR 技术架构

4.2.1 AUTOSAR 分层模型

为了实现应用程序和硬件模块之间的分离，汽车电子软件架构被抽象成四层。从上至下依次为应用软件层、运行时环境、基础软件层、微控制器层，如图 4-2 所示。一般情况下，每一层只能使用下一层的应用接口，并向上一层提供服务接口。

图 4-2 AUTOSAR 的分层模型

4.2.2 AUTOSAR 标准化的应用接口

AUTOSAR 接口是一种与应用相关的接口，与 RTE 一并生成。通过 RTE 实现 AUTOSAR 软件组件之间以及应用层与基础软件之间的通信的前提是：软件组件之间必须有标准的 AUTOSAR 接口。AUTOSAR 规范把汽车电子领域内的一些典型的应用划分为若干个由一个或多个软件组件组成的模块，并详细定义了这些软件组件相关的参数，例如名称、范围、类型等，AUTOSAR 软件架构接口如图 4-3 所示。

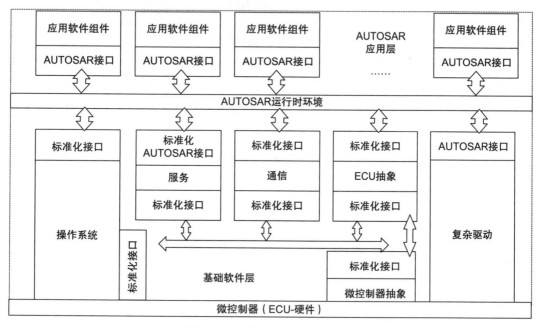

图 4-3 AUTOSAR 软件架构接口

AUTOSAR 定义了三种接口：标准化接口（Standardized Interface）、AUTOSAR 接口（AUTOSAR Interface）和标准化的 AUTOSAR 接口（Standardized AUTOSAR Interface）。其中，标准化 AUTOSAR 接口是一种特殊的 AUTOSAR 接口。该类接口被软件组件（Software Component，SWC）用于访问 AUTOSAR BSW 模块提供的服务，比如 ECU 管理模块、存储器管理模块或者诊断模块等；标准化接口是 AUTOSAR 规范中用 C 语言定义的 API，该类接口用于 ECU 内部 BSW 模块之间、RTE 和操作系统之间或者 RTE 和 COM 模块之间；AUTOSAR 接口是从软件组件端口衍生出来的应用接口，可以进行自定义，该类接口由 RTE 提供给软件组件，可以作为软件组件间通信的接口，也可以作为软件组件与 I/O 硬件抽象层或复杂设备驱动层间的接口。

4.2.3 AUTOSAR 方法论

AUTOSAR 为汽车电子软件系统开发过程定义了一套通用的技术方法，即 AUTOSAR

方法论。AUTOSAR 方法论（AUTOSAR Methodology）中车用控制器软件的开发涉及系统级、ECU 级和软件组件级。系统级主要考虑系统功能需求、硬件资源、系统约束，然后建立系统架构；ECU 级根据抽象后的信息对 ECU 进行配置，进行系统级和 ECU 级设计的同时还要进行软件组件级的开发。上述每个环节都有良好的通信接口，并使用统一的 ARXML（AUTOSAR Extensible Markup Language）描述文件，以此构建了 AUTOSAR 方法论。图 4-4 描述了从系统底层配置到 ECU 可执行代码产生过程的设计步骤。

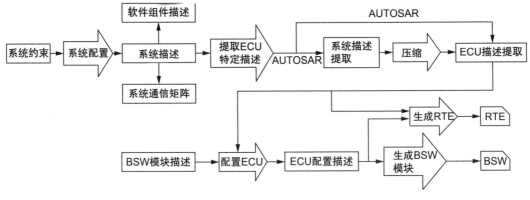

图 4-4　AUTOSAR 开发流程

AUTOSAR 设计和开发流程分为三个阶段：系统配置阶段、ECU 设计与配置阶段、代码生成阶段。

1）第一阶段：定义系统配置文件，这是系统设计者或架构师的任务，包括选择硬件和软件组件，定义整个系统的约束条件。AUTOSAR 通过使用信息交换格式和模板描述文件来减少初始系统设计时的工作量。系统配置的输入是 XML 类型的文件，输出是系统配置描述文件，系统配置的主要作用是把软件组件的需求映射到 ECU 上。

2）第二阶段：根据系统配置描述文件提取单个 ECU 资源相关的信息，提取出来的信息生成 ECU 提取文件。根据该提取文件对 ECU 进行配置，例如操作系统任务调度、必要的 BSW 模块及其配置、运行实体到任务的分配等，从而生成 ECU 配置描述文件。该描述文件包含了特定 ECU 的所有信息。

3）第三阶段：生成代码，基于 ECU 配置描述文件指定的配置来产生代码、编译代码，并把相关代码链接起来形成可执行文件。

具体的开发流程如下。

1）编写系统配置输入描述文件：在 AUTOSAR 中，所有的描述文件都是 XML 类型的文件。系统配置输入文件包含三部分内容：软件组件描述，包括每个涉及的软件组件的接口内容，如数据类型、端口、接口等；ECU 资源描述，定义了每个 ECU 的资源需求，如处理器、存储器、外围设备、传感器和执行器等；系统约束描述，定义了总线信号、软件组件间的拓扑结构和映射关系。

2）系统配置：系统配置的功能主要是在资源和时序关系的前提下，把软件组件映射到各个 ECU 上，然后借助系统配置生成器生成系统配置描述文件。该描述文件包括总线映射之类的所有系统信息以及软件组件与某个 ECU 的映射关系。

3）提取特定 ECU 的描述：从系统配置描述文件中提取出与各个 ECU 相关的系统配置描述信息，提取的信息包括 ECU 通信矩阵、拓扑结构、映射到该 ECU 上的所有软件组件，并将这些信息放在各个 ECU 的提取文件中。

4）ECU 配置：ECU 配置主要是为该 ECU 添加必要的信息和数据，如任务调度、必要的基础软件模块及其配置、运行实体及任务分配等，并将结果保存在 ECU 配置描述文件中，该文件包含了属于特定 ECU 的所有信息，换言之，ECU 上运行的软件可根据这些信息构造出来。

5）生成可执行文件：根据 ECU 配置描述文件中的配置信息，生成 RTE 和基础软件配置代码，完成基础软件和软件组件的集成，最终生成 ECU 的可执行代码。

4.2.4 AUTOSAR 系统开发的关键技术

基于 AUTOSAR 标准的汽车电子系统开发不同于传统的汽车电子系统开发，诸如可靠性、实时性等关键特性也略有不同。比如广泛使用 RTE 的系统，其运行效率较低，实时性会变差；因而，在实际开发过程中，为了达到设计者所需要的性能要求，一些关键技术在基于 AUTOSAR 标准的汽车电子系统开发中得以应用。

1. 实时性

在汽车电子技术的发展进程中，高安全性的实时系统的使用越来越频繁，比如在制动和转向系统中用到的线控技术（X-By-Wire）。AUTOSAR 操作系统继承了传统 OSEK 操作系统可靠的优点，但由于 RTE 的存在，任务运行效率会降低，实时性也会变差。为了对系统实时性有更好的支持，与 OSEK 操作系统相比 AUTOSAR 操作系统扩展了更多新的功能，包括附加了软硬件计数器、带有时间同步的任务表、时间同步保障等功能。实时系统计数错误包含由任务编排造成的系统错误以及由硬件资源（如内存控制器）造成的硬件错误，为此，提出了一个软件和硬件相集成的解决方案。其中，软件部分采用 fault Robust 技术，该技术包含一系列分析、探测以及错误修正功能。而硬件部分就是考虑时序的监控单元（timing-aware coverage monitor unit）。通过两者的结合来验证并校核计数准确性问题。该技术在多核系统中也得到了实现，如何将这项技术应用到整个流程监控中，以扩展其功能，不局限于计数错误问题将是今后发展的方向。然后通过对芯片时间片静态分配，使中断程序在规定的时钟脉冲数内完成相应操作，从而达到限定中断程序执行时间的目的；因此，当任务操作过程中产生错误时，可以通过该功能的应用以及带有时间同步的任务调度表，隔离各任务，从而防止错误在时钟域里面传递，实现了 AUTOSAR 操作系统的时间同步保障功能。

2. 可靠性

可靠性是汽车电子开发过程中评判产品合格与否最为关键的性能，高可靠性对于产业规模化有着举足轻重的意义，因此，在开发过程中提升系统容错能力显得至关重要。

基于 AUTOSAR 标准开发的电子系统提升系统容错能力的方式就是在 AUTOSAR 方法论的基础上为 ECU 错误的补偿提供一定的冗余。AUTOSAR 支持 FlexRay 通信，后者具有强大的容错能力，可大大提升车载通信网络的安全性。为了进一步提升容错能力，总线节点错误也将得到冗余的补偿，这一点往往通过初始调度结合必要的 ECU 网络拓扑结构重构以及任务复制来得以实现。错误的总线节点由 AUTOSAR 复杂驱动（complex device driver）来探测，并初始化合适的重构。可以将节点分为外围交互节点和功能节点两类。前者连接传感器和执行器，从总线中读写数据；后者负责功能软件在总线上进行通信，易于用于冗余设置以及重构。为了验证系统的可靠性，通常的做法是通过故障注入（fault injection）来进行测试。就软件层面而言，无论是部件单元还是整体集成，为了达到一定水平的车辆软件完整性，就必须进行故障注入的评判。所注入的故障是任意的，可以是针对数据的，也可以是关于软件或硬件的。AUTOSAR 标准建立之时并没有具体考虑故障注入，因而 AUTOSAR 系统故障注入的方式是目前研究的热点与难点。由于注入故障会改变各层代码和接口参数，故障注入可能并不是在基础软件层面进行修改，而是利用与存储单元分隔的跨层复杂驱动（complex device driver）来支持最小限度破坏原有架构的故障注入。其结构形式如图 4-5 所示。具体的实现方法是在最底层（比如微控制器层）通过故障注入控制器（fault injection controller）诱发故障，位于应用层的故障注入监测软件（fault injection monitoring）监测整个系统的表现，以此来判定整个系统的安全性。要注意，故障注入的监测与控制逻辑需要在一个独立的存储单元内运行，以保证在测试过程中不与测试系统进行交互，这样就能在不影响任务本身正常运行的前提下对系统可靠性进行测试，在设计过程中可随时进行可靠性的跟踪监测而不影响整个设计进程。

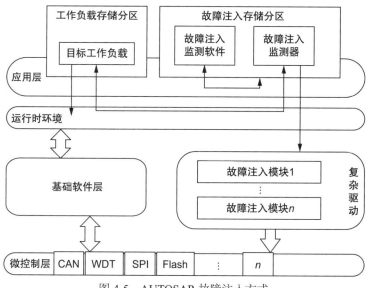

图 4-5 AUTOSAR 故障注入方式

3. 系统测试

目前，车用软件越来越重要，同时不断增长的功能需求也使它愈发庞大、复杂，在这样的背景下，软件单元的测试对于提升 AUTOSAR 系统的可靠性及适用性显得格外重要。由于软件组件的功能实现与传感器和执行器密不可分，而传感器与执行器对时序要求比较高，因此其测试格外困难。

由于软件组件的运行需要从传感器获得数据并向执行器发送数据，如何脱离于硬件进行软件组件的测试是当下研究的热点。现有一种基于虚拟原型的软件组件测试方法，用虚拟样机来代替传感器和执行器部件测试系统进行数据交互。其中，部件测试系统由软件组件模拟 DaVinci Component Tester 以及部件测试工具 NUnit 组成，以此得到一个虚拟的测试环境。虚拟样机的运行只取决于本身的状态机。其工作原理如图 4-6 所示。由于每个虚拟样机在不同的测试环节中都有自己的特点，无法进行共享，因而虚拟样机的成本是今后能否大规模应用的限制，如何降低测试成本将是今后研究的重点。

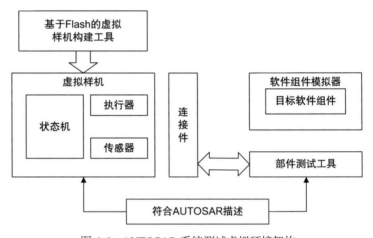

图 4-6　AUTOSAR 系统测试虚拟环境架构

另一方面，汽车应用软件越来越繁杂，与单核系统相比多核系统有着更高的任务处理能力，是今后发展的趋势。AUTOSAR 多核实时操作系统是一个共点并发的系统，对软件质量有相当高的要求。为确保软件质量，往往要进行一致性测试。传统的测试方法对象覆盖面比较小，而且成本高昂。这里介绍一种基于模型的多核实时系统一致性测试方法。首先开发出一个 AUTOSAR 标准模型（AUTOSAR formal model），通过该模型来构建测试方案生成器（test case generator）以及测试程序生成器。测试方案生成器能生成一系列的测试方案，这些方案并非基于测试边界条件，而是基于整个测试系统。从一系列测试方案中提取出一套最优的测试方案，通过测试程序生成器（test program generator）自动生成测试程序。其工作原理如图 4-7 所示。但其目前仍停留在理论研究阶段，还没有进行实际的应用开发。测试方案生成机制的优化以及实际开发验证将是后续工作的重点。

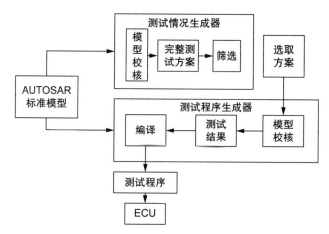

图 4-7 一种 AUTOSAR 多核实时系统测试方法

4. 基于 AUTOSAR 标准的 V 模式开发

V 模式的开发流程普遍应用于汽车电子系统的开发。对于 V 模式的系统，其开发、编程或测试环节都是在同一个环境下进行的，因而开发过程的每一步都可以进行验证，极大地提升了系统开发效率。如何把 AUTOSAR 标准应用到 V 模式的开发流程中是目前的研究热点。基于 V 模式的 AUTOSAR 软件组件的开发流程如图 4-8 所示。整个开发流程可划分为分析阶段、设计阶段、应用阶段、测试阶段。有关详细内容将在第 6 章进行介绍。

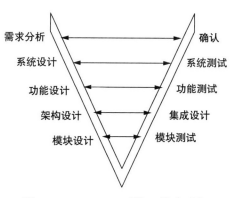

图 4-8 AUTOSAR 系统 V 模式开发

4.3 基础软件层

4.3.1 ECU 抽象层

ECU 抽象层负责对通信、内存或者 I/O 提供统一的访问接口，外部设备的驱动就位于这一层。ECU 抽象层主要包括板载设备抽象（Onboard Device Abstraction）、存储器硬件抽象（Memory Hardware Abstraction）、通信硬件抽象（Communication Hardware Abstraction）和 I/O 硬件抽象（I/O Hardware Abstraction）四个部分。

1. 板载设备抽象

板载设备抽象包含 ECU 板载设备的驱动。这些驱动通过微控制器抽象层（MCAL）对 ECU 板载设备进行访问。这些设备不能被视为传感器或者执行器。比如看门狗，如果在 ECU 上使用超过一个看门狗和看门狗驱动（例如内部软件看门狗和外部硬件看门狗），板载设备抽象模块会允许看门狗管理机在保留 API 和下层驱动功能的同时，选择合适的看门狗。

看门狗驱动有不同的工作模式（同步、异步、定时）。看门狗驱动接口对下层的看门狗驱动提供了统一的访问入口，比如模式转换和触发。

2. 存储器硬件抽象

存储器硬件抽象包含一组模块，它能够从外围存储器所在的位置以及 ECU 硬件层进行抽象。用户可以通过存储器特性抽象/仿真模块访问存储器驱动。该模块的实现不依赖于微控制器，而依赖于外部设备；该模块的上层接口不依赖于微控制器、ECU 硬件和存储器。

（1）FEE（Flash EEPROM Emulation）

该模块使用 Flash 存储器来模拟 EEPROM 功能。FEE 对设备特定的寻址方案和划分进行抽象，并且向上层提供虚拟寻址方案和划分，以及"事实上"无限制的擦除循环。

（2）EA（EEPROM Abstraction）

EEPROM 抽象同样也对设备特定的寻址方案和划分进行抽象，并且向上层提供虚拟寻址方案和划分，以及"事实上"无限制的擦除循环。

（3）MemIf（Memory Abstraction Interface）

存储器接口允许非易失性存储器管理机访问若干个存储器抽象模块（FEE 或者 EA 模块）。存储器接口从下层的 FEE 或者 EA 模块进行抽象，并给上层提供线性地址空间的虚拟划分。

3. 通信硬件抽象

通信硬件抽象包含一组模块，它能从通信控制器和 ECU 硬件层进行抽象。对于所有通信系统（如 CAN、LIN、FlexRay）而言，相应的通信硬件抽象是必不可少的。

（1）CanIf（CAN Interface）

CAN 接口位于底层 CAN 设备驱动（CAN 控制器驱动和收发器驱动）和上层的通信服务层（例如网络管理、传输协议等）之间。它是底层设备连接上层通信服务的接口。

CAN 接口从 ECU 硬件层抽象了诸如 CAN 控制器和 CAN 收发器的所有 CAN 硬件设备的位置。所以下层的多个内部或外部 CAN 控制器/收发器被抽象并连接到上层的通信模块。CAN 接口由所有独立于 CAN 硬件的任务组成。这些任务属于相应 ECU 的 CAN 通信驱动内容。一旦在 CAN 接口中实现这些功能，下层的 CAN 设备驱动只负责相应的 CAN 硬件的访问和控制即可。

CAN 接口通过连接 PDU（Protocol Data Unit）路由和上层 AUTOSAR 通信栈的通信模块，可以满足以下需求：传输请求处理，传输确认/接收指示/错误通知，CAN 网络的启动/停止。

在传输时，需要 CAN 接口使用相应的参数完成 L-PDU 传输，并通过合适的 CAN 控制器驱动来延迟 CAN L-PDU；在接收时，CAN 接口把收到的 L-PDU 分配给上层。接收的 L-PDU 和上层之间的分配是静态配置的，在传输确认时，CAN 接口负责对上层的成功传输进行通知。总的来说，CAN 接口向 CAN 通信模块提供对 CAN 控制器驱动和 CAN 收发器驱动的抽象访问，以实现对 CAN 网络的控制和管理。CAN 接口会将状态变化请求向下层发送，例如从 COM 管理机向下层 CAN 设备驱动的请求，或者向上发送，将 CAN 控制器/

收发器驱动事件发送到相应的网络管理模块(Network Management,NM)。

(2)LinIf(LIN Interface)

该模块规范了 AUTOSAR 基础软件模块中的 LIN 接口(LinIf)和 LIN 传输协议(LIN Transport Protocol,LinTP)的功能、API 以及配置。LIN 传输协议是 LIN 接口的一部分。

LIN 接口独立于硬件,并且定义了对上层模块(PDU 路由)和下层模块(LIN 驱动)的接口。一个 LIN 接口可以处理多个 LIN 驱动,一个 LIN 驱动可以处理一个或多个通道。

LIN 接口向上层提供 LIN2.1 主节点的功能,这意味着:可以执行 ECU 连接的每个 LIN 总线的当前所选进程;当上层需要时,可以切换进程表;从上层获取帧传输请求,并作为响应传输数据;当相应的响应被接收时,向上层提供帧接收通知;提供睡眠和唤醒服务;进行错误处理;提供传输层诊断服务。

4. I/O 硬件抽象

I/O 硬件抽象包含一组模块,它能够对外围设备(板载或板级)的位置和 ECU 硬件层(例如微控制器的引脚等)进行抽象。但 I/O 硬件抽象无法对传感器或执行器进行抽象。该模块用来传递 I/O 信号。向更高的软件层隐藏 ECU 硬件及布线的属性;它的实现不依赖于微控制器,而是依赖于 ECU 硬件;其上层接口依赖于根据 AUTOSAR 规定的信号类型,而不依赖于微控制器和 ECU 硬件。

I/O 硬件抽象模块的目标是数据可以通过 RTE 传输,完全不依赖于 ECU 硬件。这意味着软件组件(Software Component,SWC)的开发人员不需要知道信号是如何在物理层面上产生影响的。这些主要通过将 ECU 信号映射到 I/O 硬件抽象接口上来实现。

4.3.2 服务层

服务层是基础软件层的最高层,它可以实现与应用层软件的关联。I/O 信号可以通过 ECU 抽象层来获取,此外服务层还提供:操作系统功能、汽车网络通信以及管理服务、内存服务、诊断服务其中包含统一诊断服务(Unified Diagnostic Services,UDS)、错误记忆和故障处理、ECU 状态和模式管理、逻辑与暂时程序流程监管(Watchdog 管理)、加密服务等。服务层内部的具体结构如图 4-9 所示。

图 4-9 服务层内部的具体结构

服务层的主要任务是为应用程序、RTE 以及基础软件模块提供最基本的服务。服务层的上层接口保证了微控制器和 ECU 硬件层的独立。

按照服务对象的不同，服务层又可以分成三部分，即系统服务（System Service）、内存服务（Memory Service）、通信服务（Communication Service）。下面对这三部分进行详细介绍。

1. 系统服务

系统服务是一组模块和函数，这些模块和函数可以被所有软件层模块使用，比如操作系统（包括定时器服务）和错误管理。系统服务的实现与单片机、ECU 硬件以及应用程序有部分关联，其上层接口与单片机和 ECU 硬件无关。其内部结构如图 4-10 所示。

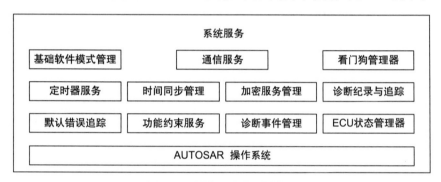

图 4-10　系统服务的内部结构

系统服务的任务是为应用程序和基础软件模块提供基础服务，主要包括：依赖于微控制器的服务（如操作系统），以及可以支持特殊微控制器功能的服务（如加密服务管理器）；与 ECU 硬件和应用程序部分相关的服务（如 ECU 状态管理器）；与硬件和微控制器无关的服务。下面详细介绍系统服务模块的两个重要功能。

（1）错误处理、报告和诊断

在 AUTOSAR 中，针对错误处理的不同方面有专用的模块。例如：

❏ 调试模块（Debugging）：支持 AUTOSAR 基础软件的调试，它连接到 ECU 内部模块，并且通过通信系统与外部主机系统进行交流。

❏ 诊断事件管理器（Diagnostic Event Manager）：负责处理和存储诊断事件以及关联冻结帧（Freeze Frame）的数据。

❏ 诊断记录和追踪模块（Diagnostic Log and Trace）：支持应用程序的日志记录和跟踪。它收集用户定义的日志消息，并把其转换成标准的格式。

❏ 开发错误追踪器（Development Error Tracer）：在基础软件中所有检测到的开发错误都会被报告给开发错误追踪器。

❏ 诊断通信管理器（Diagnostic Communication Manager）：为诊断服务提供共同的 API。

（2）多核系统服务

IOC（Inter OS Application Communicator）提供了一种通信服务，当客户需要在同一个

ECU 的不同操作系统应用程序（OS Application）之间进行通信时，基础软件模块可以在多个内核上执行，这种通信服务就能被客户端访问。

2. 内存服务

内存服务只包括一个模块，即 NVRAM 管理器。它负责非易失性数据（来自不同存储驱动器读/写）的管理。其主要任务是以统一的方式为应用程序提供非易失性的数据，同时对存储位置和属性进行抽象，对非易失性数据的管理提供机制，比如数据的保存、读取、校验保护和验证等。其内部结构如图 4-11 所示。

图 4-11　内存服务的内部结构

3. 通信服务

通信服务是一组用于车辆网络通信（CAN、LIN、FlexRay 以及 Ethernet）的模块。通信服务通过通信硬件抽象来与通信驱动程序进行交互。其主要任务是为车辆通信网络和车载网络的诊断通信提供一个统一的接口，为网络管理提供统一的服务，以及在应用程序中隐藏相关协议和消息属性。从图 4-12 可以看出，通信服务的实现与单片机和 ECU 硬件无关，但是有一部分需要取决于总线的类型。其上层接口与单片机、ECU 硬件以及总线类型也无关。

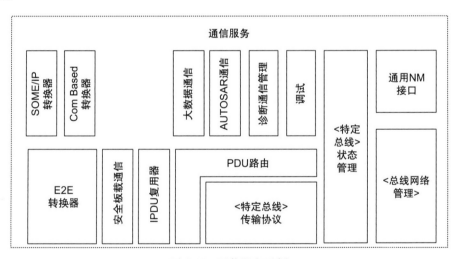

图 4-12　通信服务示例

下面将详细介绍与车辆网络系统相关的通信服务。

（1）通信协议栈——CAN

图 4-13 显示了 CAN 通信所涉及的各个模块。CAN 通信服务是一组用于车辆 CAN 通信系统的模块。其主要任务是为 CAN 通信网络提供一套统一的接口，同时从应用程序中隐藏相关的协议和消息属性。CAN 通信协议栈支持传统的 CAN 通信（CAN 2.0）以及 CAN FD 通信（前提是硬件上支持 CAN FD）。

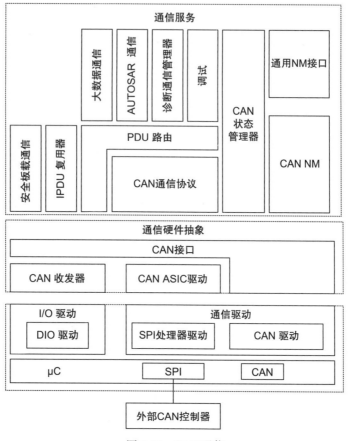

图 4-13 CAN 通信

CAN 通信服务具有以下属性：CAN 通信服务的实施与单片机和 ECU 硬件无关，但部分依赖于 CAN 通信本身；AUTOSAR COM、通用网络管理接口（Generic NM Interface）以及诊断通信管理器（Diagnostic Com munication Manager）对所有的车辆网络系统都是通用的，并且作为每个 ECU 的一个实例而存在；通用网络管理（Network Management，NM）接口只包含一个调度程序，但在网关 ECU（Gateway ECU）中，它也可以实现 NM 协调器的功能，即允许同步多个不同的网络（具有相同或不同的类型），对它们进行同步唤醒或者关闭；CAN NM 是针对特定 CAN 网络的，并且通过车辆 CAN 网络系统进行具体实现；通信系统特定的 CAN 状态管理器能够管控与通信系统相关的启动和关闭功能。此外，它还可以通过控制 COM 的不同选项来实现发送 PDU 以及监控信号超时的功能。

（2）通信协议栈扩展——J1939

图 4-14 显示了 J1939 所包含的模块。J1939 通信服务是对普通 CAN 通信协议栈的扩展，主要应用于商用车。其主要任务是提供 J1939 通信所需的协议服务，同时从应用程序中隐藏不需要的协议和消息属性。需要注意的是，在 CAN 通信协议栈中有两个传输协议模块

（CanTp 和 J1939Tp），它们可以交替使用或者在不同的通道中并行使用。一般而言，CanTp 主要用于 ISO 诊断（DCM）、标准 CAN 总线上的大型 PDU 传输等；而 J1939Tp 主要用于 J1939 诊断以及受 J1939 驱动的 CAN 总线上的大型 PDU 传输。

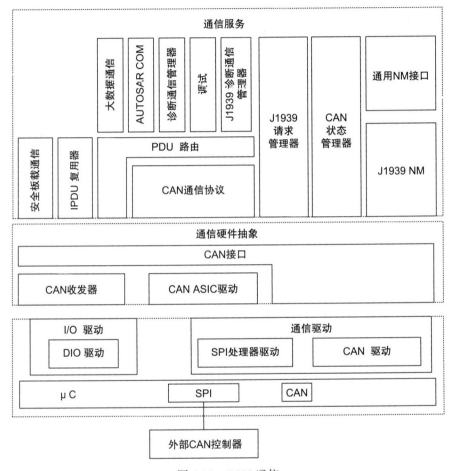

图 4-14　J1939 通信

J1939 通信服务具有以下属性：J1939 通信服务的实施与单片机和 ECU 硬件无关，它是基于 CAN 通信的；AUTOSAR COM、通用网络管理接口以及诊断通信管理器对所有的车辆网络系统都是通用的，并且作为每个 ECU 的一个实例而存在；支持在配置阶段未知的动态帧标识符；J1939 网络管理器管控每一个 ECU 的特定地址分配，但它不支持休眠/唤醒处理以及其他相关的概念，如局部网络等；提供 J1939 诊断和请求处理。

（3）通信协议栈——LIN

图 4-15 显示了 LIN 通信所涉及的各个模块。LIN 通信服务是一组用于车载 LIN 通信系统的模块。其主要任务是为 LIN 通信网络提供一套统一的接口，同时从应用程序中隐藏协

议内容和消息属性。

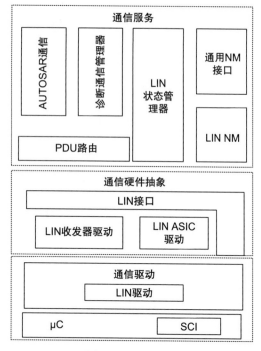

图 4-15　LIN 通信

LIN 通信服务包括两部分，其中一部分是兼容 LIN2.1 的通信协议栈，该协议拥有用于 LIN 通信帧传输的调度表、用于诊断的传输协议以及唤醒和睡眠接口；另一部分是底层 LIN 驱动程序，该部分用于实施 LIN 通信协议以及适应特定的硬件，支持简单的 UART 通信硬件，同时也支持基于复杂帧的 LIN 通信硬件。

将 LIN 通信模块集成到 AUTOSAR 中时需要注意：LIN 接口控制着唤醒/睡眠的 API；通信系统特定的 LIN 状态管理器掌控着通信所依赖的启动和关闭功能。此外，它还控制着来自通信管理器的通信模式请求以及通过 COM 接口控制 I-PDU 组；当发送 LIN 信息帧时，如果需要数据，LIN 接口会在这个时间点从 PDU 路由器为帧（I-PDU）请求这些数据（即在发送 LIN 数据帧之前）。

（4）通信协议栈——FlexRay

FlexRay 通信服务是一组用于车辆 FlexRay 通信系统的模块。图 4-16 显示了 FlexRay 通信涉及的所有模块。其主要任务是为 FlexRay 通信网络提供一套统一的接口，同时从应用程序中隐藏协议内容和消息属性。需要注意的是，在 FlexRay 通信协议栈中有两种传输协议模块（FrTp 和 FrArTp），并且它们可以交替使用。其中，FrTp 对应 FlexRay ISO 传输层；FrArTp 对应 FlexRay AUTOSAR 传输层，并且对 AUTOSAR 3.x 提供总线兼容。

FlexRay 通信服务具有以下属性：FlexRay 通信服务的实施与单片机和 ECU 硬件无关，

但部分依赖于 FlexRay 通信本身；AUTOSAR COM、通用网络管理接口以及诊断通信管理器对所有的车辆网络系统都是通用的，并且作为每个 ECU 的一个实例而存在；通用网络管理接口只包含一个调度程序，并不包括进一步的功能，在网关 ECU 中，通用网络管理接口被网络管理协调器所替代。网络管理协调器具有对多个不同网络（具有相同或不同的类型）进行同步的功能，从而同步唤醒或者关闭它们；FlexRay NM 是特定针对 FlexRay 网络的，并且通过车辆 FlexRay 网络系统进行具体实现；

通信系统特定的 FlexRay 状态管理器能够管控与通信系统相关的启动和关闭功能。

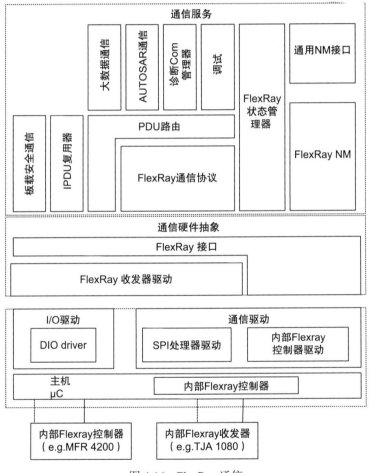

图 4-16　FlexRay 通信

（5）通信协议栈——TCP/IP

TCP/IP 通信服务是一组用于车辆 TCP/IP 通信系统的模块。图 4-17 包含 TCP/IP 所涉及的所有模块。其主要任务是为 Ethernet 通信网络提供一套统一的接口，同时从应用程序中隐藏协议内容和消息属性。

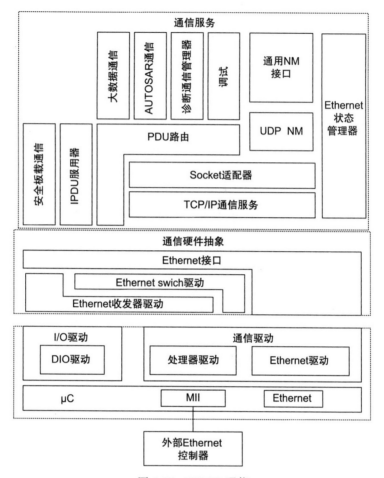

图 4-17 TCP/IP 通信

TCP/IP 通信服务具有以下属性：TCP/IP 模块实现 TCP/IP 协议家族（TCP、UDP、IPv4、IPv6、ARP、ICMP、DHCP）的主要协议，并通过以太网（Ethernet）提供动态的、基于 socket 的通信；Socket 适配器模块（Socket Adaptor，SoAd）是 TCP/IP 模块中的唯一上层模块。

对于一般的通信协议栈，其具有以下特性：信号网关是 AUTOSAR COM 传递信号过程中的一部分；基于 PDU 的网关是 PDU 路由器的一部分；PDU 多路复用技术提供了通过添加信息来使能 I-PDU（总线上内容不同但 ID 相同）多路复用的可能性；Multi I-PDU 到容器映射（container mapping）提供了一种将几个 I-PDU 合并成一个更大的 I-PDU 并通过一个总线专用帧进行传输的可能性；其上层接口与单片机、ECU 硬件和网络类型无关。

4.3.3 微控制器抽象层

微控制器抽象层（MCAL）位于 AUTOSAR 分层模型中基础软件层（BSW）的最底层，包含内部驱动，可以直接访问微控制器和片内外设。更进一步地，MCAL 又可以分为微控制器驱动、存储器驱动、通信驱动和 I/O 驱动四个部分，各部分又由与微控制器硬件相对应的具体的驱动模块组成，如图 4-18 所示。

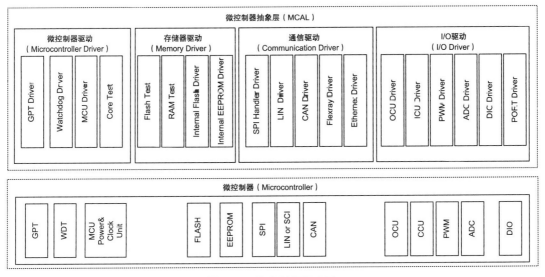

图 4-18　微控制器抽象层

1. 微控制器驱动

微控制器驱动由通用定时器驱动（General Purpose Driver, GPT Driver）、看门狗驱动（Watchdog Driver, WDG Driver）、微控制器单元驱动（Microcontroller Unit Driver, MCU Driver）和内核测试（Core Test）四个部分组成。

（1）GPT Driver

在 AUTOSAR 中有两类定时器：操作系统定时器和硬件定时器。该模块使用通用定时器单元的硬件定时器通道，为操作系统或者其他基础软件模块提供计时功能。GPT 驱动的作用是：启动和停止硬件定时器；得到定时器数值；控制时间触发的中断；控制时间触发的中断唤醒。

GPT 驱动通过调用 Gpt_StartTimer 和 Gpt_StopTimer 函数来启动和停止定时器通道。目标时间被视为 Gpt_StartTimer 的一个参数，可以为每个定时器通道单独设置。

定时器通道可以设为单次模式或连续模式。在单次模式下，定时器到达目标时间（即定时器数值）时会自动停止，保持定时器数值不变并且通道状态从"运行"变为"超时"；在连续模式下，定时器到达目标时间会清零并继续运行。

（2）WDG Driver

WDG Driver 的功能主要是初始化和触发看门狗。

WDG Driver 包括内部 WDG Driver 和外部 WDG Driver。内部 WDG Driver 控制 MCU 的内部看门狗定时器，提供触发功能和模式选择服务；外部 WDG Driver 控制外部硬件看门狗，与内部 WDG Driver 一样，提供触发功能和模式选择服务。

（3）MCU Driver

MCU Driver 位于 MCAL 层，可以直接访问微控制器硬件，它的主要功能是初始化、休眠、复位微控制器以及提供其他 MCAL 软件模块所需的与微控制器相关的特殊功能。

MCU Driver 能为硬件复位提供软件触发服务，但是只有被授权的用户才可以调用这个复位服务函数。在 ECU 中有很多原因可以造成复位，如果硬件允许，MCU 模块可以获取复位的原因。此外，MCU Driver 还能够使能并设置 MCU 时钟，例如 CPU 时钟、外围器件时钟、预分频器等参数。

MCU Driver 可以激活 MCU 的低功耗模式，但是 MCU 低功耗模式的激活可能会影响锁相环、内部振荡器、CPU 时钟、微控制器外设时钟、内核以及外设的供电电源等。如果 MCU 在运行过程中需要频繁地进出低功耗模式，那么在这种情况下，唤醒操作可以在 MCAL 的某个模块中被激活并执行。在一些 MCU 工作模式下，MCU 只能通过硬件复位来唤醒。

（4）Core Test

Core Test（内核测试）模块包含周期性测试和启动测试。

内核测试模块可以对 CPU 的所有寄存器进行测试，提供中断控制和异常检测。该模块还对算术逻辑单元、存储保护单元和缓存控制器等进行检测。

内核测试模块可以运行在后台模式或前台模式。

在后台模式中，Core Test 会被调度机（Scheduler）周期性调用，在当前的原子型序列（atomic sequence）中是可中断的，一个完整的测试由很多原子型序列组成，以测试内核功能。而在前台模式中，Core Test 会被用来测试整个内核或者所选模块的功能。

取消后台模式并启动前台模式是允许的，但是两种模式不能被同时执行。如果在某个后台任务运行中有前台任务被请求，那么在调用前台任务前，后台任务应当被取消。

2. 存储器驱动

存储器驱动由内部 EEPROM 驱动、内部 Flash 驱动、RAM 测试和 Flash 测试四部分组成。

（1）内部 EEPROM 驱动

内部 EEPROM 驱动提供初始化服务，以及对内部 EEPROM 的读、写、擦除等操作。该驱动模块一次只能接受一个任务。

（2）内部 Flash 驱动

内部 Flash 驱动提供内部 Flash 初始化服务，以及对内部 Flash 的读、写、擦除等操作。该驱动还可以将 Flash 访问代码下载到 RAM 中，如果需要的话，也可以执行写、擦除操作。

（3）RAM 测试

RAM 测试模块通过软件对 RAM 存储进行测试，该模块包含后台测试和前台测试。其中，后台测试是异步服务，前台测试是同步服务。

（4）Flash 测试

Flash 测试模块提供算法来测试诸如数据/程序闪存、程序 SRAM 等非易失性存储器，这些存储器可以是集成在微控制器内部的，也可以是外部映射到微控制器的存储器。测试服务可以在 MCU 初始化完成后的任意时间被执行，用户可以选择合适的测试算法。同样，Flash 测试可以在前台和后台模式下运行，被测试的模块在前台和后台都可单独配置。

3. 通信驱动

通信驱动由以太网（Ethernet）驱动、FlexRay 驱动、CAN 驱动、LIN 驱动和 SPI 驱动五部分组成。

（1）Ethernet 驱动

Ethernet 驱动模块为以太网提供统一的接口。该驱动模块对所使用的以太网控制器的硬件特性进行了抽象。以太网接口（Ethernet Interface）模块使用以太网驱动层访问某些控制器。以太网驱动层由若干个以太网驱动模块组成，如图 4-19 所示。

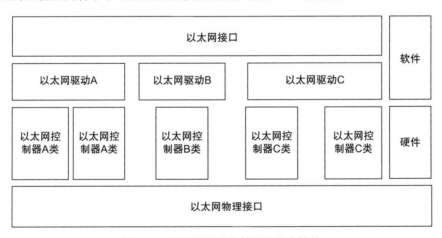

图 4-19 以太网基础软件层的基本结构

（2）FlexRay 驱动

FlexRay 驱动用来抽象不同的 FlexRay 通信控制器及其硬件相关的特性。通信控制器的 FlexRay 协议强制特性经过封装之后只能通过统一的 API 进行访问。API 提供了映射到基于实际通信控制器的硬件访问序列的抽象功能操作，因此，使用 FlexRay 驱动可以保证 FlexRay 接口独立于下层硬件。

FlexRay 驱动只支持相同类型的 FlexRay 通信控制器。一个 FlexRay 接口可以使用一个或多个 FlexRay 驱动访问若干个通信控制器，用来访问某个特定的通信控制器的某个驱动必须在配置 FlexRay 接口时进行分配。

如果一个通信控制器在 FlexRay 规范中提供了更多可选择的特性（例如硬件 FIFO），这些特性被封装在 FlexRay 驱动里面，配置工具需要支持该通信控制器，从而生成合适的配置。

此外，FlexRay 驱动的配置应当在系统配置时完成，其 API 函数在 FlexRay 接口或操作系统中断服务的上下文中被执行。配置工具可以将 ECU 配置描述所给的通信矩阵输入转化为运行时所使用的数据结构。

对内部或外部 FlexRay 通信控制器的驱动来说，需要进行以下处理：对 FlexRay 控制器进行初始化；配置数据处理单元；控制指令向通信控制器的传递；从协议引擎到控制器主接口状态数据的规定；通信控制器和主处理机之间信息数据的传输。

（3）CAN 驱动

CAN 驱动针对的是微控制器内部的 CAN 控制器，它可以实现以下功能：对 CAN 控制器进行初始化；报文的发送和接收；对报文的数据和功能进行通知（对接收报文的指示、对发送报文的确认）；溢出和错误处理以及唤醒检测。

此外，CAN 驱动还具有以下特性：单个或多个 CAN 通道；CAN 驱动的多重实例化；对接收报文的中断/轮询模式。

CAN 驱动是 MCAL 的一部分，可以执行硬件访问、向上层提供独立于硬件的 API，而仅有的能够访问 CAN 驱动的上层是 CAN 接口（CAN interface）。CAN 驱动也可以为数据传输的初始化和通知接收事件的回调函数提供服务，该服务也是独立于硬件的。除此之外，CAN 驱动还可以控制从属于同一个 CAN 硬件单元的 CAN 控制器的行为和状态。

（4）LIN 驱动

LIN 驱动作为 MCAL 的一部分，可以执行硬件访问、向上层提供独立于硬件的 API 等操作。LIN 驱动使用标准的通用异步收发器（UART）或者串行通信接口（SCI）进行通信。该模块可以完成包括 LIN 硬件的初始化、调度表的处理、LIN 报文的发送（通过标志位和函数接口确认）、LIN 报文的接收（通过标志位和函数接口指示）、睡眠和唤醒、协议差错的处理、报文的超时监测等任务。仅有的能够访问 LIN 驱动的上层是 LIN 接口（LIN interface）。一个 LIN 驱动可以支持多个通道，但是这些通道要属于同一个 LIN 硬件单元。

（5）SPI 驱动

SPI 驱动为 SPI 总线上不同的设备（例如 EEPROM、Watchdog 等）提供读写访问服务，可以在主、从或者主–从模式下运行。该模块充分利用微控制器的每个特性并且允许基于静态配置的最优化实现来满足 ECU 的需求。SPI 驱动模块还定义了可选择的功能级别和可配置的功能特性，提升了自身的可扩展性。

SPI 驱动的配置过程分为四个步骤：

1）选择 SPI 驱动的功能级别，配置可选择的功能特性；

2）根据数据用途，包括 SPI 驱动的内部缓冲器或者由用户提供的外部缓冲器来定义 SPI 通道；

3）根据硬件属性来定义 SPI 任务，它们会包含一系列使用这些属性的通道；

4）定义任务序列，以优先级排序的方式来传送数据。

4. I/O 驱动

I/O 驱动包含 PORT 驱动、DIO 驱动、ADC 驱动、PWM 驱动、ICU 驱动、OCU 驱动

六部分。下面分别对其进行详细介绍。

（1）PORT 驱动

PORT 驱动主要的功能是进行端口的配置以及初始化，PORT 初始化数据被尽可能高效地写到每个端口。很多端口和引脚被分配有多种不同的功能，包括通用 I/O、模数转换（ADC）、脉宽调制（PWM）等功能。DIO 驱动中所用到的端口的配置和初始化都是在 PORT 驱动模块中完成的。所以，在应用 DIO 功能之前，应先进行 PORT 初始化。

（2）DIO 驱动

DIO 驱动程序提供了对内部通用 I/O 端口的、基于端口和通道的读写访问权限。该模块通过 DIO 通道（DIO channel）、DIO 端口（DIO port）以及 DIO 通道组（DIO channel group）来读写数据，这些操作同步进行。

（3）ADC 驱动

ADC 驱动程序初始化并控制微控制器的内部模拟数字转换器单元。ADC 驱动程序应使用所谓的 ADC 通道。ADC 通道将模拟输入引脚、所需的 ADC 电路本身和转换结果寄存器组合为可通过 ADC 驱动程序单独控制和访问的实体。此外，一个或多个 ADC 通道可以被划分为一个 ADC 通道组（ADC channel group），而 ADC 模块允许为每个通道组分配优先级。

ADC 驱动模块支持单次转换与连续转换两种转换模式。其中，单次转换（One-shot Conversion）是指被转换的通道组中每个通道只执行一次转换；连续转换（Continuous Conversion）是指在转换完成后，整个通道组的转换将会重复，而不需要另外的触发事件。

ADC 模块有软件触发与硬件触发两种触发源。其中，软件触发（Software API Call）是指 ADC 通道组通过 ADC 模块提供的服务来启动或停止转换，它可以在所有转换模式下使用；硬件触发（Hardware Event）是指 ADC 通道组通过硬件事件（如定时器和边沿触发）来启动转换，但它只能在单次转换模式下进行。ADC 模块可以通过调用 API 函数 Adc_GetStreamLastPointer 与 Adc_ReadGroup 进行转换结果访问；另外，ADC 模块还可以通过使用通道组通知机制或 API 函数 Adc_GetGroupStatus 轮询来实现转换结果的一致性，但无论怎样，转换结果必须在被覆盖之前从 buffer 中读取出来。

（4）PWM 驱动

PWM 驱动建立在 PORT 的基础上，提供 PWM 输出功能，可生成周期和占空比都可变的脉冲。

（5）ICU 驱动

ICU 驱动建立在 PORT 的基础上，用来控制微控制器的输入捕获单元，包含正常与休眠两种模式。ICU 驱动可提供多种服务，如信号边沿检测及通知、中断唤醒、周期性信号时间的测量、边沿时间戳捕获、边沿/脉冲计数等。

（6）OCU 驱动

OCU 驱动功能是对微控制器内部的输出比较单元进行初始化和控制。当计数器的值到达某个阈值时，OCU 模块会就自动开始比较并执行相应操作。OCU 通道主要由两部分组成：自由运行计数器（Free Running Counter）和比较阈值（Compare Threshold）。自由运行计数器可以是由硬件或是软件提供的，每当计数器的值增加一个单位，该值就会与设定的阈值进行比较。若两个值相等，则可以执行两种操作，一种是通过通知函数将信息报告给上层软件；另一种是修改输出管脚的状态。除此之外，OCU 驱动还可以为下列功能提供服务：启动或停止输出通道；设定某个阈值；启用或禁用某个通道的通知函数；获取计数器数值。

OCU 通道的状态图如图 4-20 所示。OCU 驱动所有的通道都会在调用 Ocu_Init() 函数时进行初始化，但是不能通过某个 API 来单独初始化某个通道。

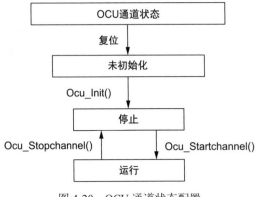

图 4-20　OCU 通道状态配置

4.3.4　复杂驱动层

复杂驱动（CCD）层跨越于微控制器硬件层和 RTE 之间，其主要任务是整合具有特殊目的且不能用 MCAL 进行配置的非标准功能模块，将该部分功能嵌入 AUTOSAR 基础软件层，从而实现处理复杂传感器以及执行器的特定功能和时间要求。复杂驱动程序与单片机和 ECU 硬件紧密相关，其上层程序接口是根据 AUTOSAR 指定并实施的，其下层程序接口受标准接口程序的限制。复杂驱动可以使用特定的中断或复杂的微控制器外设（如 PCP/TPU）来直接访问微控制器，从而实现对复杂传感器的评估和执行器的控制，比如喷油控制、电磁阀控制、增量位置检测等。

复杂驱动可能需要访问分层软件架构下的其他模块，或者分层软件架构下的其他模块需要访问复杂驱动。如果遇到这种情况，那么需要应用以下规则。

（1）从分层软件架构下的其他模块到复杂驱动的访问

只有当复杂驱动提供一个接口，并且该接口可以通过访问 AUTOSAR 模块进行配置时，才允许分层软件架构下其他模块访问复杂驱动。一个典型的例子就是 PDU 路由器，一个复杂驱动可能执行一个新的总线系统的接口模块，这种情况在 PDU 路由器的配置选项中已经有所考虑。

（2）从复杂驱动到分层软件架构下其他模块的访问

只有当分层软件架构的各个模块提供接口，并且准备好被复杂驱动访问时，复杂驱动才能访问分层软件架构下的其他模块。通常，这就意味着这些各自的接口被定义为可重入（reentrant），如果使用了回调例程（Call Back Routine），那么其名称也是可配置的。需要说明的是，不存在对模块状态进行管理的上层模块（并行访问将会改变状态，同时不会被上层模块注意到）。一般情况下，可能会访问以下模块：SPI 驱动、GPT 驱动、具有重入限制的

I/O 驱动、NVRAM 管理器（NVRAM Manager）、PDU 路由器、总线专用接口模块、NM 接口模块、通信管理器、基础软件模式管理器、操作系统等。另外，对每个模块进行检查也是必要的，以确定各自的功能被标记为可重入（reentrant）。例如，"初始化"的函数功能通常是不可重入的，并且应该只能由 ECU 状态管理器（ECU State Manager）来调用。

此外，在多核架构的情况下，复杂驱动模块还有以下规则：

1）基础软件（BSW）可以跨越多个核分布。基础软件操作调用（BSW Operation Invoked-Event）的任务映射决定了由哪个核来调用 BSW 服务。

2）对于跨越分区和内核边界的操作，只允许进行模块内部的通信。使用主机/辅助模式进行实现。

3）如果 CDD 需要访问基础软件（BSW）的标准化接口，那么它需要位于相同的内核中。

4）如果 CDD 位于不同的内核中，那么它可以使用正常的端口机制来访问 AUTOSAR 接口和标准化的 AUTOSAR 接口。

5）如果 CDD 需要访问基础软件的标准化接口，但又不在相同的内核中，那么以下两种情况是可行的：一是提供标准化接口的辅助器可以在 CDD 所在的内核上运行，并且能向其他内核传递调用请求；二是 CDD 的存根部分（stub part）需要在其他内核上执行，并且通信系统需要使用操作系统的 IOC 机制来组织本地 CDD（CDD-local），就像 RTE 那种操作方式。

4.4 运行时环境层

4.4.1 运行时环境

运行时环境（Run Time Environment，RTE）层位于应用层和基础软件层之间，它实现了特定 ECU 上的虚拟功能总线，RTE 软件设计的主要对象是软件组件和基础软件。其功能如下：

1）RTE 对基础软件层的通信和服务进行了封装。

2）RTE 为应用层的软件组件提供标准化的基础软件和通信接口，使应用层可以通过 API 的函数调用基础软件的服务，例如操作系统的任务激活、等待等功能以及基础软件模块管理、ECU 状态管理等服务，实现了对软件生命周期的控制。

3）RTE 对 ECU 之间的通信进行了抽象。使用标准化的接口将其统一为软件组件间的通信，使 ECU 间的通信如同 ECU 内部的通信。但在实现中，它需要调用基础软件中通信部分的功能以实现各种不同总线的通信。

为满足实时性、可靠性以及数据的一致性等要求，RTE 向软件组件和基础软件组件提供了通信、并发两种机制，如图 4-21 所示。

RTE 是 AUTOSAR 的核心，它是 AUTOSAR 虚拟功能总线（VFB）的具体实现。RTE 衔接了应用层和基础软件层，为应用层提供标准接口来调用底层的资源，使 ECU 软件的开发与具体的硬件相脱离，上层应用策略的开发人员可以更加专注于软件功能的开发，而不用纠缠于软件底层的细节。

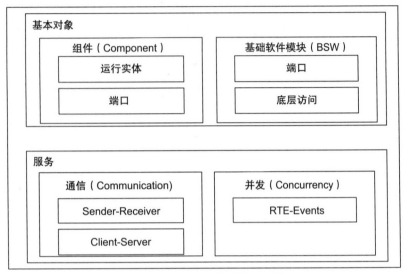

图 4-21 RTE 的基本对象与服务

4.4.2 虚拟功能总线

为了实现软件组件（SWC）的独立性、软件的可移植，AUTOSAR 定义了虚拟功能总线（Virtual Function Bus，VFB），其原理如图 4-22 所示。虚拟功能总线将 AUTOSAR 软件构件相互之间的通信，以及软件构件与基础软件之间的通信进行了抽象，同时使用预先定义的标准接口。而对于虚拟功能总线来说，ECU 内部通信和外部总线通信并没有什么区别，两者的区别要等到系统布局以及 ECU 的具体功能最终确定才会体现出来。软件构件本身对于这种区别并不关注，因此软件构件可以在独立的情况下进行开发。在系统实现过程中，虚拟功能总线所代表的功能最终以 RTE 的生成来体现。

VFB 实质上是虚拟硬件和独立映射系统（映射关系独立于系统结构）的合成。通过定义明确的接口，虚拟功能总线为 AUTOSAR 构件提供了标准的通信机制和服务，它不关注这些构件与底层软件和硬件平台之间的映射关系。基于虚拟功能总线设计的汽车电子应用系统最终被映射到不同的电子执行单元。

VFB 中包含 SWC 标准化接口、设备驱动、ECU 抽象层和 AUTOSAR 服务。其中设备驱动、ECU 抽象层和 AUTOSAR 服务都在底层软件中完成。

VFB 的特点如下：
- 所有的 SWC 都连接在 VFB 上；
- 保证 SWC 之间以及 SWC 和 ECU 之间的可靠通信；
- VFB 是 SWC 独立于硬件的基础；
- 简化了 SWC 的开发设计。

VFB 所支持的通信方式包括以下两种。

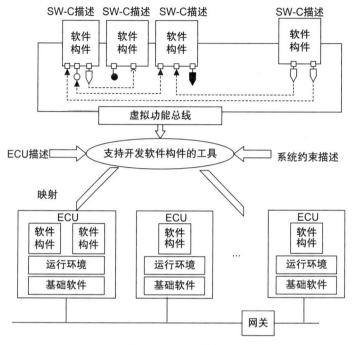

图 4-22 VFB 原理

1. 客户端–服务器通信方式

客户端–服务器通信方式（Client-Server）是一种被广泛应用于分布式系统的形式，如图 4-23 所示。通常由客户端初始化通信，向服务器提出请求，并传输必要的初始信息。而服务器则只需等待需求，并提供响应。通过初始化过程的方向，可确定 SW-C 是服务器还是客户端。

2. 发送–接收通信方式

发送–接收通信方式（Sender-Receiver）主要应用于异步分布式通信，特别适用于一个发送端向多个接收端提供信息的场合，如图 4-24 所示。因为发送端和接收端是异步的，所以一般发送端在发送信息后不会得到接收端的响应。发送端向整个网络提供信息，而由接收端通过判断决定是否接收信息。因此在此模式中，要求通过一定的硬件结构来实现信息的分布，而发送端无须知道接收端的 ID。

图 4-23 客户端–服务器通信方式　　　图 4-24 发送–接收通信方式

4.5 应用层

4.5.1 AUTOSAR 端口

AUTOSAR 软件组件提供了定义明确的连接点，即端口。有三种类型的 AUTOSAR 端口：需求（Require-In）端口、供给（Provide-Out）端口、组合的供给需求（Provide Require InOut）端口。

AUTOSAR 端口可引用下列类型的接口：发送 – 接收（Sender Receiver）接口、客户 – 服务器（Client Server）接口、模式 – 切换（Mode Switch）接口、非易失数据（Nonvolatile Data）接口、参数（Parameter）接口、触发（Trigger）接口。

4.5.2 软件组件

在 AUTOSAR 中，应用层由软件组件（Software Component，SWC）组成，包括应用软件组件、传感器和执行器软件组件，都位于应用层。该层的软件组件通过 RTE 进行内部通信和访问 ECU 资源。软件组件的行为通过一个或多个可运行体（Runnable）与定义好的端口/接口实现。在 MATLAB/Simulink 中，可以直接进行软件组件内部行为设计，由前述 MATLAB/Simulink 与 AUTOSAR 基本概念的对应关系可知，Simulink 中利用函数调用子系统（Function Call Subsystem）来表征 AUTOSAR 软件组件的运行实体（Runnable Entity）；利用函数调用（Function Call）来表征 AUTOSAR 软件组件的 RTE 事件（RTE Event）。图 4-25 表示一个多运行体 AUTOSAR 软件组件，其中三个函数调用子系统（Function-Call）代表三个可运行体，分别标识为 Runnable1_subsystem、Runnable2_subsystem 和 Runnable3_subsystem，信号 irv1、irv2、irv3、irv4 代表 AUTOSAR 内部可运行体间变量（Inter-Runnable Variable，IRV）。

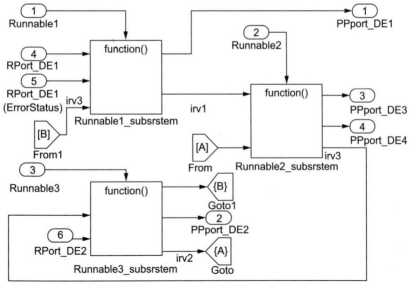

图 4-25 多运行体软件组件

4.5.3 基于 Simulink 的软件组件开发

1. MATLAB/Simulink 与 Embedded Coder 工具简介

（1）MATLAB/Simulink 工具

一般用 MATLAB 解决问题的过程是：用户自定义脚本，在命令行窗口（Command Window）中运行脚本。与一般的编程一样，脚本的运行逻辑是顺序执行，而 Simulink 则提供了另一种思路：图形化编程，它为编程人员提供了一个动态系统建模、仿真和综合分析的集成环境。与 LabVIEW 相似，Simulink 不需要大量编写程序，只需要通过简单、直观的鼠标操作就可以构造出复杂的系统。Simulink 具有适应面广、结构和流程清晰以及仿真精细、贴近实际、效率高、灵活等优点，已被广泛应用于控制理论和数字信号处理的复杂仿真和设计。

（2）Embedded Coder 工具

Embedded Coder 工具可以生成可读、紧凑且快速的 C 和 C++ 代码，以便用于嵌入式处理器、目标系统快速原型板和量产中使用的微处理器。Embedded Coder 工具丰富了 MATLAB Coder 和 Simulink Coder 的配置选项，并对其进行高级优化，从而可对生成代码的函数、文件和数据进行细粒度控制。这些优化可以提高代码执行效率，并有助于和已有代码、数据类型及标定参数进行集成。Embedded Coder 可生成符合 AUTOSAR 和 ASAP2 软件标准的代码与描述文件。此外，它还可以提供可溯源性报告、代码接口文档和自动化软件验证，从而便于用户遵循 D0-178、IEC 61508 和 ISO 26262 等标准进行软件开发。

基于上述工具可以实现基于模型的设计（Model-Based Design，MBD），其具有的优势有图形化设计、早期验证、代码自动生成和文档自动化等。

2. 基于 MATLAB/Simulink 的软件组件开发

（1）AUTOSAR 与 MATLAB/Simulink 元素的对应关系

如前所述，Embedded Coder 可基于 MATLAB/Simulink 模型生成符合 AUTOSAR 规范的代码及描述文件，但在建模过程中需要按照一定的对应关系去设计 AUTOSAR 软件组件的各个组成元素，所以在使用 MATLAB/Simulink 进行基于模型的设计前首先需要厘清 AUTOSAR 与 MATLAB/Simulink 元素的对应关系，常用的一些元素对应关系如表 4-1 所示。

AUTOSAR 与 MATLAB/Simulink 数据类型的对应关系如表 4-2 所示。

表 4-1 AUTOSAR 与 MATLAB/Simulink 元素的对应关系

AUTOSAR 元素	MATLAB/Simulink 元素
原子软件组件	虚拟子系统
可运行实体	原子子系统
RTE 事件可激活的可运行实体	被触发的原子子系统
软件组件的接口	Simulink 端口

表 4-2 AUTOSAR 与 MATLAB/Simulink 数据类型的对应关系

AUTOSAR 数据类型	MATLAB/Simulink 数据类型	AUTOSAR 数据类型	MATLAB/Simulink 数据类型
boolean	boolean	sint8	int32
float32	single	unit8	unit8
float64	double	unit16	unit16
sint8	int8	unit32	unit32
sint8	int16		

AUTOSAR 复合数据类型是数组或记录（Record）类型，它们在 Simulink 中通过宽信号或者总线对象表示。在 Inport 和 Outport 模块参数对话框中，利用信号属性面板配置信号宽度和总线对象。图 4-26 显示了如何指定一个宽信号，它对应于一个 AUTOSAR 复合数组。

图 4-27 显示了如何指定一个总线对象，它对应于 AUTOSAR 复合记录（对应于结构体）类型。

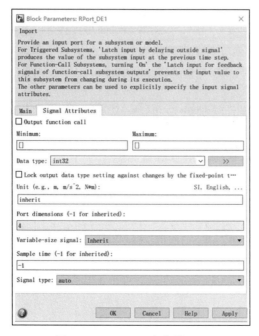

图 4-26 Simulink 宽信号

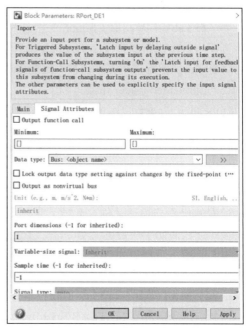

图 4-27 Simulink 总线数据类型

可以利用数据类型辅助（在 Inport 或者 Outport 模块参数对话框的信号属性面板中）指定数据元素和操作原型参数的数据类型。如果用户设定 Mode 是内置类型，则可以指定数据类型，如 boolean、single 或者 int8。如果设定 Mode 是表达式，则可以为数据类型指定一个表达式。

（2）软件组件描述文件的配置生成

虽然通过 MATLAB/Simulink 模型可以直接生成符合 AUTOSAR 规范的代码与软件组件 ARXML 描述文件，但在生成之前需要对软件组件相关的信息进行配置，如端口接口、端口、运行实体等，并且需要和模型中的元素进行映射。所以，开发者应该对 AUTOSAR 软件组件相关基础知识有一定认识，并且明确这些概念与 MATLAB/Simulink 模型中元素的对应关系。下面详细讲解通过 MATLAB/Simulink 模型直接生成符合 AUTOSAR 规范的代码与软件组件 ARXML 描述文件的方法，并对自动生成的文件进行解释说明。

1）求解器及代码生成相关属性配置。

在进行代码配置生成之前，首先要保证当前求解器（Solver）所选取的步长模式是定步长（Fixed-step）的，即 Solver options 选为 Fixed-step 模式，如图 4-28 所示。

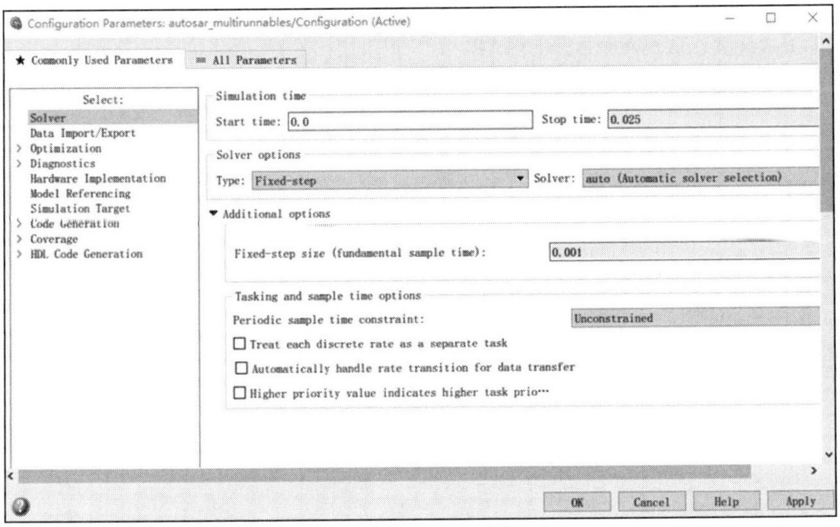

图 4-28 Solve 模式配置

其次，要配置系统目标文件，在 Simulink 主菜单中单击 Code，选择 C/C++ Code 中的 Code Generation Options 选项，在弹出的界面中选择 Solver 配置，把 System target file 更改为 autosar.tlc。其中，tlc 是 target language compiler（目标语言编辑器）的全称，其类似脚本语言，可以控制代码生成的格式。该文件默认存放在如下路径：Matlab 安装目录\toolbox\rtw\targets\AUTOSAR\AUTOSAR\AUTOSAR.tlc。此时，在 Code Generation 根目录下会出现 AUTOSAR Code Generation 的配置选项，如图 4-29 所示。

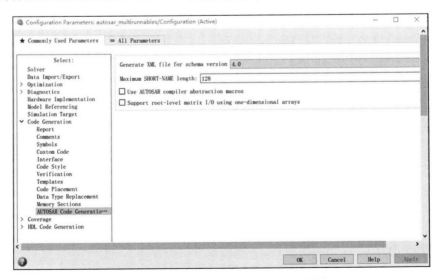

图 4-29 AUTOSAR Code Generation 配置

其中，tlc 是 target language compiler（目标语言编辑器）的全称，其类似于脚本语言，可以控制代码生成的格式。该文件默认存放在 MATLAB 安装目录下：\toolbox\rtw\targets\AUTOSAR\AUTOSAR\AUTOSAR.tlc。此时，在 Code Generation 根目录下会出现 AUTOSAR Code Generation 的配置选项，如图 4-30 所示。

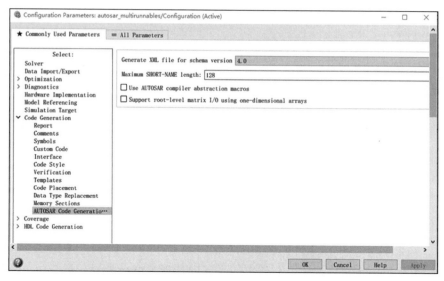

图 4-30　AUTOSAR Code Generation 配置选项

①在 Generate XML file for schema version 选项中，可以选择生成描述文件的 AUTOSAR 版本，本书选择生成 4.0 版本的 ARXML 描述性文件。

② Maxium SHORT-NAME length 属性可以设置命名的最大长度，即之后在配置软件组件相关特性时自定义名字的最大长度。

③ Use AUTOSAR compiler abstraction macros 选项则是开启或者关闭 AUTOSAR 规范中所定义的一些宏，如 FUNC 等。

2）模型配置。

当在 MATLAB/Simulink 中设计完软件组件内部行为，并且完成上述准备工作后，就可以进行模型的配置了，即将模型配置成 AUTOSAR 软件组件。在 Simulink 主菜单中单击 Code，选择 C/C++ Code 中的 Configure Model as AUTOSAR Component 选项，该界面主要包括两大部分：Simulink-AUTOSAR Mapping 与 AUTOSAR Properties。可通过左下角的选择按钮进行切换。其中，Simulink-AUTOSAR Mapping 主要可以将 Simulink 中所建模型的元素与 AUTOSAR 软件组件相关元素进行对应，这里可以参考 MATLAB/Simulink 与 AUTOSAR 基本概念的对应关系部分所介绍的内容。

当切换到 AUTOSAR Properties 配置界面时，可以配置与 AUTOSAR 软件组件相关的元素以及描述文件生成选项，可配置的内容如图 4-31 所示。

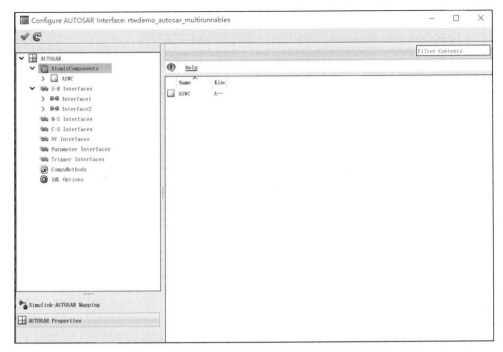

图 4-31　AUTOSAR Code Generation 配置

4.6　AUTOSAR 的前景

4.6.1　AUTOSAR 的优缺点

1. AUTOSAR 的优点

（1）可配置与层次化、模块化

AUTOSAR 将硬件依赖和非硬件依赖的软件进行了封装，同时在模块的层次处理方面也收集了先进厂商的经验，把算法和接口分享出来，让一些相对落后的厂商能直接了解到一个稳定、可靠的模块算法是怎样的、应该具备什么功能，不用经历漫长的摸索和积累（当然这里主要是指基础软件）。而且如果使用工具链进行开发，目前的基础软件已做到通过配置参数实现功能剪裁和算法逻辑，使基础软件开发更快捷、更方便。

（2）有标准化接口

AUTOSAR 定义了一系列的标准 API 来实现软件的分层化。实现 AUTOSAR 软件构件（即使用程序）相互间的通信以及软件构件与基本软件之间的通信的前提是软件构件必须具有标准的 AUTOSAR 接口。当前，AUTOSAR 定义了一些典型的汽车电子使用领域（动力、车身舒适性和底盘）的标准接口。AUTOSAR 按照功能逻辑分别将这些领域的系统划分成若干模块，这些模块可被视为一个软件构件或多个软件构件的组合，这些功能性的软件构件的接口被明确定义,所定义的接口内容包含名称、意义、范围、数据类型、通信类型、单位等。应用软件开发者在进行软件构件的设计与开发时需要使用这些接口定义。例如,现在的厂商已脱离具体项目开发 AUTOSAR 的 MCAL(硬件抽象层)软件,只做一些简单的适配,就可以和其他基础软件无缝对接。这也让一些 OEM 拥有了更多的选择,节省了开发时间。

(3) RTE

RTE 是 AUTOSAR 提出的一个新概念,它做了很好的接口管理,将 App 与基础软件进行隔离,可避免底层的接口直接通过全局变量贯穿到策略层,起到软件解耦的作用。同时,RTE 规定了基础软件和策略软件的通信通道,软件组件可以独立于网络拓扑进行设计与开发。RTE 对任务调度也进行了描述,因此操作系统交互也有了更便捷的接口。其对于标定数据的管理也更加独立和明确。

2. AUTOSAR 的缺点和问题

目前 AUTOSAR 框架还不成熟,尚存在一些需要改进的问题与缺点,主要包括系统资源问题、稳定性问题和安全问题。

(1) 系统资源问题

由于 AUTOSAR 的效率低下(因为 RTE 和 VFB),许多业内人士都认为,除非极大地增加 ECU(芯片)的资源,否则"即插即用"是不可能的。要想极大地增加 ECU(芯片)的资源,需要大幅度地提高 ETU 的能力,同时要保持价格、体积维持不变。在短期内实现上述条件比较困难,由于 ECU 现在使用的硅三极管的密度很高,考虑到长时间在恶劣环境下工作的散热问题,因此三极管密度在短时间内的提高空间并不大。

(2) 系统稳定性问题

实时系统的稳定性受运行效率的影响,而 AUTOSAR 的效率低下(因为 RTE 和 VFB),即使增加 ECU 的资源,也可能不能满足实时要求。

(3) 系统安全问题

AUTOSAR 的功能具有开放性,软件模块具有兼容性,这使得计算机病毒、木马、间谍软件等可能会从即插即用的部件、蓝牙、局域网、因特网等途径侵入,可能对系统的安全、用户的隐私造成威胁,从而导致严重后果。

4.6.2 AUTOSAR 的发展趋势

2009 年 AUTOSAR 4.0 版本的发布标志着 AUTOSAR 标准的成熟,也标志着 AUTOSAR 架构体系已从设计阶段迈入了实际应用阶段。应用阶段主要进行现有功能的维持、优化,以及将先前的成果进行产业化应用,并根据实际需求添加新的功能与特征。其主要包含:

1) 对安全概念(包括功能安全)的精确界定,提升用户、系统安全性;

2) 继续完善对应用层接口的标准化,包括车身、多媒体、驾驶辅助系统等;

3）优化 AUTOSAR 基础模块的工作机制，包括故障诊断管理、任务时序管理、通信管理等。

4.7 本章小结

本章首先介绍了 AUTOSAR 规范的由来及其发展历史，并详细剖析了 AUTOSAR 规范中所蕴含的基本概念。其中，在分析 AUTOSAR 分层架构、AUTOSAR 方法论以及 AUTOSAR 应用接口的同时，对基于 MATLAB/Simulink 进行 AUTOSAR 软件组件开发并生成符合 AUTOSAR 规范的代码及参数配置进行了讲解。通过本章的学习，可以较好地理解 AUTOSAR 规范中的基本概念，这些都是进行符合 AUTOSAR 规范的车用控制器软件开发的基础。

思考题

1. 为什么要用 AUTOSAR？
2. 试简述 AUTOSAR 开发的方法论。
3. 试简述 AUTOSAR 的分层架构。
4. 谈谈 AUTOSAR 系统开发的优缺点。

参考文献

[1] 舒华, 姚国平. 汽车电子控制技术 [M]. 北京：人民交通出版社，2012.
[2] 阴晓峰, 刘武东. 汽车电子系统软件开发新标准 AUTOSAR[J]. 西华大学学报（自然科学版），2010，29（2）：102-106.
[3] 孙升, 宋珂, 章桐. AUTOSAR 标准发展及应用现状 [J]. 机电一体化，2014，（12）.
[4] 刘玺斌, 马建, 宋青松. 基于 AUTOSAR 规范的汽车 ECU 软件开发方法 [J]. 长安大学学报（自然科学版），2013（11）：151-454.
[5] 朱元著. 基于 AUTOSAR 规范的车用电机控制器软件开发 [M]. 上海：同济大学出版社，2017.
[6] 冯江波. 基于 AUTOSAR 标准的增程式燃料电池电动汽车控制软件研究 [D]. 上海：同济大学，2012.
[7] 王林, 曹建华, 王同景. 基于 AUTOSAR 规范的 BMS 软件开发方法 [J]. 上海汽车，2019，（7）.
[8] 余庆, 张晓先, 戴柔逸. AUTOSAR 通信模块的设计与实现 [J]. 计算机工程，2011，37（9）：51-53.
[9] 侯素礼. 国内汽车电子嵌入式软件开发平台标准化之路 [J]. 轻型汽车技术，2010，（C2）.

第 5 章
基于模型的设计

前面介绍了汽车系统的基础知识与 AUTOSAR 体系的基本概念。随着技术的发展，汽车电子系统变得越来越复杂，传统的汽车开发方法很难满足现实需求，并且汽车系统正从关注单个 ECU 向把汽车看成一个统一体系过渡。在这种背景下，基于模型的设计应运而生。

本章将介绍什么是基于模型的设计以及基于模型设计的优势和工具，从设计流程入手，介绍微分方程如何在建模工具中实现，然后分别以离散系统、连续系统等动态系统的建模与仿真进一步展现功能设计（建模）的步骤，最后以电动汽车直流驱动仿真建模与电动转向系统（EPS）仿真建模为例深入探讨基于模型设计的建模方法。

5.1 基于模型的设计方法概述

基于模型的设计指的是一种开发方式，是指在系统的设计过程中，所有信息传递、工作的核心和基础都是模型，所有工程师都利用相同的模型完成自己的开发任务。随着电子技术的不断发展，汽车嵌入式系统以及汽车电子系统变得越来越复杂，时间和空间的跨度相应变大，因此，基于模型的设计思想得到了越来越广泛的应用。基于模型的设计流程使用的是框图化开发环境，系统开发工程师在该环境中构建嵌入式系统的可执行模型。

5.1.1 基于模型的设计方法的产生

1. 传统的开发模式

传统的开发模式是自顶向下、逐步细化的"瀑布式"开发。通常，首先根据项目需求设计系统结构，由硬件工程师设计并制造硬件电路，接着系统工程师设计控制方案，软件工程师以手工编程的方式实现控制逻辑，然后将程序代码固化于硬件电路中，最后对产品进行测试与验证。可以发现，在传统的设计过程中，不同类型的工程师彼此交换自己的设计成果，逐步细化设计任务，直至完成产品，此方法具有快速便捷、易于实现等特点。但随着汽车嵌入式系统以及汽车电子系统变得越来越复杂，汽车嵌入式代码量暴涨，据统计，在 2013 年已达到 2000 万行级别，这使传统的设计开发模式逐渐暴露出许多问题。

首先，在传统的开发模式中，在不同阶段之间传递信息时需要依赖文档，例如，需求分析报告、系统详细设计规范、设计任务书和设计报告等。但不同的工程人员对文字的理解可能会不同，即使文档本身没有错误，也可能会出现由于理解不同而导致的系统错误；其次，设计的嵌入式软件算法需要在专门的硬件生产出来之后才能够进行测试，这导致很难发现错误是在哪个阶段产生的，而且如果开发早期引入的错误到晚期才被发现，修复此类问题的费用会非常高，甚至会发生由于产品的更新换代造成整个计划取消的情况，从根本上无法避免此类问题的产生。另外，由于传统的设计方法采用的是手工编写程序的方式，这使得系统的开发还将必须面对程序缺陷不断严重的现实，且无法避免开发人员出错的可能性，而设计错误修复的每一次拖延都会造成修复费用指数级的增加。

基于上述特点，随着技术的日益进步与汽车电子化的日益明显，系统的开发也向着多部门合作的方向发展，这时就需要一个可靠的开发方法为系统的开发提供一系列的支持，此时基于模型的设计思想被提出，并逐渐取代了传统开发模式。

2. 基于模型的设计方法

基于模型的设计方法是一种以模型为中心的软件设计方法，该方法通过采用特定的建模语言对系统进行建模，抽象出软件系统的关键问题，并描述系统的解决方案，通过采用形式化的工具对系统模型进行验证，以保证系统设计的正确性。模型被用来作为不同部门的开发人员之间进行交流的媒介，提炼出不同阶段的信息，然后将其作为系统决策的基础。模型提供了一个物理系统的抽象，可以让工程师们通过忽略无关的细节而把注意力放到系统的重要部分来思考系统，工程中的所有工作形式都依赖于模型来理解复杂的真实世界的系统。

基于模型的设计方法的重点是系统的建模和模型的验证。通过选用一定的模型设计语言和模型设计工具，准确地建立目标系统的模型，消除其他描述系统方式的模糊性以及由此导致的歧义，是基于模型的设计方法的核心。然而，基于模型的设计方法不仅仅是建立系统的模型，即建模并不是开发的最终目的，其更重要的目标是通过采用相关的工具对模型进行验证、测试，以保证模型的正确性。关于测试方面的知识将在第6章进行具体介绍。

基于模型的设计方法可以应用于软件开发的各个阶段，在软件开发的每一个环节均可以建立该层次的模型，并通过模型的验证以保证该层次设计的正确性。在汽车嵌入式系统和汽车电子系统开发过程中，要合理使用MBD（Model-Based Design，基于模型的设计）开发方法来提高产品质量，增加系统功能，节约开发资源。需要注意的是，引入MBD方法的前提是对其体系有足够的理解，并且要对具体的开发流程和方法做出适当调整。

5.1.2 基于模型的设计方法的优势

在传统的汽车嵌入式系统开发过程中一般采用文档和C语言编程。这种方法在简单系统的开发中是足够的，但由上述分析可知，随着系统复杂性的增加，传统的开发方式显得捉襟见肘，MBD能有效地缓解复杂性带来的开发难度。传统设计的问题体现在以下三个方面：

- 规格必须由不同团队的不同工程师阅读和理解；
- 应用工程师必须重写设计工程师的算法；
- 直到测试阶段才发现问题。

在基于模型的系统设计过程中，执行不同设计任务的工程师在统一的环境下完成开发工作，在他们之间传递的不仅仅是设计文档还包含系统模型，当需要实现具体产品或者进行集成测试时，只要通过自动代码生成就可以迅速地完成代码生成、硬件实时仿真与测试，避免了大量的手写代码工作与人为编码错误，便于不同知识领域人员的沟通。这种方法主要解决了传统设计手段中手写规范文档与测试工作在后期阶段的问题。

基于模型的设计还支持早期验证和持续验证，其中设计阶段和各个阶段的过渡也可以得到持续的验证与测试，整个流程是一个高安全完整性等级的过程。在软件开发的每一个环节，均可以建立该层次的模型，并通过模型的验证以保证该层次设计的正确性，如图 5-1 所示。

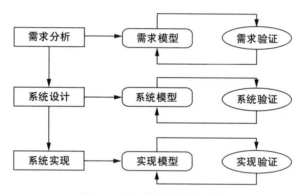

图 5-1　基于模型的软件设计

在系统的需求分析阶段，可以建立系统的需求模型，通过对需求模型的验证，不断优化需求模型的设计，直到模型的设计满足系统要求。在系统设计阶段，可以建立系统的系统模型，根据对系统模型验证的结果，修改完善系统模型的设计。在系统实现阶段，建立系统的实现模型。对系统实现的验证实际上就是对系统的测试。

模型工具选择 MathWorks 公司推出的 Simulink/Stateflow 可视化建模环境，为嵌入式系统的控制逻辑关系提供了一个平台。通过加入可视化图形设计、快速原型化、迭代设计、系统仿真等众多新的元素，Simulink/Stateflow 在传统的顺序开发基础上提出了基于模型的设计和 V 模式开发流程，有关 V 模式的相关知识可参见第 6 章。此外，一些现有的 MBD 开发经验表明，通过新产品、新功能和新解决方案等方式，基于模型的设计可以支持产品的创新设计。正如早期的计算机辅助设计（Computer Aided Design，CAD）应用可以支持开发者的创新设计一样，这种快速验证加快了新产品的设计流程，从而提高了产品创新的速度。基于模型的设计优势如图 5-2 所示。

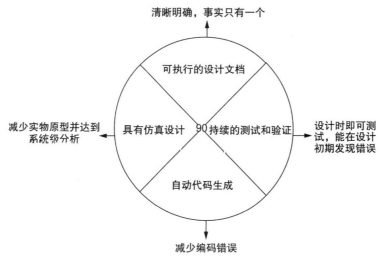

图 5-2 基于模型的设计优势

5.2 基于模型的设计工具

MBD 技术的顺利实施需要相关的工具来支撑,这些工具往往针对 MBD 技术的某一个或多个环节。

在进行基于模型的设计过程中,建模是一个重要环节。因为只有正确的模型才能够成为正确的设计规范,才能得到正确的代码。建模环节需要选择合适的建模工具,目前,在世界范围内,系统的建模仿真大都采用了 MathWorks 公司开发的 Simulink 平台。Simulink 平台提供了丰富的功能模块,可以快捷地创建系统的模型,在模型创建好后即可运行模型以实现离线仿真,通过系统的各种输出来验证系统模型的性能或控制算法的效果,然后根据预期目标来对模型或控制算法进行参数优化。此外,Simulink 设计的系统模型可以通过 Simulink 中的 RTWEC 工具箱为控制器生成代码,进行交叉编译,将其连接并固化到目标处理器上,进行硬件在环仿真。对控制逻辑部分的建模采用了 Stateflow 工具箱,Stateflow 是 Simulink 平台上的图形化设计与开发工具,主要针对控制系统中的复杂控制逻辑进行建模与仿真,利用 Stateflow 可视化的模型和直观的仿真能力,可以清晰、简洁地反映复杂动态逻辑关系,Stateflow 的基础是有限状态机理论,它通过创建状态图、流程图对事件驱动系统进行建模和仿真。下面将对 MBD 相关工具进行简单的介绍。

5.2.1 建模与仿真工具:MATLAB/Simulink

Simulink 是一个面向多域仿真和基于模型设计的模块化、图形化开发环境,它支持系统级设计、仿真、自动代码生成以及嵌入式系统的连续测试和验证。在 MATLAB 体系中,Simulink 用来建模、分析和仿真各种动态系统的交互环境,包括连续系统、离散系统和混合系统。Simulink 还提供了图形编辑器，可自定义地定制模块库以及求解器，通过丰富的功能块，采用鼠标拖放的方法迅速创建动态系统模型。与此同时，Simulink 还是实时代码生成工具 Real-Time Workshop 的支持平台，利用上述工具，可以从概念建模自动得到嵌入式的代码实现，使控制工程师、机械工程师等在很大程度上摆脱在软件实现上对电子工程师的依赖，从而大大简化、加快开发过程。

Simulink 与 MATLAB 相集成，不仅能够在 Simulink 中将 MATLAB 算法融入模型，还能将仿真结果导出至 MATLAB 做进一步分析。Simulink 具有如下特点：丰富的、可扩充的预定义模块库，可用于构建连续时间和离散时间系统模型；交互式的图形编辑器，可用于构建和管理具有层次关系的框图；进行系统交互式或批处理式仿真，配有固定步长和可变步长求解器；通过示波器查看仿真结果；项目和数据管理工具，通过 MATLAB 进行数据分析、管理模型文件，以及创建模型数据和参数；提供模型分析工具和诊断工具，可优化模型架构并提高仿真速度；代码继承工具（Legacy Code Tool），可将 C 和 C++ 代码导入模型。

关于 Simulink 的操作说明可参见第 4 章，此处不再赘述。

5.2.2 有限状态机图形实现工具：Stateflow

Stateflow 是一个基于有限状态机和流程图来构建仿真组合或时序逻辑决策模型并进行仿真的环境。它可以将图形表示和表格表示（包括状态转换图、流程图、状态转换表和真值表）结合在一起，针对系统对事件、基于时间的条件以及外部输入信号的方式进行建模。

Stateflow 可用于设计有关监控、任务调度以及故障管理应用程序的逻辑。Stateflow 包括状态图动画及静态检查和运行时检查，可以在实施前测试设计的一致性和完整性。可以直接将 Stateflow 嵌入到 Simulink 模型中，并且在仿真的初始化阶段，Simulink 会把 Stateflow 绘制的逻辑图形通过编译程序转换成 C 语言，使两者有机地结合在一起，可以在 Simulink Extra 模块库中找到 Stateflow。

Stateflow 的主要特征包括以下几点：复杂逻辑的建模与仿真通过构建环境、图形组件和仿真引擎模型来实现；具有层次结构、并行系统、时间算子和事件的确定性执行语义；通过状态图、状态转移表和状态转移矩阵表达有限状态机；通过流程图、MATLAB 函数和真值表来表达算法；通过状态图动画、状态活动记录、数据记录和集成调试来分析、设计和检测运行时错误；能在周期问题的静态或者运行时检查状态是否一致、数据范围是否冲突或者溢出等；具有 Mearly 和 Moore 有限状态机。

Stateflow 的仿真原理是有限状态机（Finite State Machine，FSM）理论，有限状态机是指系统含有可数的状态，在相应的状态事件发生时，系统会从当前状态转移到与之对应的状态。在有限状态机中实现状态的转移是有一定条件的，同时相互转换的状态都会有状态转移事件，这样就构成了状态转移图。在 Simulink 的仿真窗口中，允许用户建立有限个状态以及状态转移的条件与事件，从而绘制出有限状态机系统，这样就可以实现对系统的仿真。Stateflow 的仿真框图一般都会被嵌入到 Simulink 仿真模型中，同时实现状态转移的条件或事件既可以取自 Stateflow 仿真框图，也可以来自 Simulink 仿真模型。有关具体实例可参见第 6 章的内容。

5.3 基于模型的设计方法的研究

MBD 方法就是根据目标需求建立可执行模型，模型的好坏会影响后续的一系列操作。本节将通过分析各类动态系统的特点，以实例的形式详细介绍在 Simulink 中建模的方法。

5.3.1 基于模型的设计流程

在需求分析阶段，要根据产品的需求完成一系列工作，即工作结果需要满足某种特性要求，为了满足这些需求分别需要完成哪些工作，并弄清工作的步骤以及不同工作阶段的产出与验收手段等。

在分析客户需求后，就可以开始在 Simulink 环境下建立模型了。模型的建立框架主要分为三大部分：信号输入部分、逻辑控制部分和信号输出部分。建立模型之后，需要对模型进行仿真、验证，通过仿真测试后，使用 RTWEC 进行代码自动生成，然后将手写的底层驱动代码与自动生成的代码进行整合，最后将整合好的代码固化于微控制器中。基于模型的设计流程如图 5-3 所示。

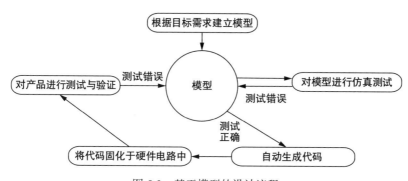

图 5-3 基于模型的设计流程

5.3.2 微分方程的 Simulink 建模

本节将通过一个实例详细介绍在 Simulink 中建模与仿真的操作流程，并通过实践使读者获得对 Simulink 的感性认识。一个简单的 RLC 振荡电路的电路图如图 5-4 所示。

假设此电路的初始条件为 $i_L(0^-) = 0$、$v_c(0^-) = 0.5\text{V}$、$v_s(t) = u_0(t)$，计算 $v_c(t)$。

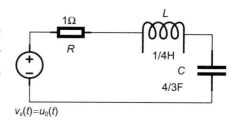

图 5-4 RLC 振荡电路

从数学的角度来看，首先根据基尔霍夫电压定律写出电压方程：

$$Ri_L + L\frac{di_L}{dt} + v_c = u_0(t) \qquad (5.1)$$

然后根据电流的连续性得出电流的方程式：

$$i = i_L = i_C = c\frac{dv_c}{dt} \qquad (5.2)$$

消去电流变量后得到二阶常系数微分方程：

$$RC\frac{dv_c}{dt} + LC\frac{d^2v_c}{dt^2} + v_c = u_0(t) \qquad (5.3)$$

将参数值带入，得到最终的方程式为：

$$\frac{d^2v_c}{dt^2} + 4\frac{dv_c}{dt} + 3v_c = 3, (t>0) \qquad (5.4)$$

至此，已将实际的电路模型抽象成具体的数学模型，接下来的问题就转换成了数学问题。线性常系数二阶微分方程包含通解与特解，由于此电路是二阶振荡电路，因此从物理意义上来看，通解与特解对应着该电路的自由振荡项和受迫振荡项，通过求解得到：

$$v_c(t) = (-0.75e^{-t} + 0.25e^{-3t} + 1)u_0(t) \qquad (5.5)$$

还可以采用状态空间法求解电路，本节不做特殊讲解。如果微分方程求解有困难，还可采用拉氏变换法，得到对应的传递函数：

$$v_c(s) = \frac{0.5s^2 + 2s + 3}{s(s+1)(s+3)} = \frac{1}{s} + \frac{-0.75}{(s+1)} + \frac{0.25}{(s+3)} \qquad (5.6)$$

由此可以看出，求解微分方程对数学计算要求很高，当解决现实中的工程问题时，涉及的方程及数学模型会更加复杂，导致求解愈加庞杂的方程变得越来越困难，甚至出现不可解的情况，这正是 Simulink 建模与仿真的意义所在。接下来将演示如何在 Simulink 中解决此问题。

首先，建立实际问题的数学模型，对一般的动态系统来说，建立的数学模型通常都是微分方程或者微分方程组的形式，得到正确的数学模型后就可以利用 Simulink 建立相应的方框图，并进行求解与仿真了。在上述分析中已经得到电路的数学模型，进行移项即可得到：

$$\frac{d^2v_c}{dt^2} = 3 - 4\frac{dv_c}{dt} - 3v_c \qquad (5.7)$$

其次，将变形后的方程用方框图表示（类似于控制系统中传递函数的方框图，区别在于方框图中的元素），通常是闭环形式，如图 5-5 所示。

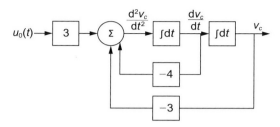

图 5-5 微分方程的方框图表示

得到方框图以后,就可以仿照方框图的形式在 Simulink 中通过拖放模块的方式建模了。模块选择信号源 Sources 库中的阶跃信号模块(Step)、增益模块(Gain)、加法器模块(Sum)、积分器模块(Integrator)和 Sinks 库中的示波器模块(Scope)。参数设置如下。

- Sum 模块:类型设置为 rectangular,加号个数设置为 3 个。
- Gain 模块:参数设置为 3,Gain1 模块为 −4,Gain2 模块为 −3。
- 电路的初始条件为 $v_c(0^-) = 0.5\text{V}$、$i_L(0^-) = 0$,设置如图 5-6 和图 5-7 所示。
- 模块的方向可以用快捷键 Ctrl+R 或其他方式更改,读者可以自行尝试,此处不做介绍。

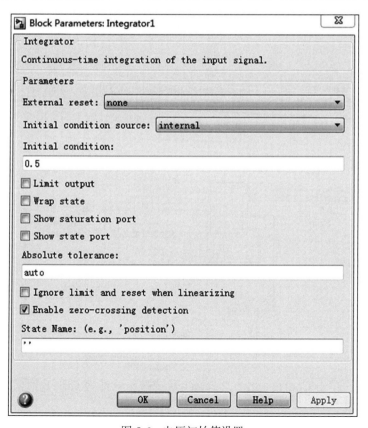

图 5-6 电压初始值设置

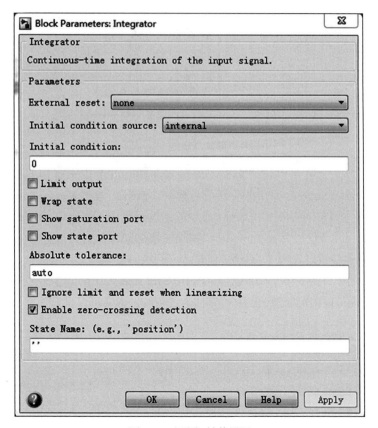

图 5-7　电流初始值设置

振荡电路的 Simulink 模型如图 5-8 所示。

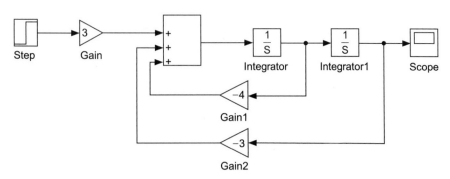

图 5-8　RLC 振荡电路的 Simulink 模型

保存模型后，单击 Configuration Parameters 或按下快捷键 Ctrl+E 配置仿真参数，参数设置如图 5-9 所示。

仿真后的波形如图 5-10 所示。

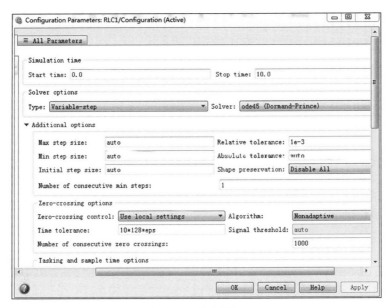

图 5-9　仿真参数设置

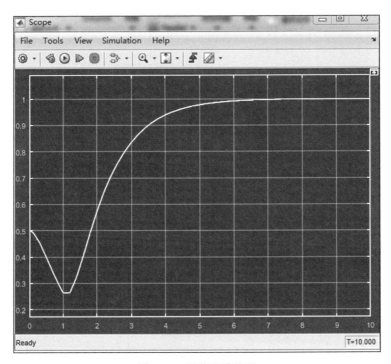

图 5-10　振荡电路波形

读者可以按照数学计算后的方程进行描点并与仿真图像进行比较。不难发现，很多微分方程可以由 Simulink 用图示的方法完成，这种思想可以应用于更复杂系统的建模。

5.3.3 简单系统的建模与仿真

由 5.3.2 节的内容可知如何实现微分方程在 Simulink 中建模，接下来将以具体的例子描述动态系统在 Simulink 中的建模与仿真。

不同的系统具有的输入与输出数量不尽相同。一般来说，输入、输出数目越多，系统越复杂。最简单的系统一般只有一个输入与一个输出，而且任意时刻的输出只与当前时刻的输入有关。下面介绍简单系统的基本概念以及简单系统的建模与仿真。

满足以下 3 个条件的系统称为简单系统：系统某一时刻的输出直接且唯一依赖于该时刻的输入量；系统对同样的输入，其输出响应不随时间的变化而变化；系统中不存在输入的状态量，所谓的状态量是指系统输入的微分项（输入的导数项）。

假设模型的数学表达式如下所示：

$$y = \begin{cases} 3u(t), & t > 10 \\ 5u(t), & t \leq 10 \end{cases} \quad (5.8)$$

其中，$u(t)$ 为系统输入，假设 $u(t) = \sin(t)$，$y(t)$ 为系统输出。

模块选择 Sources 模块库中的 Sine Wave 模块、Math 模块库中的 Relational Operator 模块（实现系统中的时间逻辑关系）、Sources 模块库中的 Clock 模块（表示系统运行时间）、Nonlinear 模块库中的 Switch 模块（实现系统的输出选择）和 Gain 模块。参数设置如下。

❏ Gain 模块的参数设置为 3 和 5；
❏ Relational Operator 模块的参数设置为 ">"；
❏ Clock 模块采用默认参数设置；
❏ 设定 Switch 模块的 Threshold（阈值）为 0.5。

在对系统模型中各个模块进行正确且合适的参数设置之后，需要对系统仿真参数进行必要的设置以开始仿真。将系统的仿真时间设置为 50s。简单系统的系统模型如图 5-11 所示。

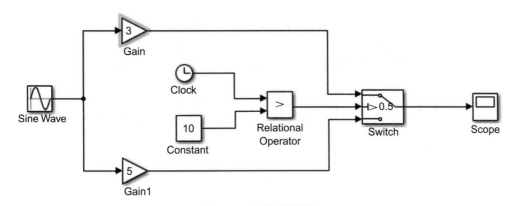

图 5-11　简单系统模型

仿真结果如图 5-12 所示。

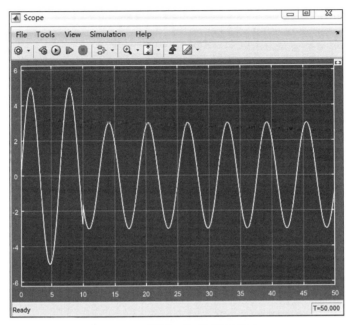

图 5-12　系统仿真结果输出曲线

特别情况说明：当系统仿真结束后，双击系统模型中的 Scope 模块，会出现系统仿真输出曲线不平滑的情况，由系统的数学描述分析可知，系统输出应该为光滑曲线。造成这一情况的原因是没有设置合理的仿真步长。对于简单系统来说，由于系统中并不存在状态变量，因此每一次计算都应该是准确的（不考虑数据截断误差），并且不管采用何种求解器，如果仿真时间区间较长且最大步长默认取值 auto（最大步长 =（终止时间 − 起始时间）/50），都会导致系统在仿真时使用大的步长，所以为了得到平滑曲线，要将最大步长设置为 0.1，这样精度更高。

5.3.4　离散系统的建模与仿真

离散系统即离散时间系统，是将离散时间输入信号变换为离散时间输出信号的系统，即系统的输入和输出仅在离散的时间上取值，而且离散的时间具有相同的时间间隔，与连续的概念相反。

满足以下条件的系统称为离散系统：系统的输入与输出相隔固定的时间（系统的"采样"时间）改变一次；系统的输出依赖于系统当前的输入和以往的输入与输出；离散系统具有离散的状态（系统前一时刻的输出量）。

Z 变换（Z-transformation）是对离散信号进行分析的一个强有力的工具。Z 变换可将时域信号（即离散时间序列）变换为在复频域的表达式，以简化求解过程。离散信号系统的系统函数（或称为传递函数）一般均以该系统对单位抽样信号的响应的 Z 变换表示，其作用类似于连续系统中的拉氏变换,它具有线性、时移性、微分性、序列卷积特性和复卷积定理等特性,是处理离散时间信号的重要途径。典型的双边 Z 变换公式如下所示:

$$X(Z) = Z\{x[n]\} = \sum_{n=-\infty}^{+\infty} x[n]Z^{-n} \tag{5.9}$$

其中 $Z = l^{\sigma+j\omega} = l^{\sigma}(\cos\omega + j\sin\omega)$,$\sigma$ 为实变数,ω 为实变量,所以 Z 是一个幅度为 l^{σ}、相位为 ω 的复变量。

由式(5-9)可以看出 Z 变换同时满足齐次性与叠加性。假设系统输入变量为 $u(nT_s)$,$n=0, 1\cdots$。其中,T_s 为系统的采样时间,它是一个固定值,所以输入变量可以简记为 $u(n)$,n 为采样时刻。假设系统的输出变量为 $y(nT_s)$,简记为 $y(n)$。则离散系统的数学描述应为:

$$y(n) = f(u(n), u(n-1), \cdots, y(n-1), y(n-2)) \tag{5.10}$$

离散系统除了采用一般的数学方式描述之外,还可以采用差分方程进行描述。使用差分方程描述的形式如下,其中第一个为状态方程,第二个为输出方程:

$$x(n+1) = f_d(x(n), u(n), n) \tag{5.11}$$

$$y(n) = g(x(n), u(n), n) \tag{5.12}$$

在实际的系统中,必须指定系统的采样时间,只有这样才能获得离散系统真正的动态性能。下面以低通滤波器系统为例来介绍离散系统的建模与仿真。低通滤波器是允许低于截止频率的信号通过,但不允许高于截止频率的信号通过的电子滤波装置。低通滤波器可以过滤掉信号中的高频部分,以获取信号中有价值的低频信号。假设低通数字滤波器的差分方程如下所示:

$$y(n) - 1.6y(n-1) + 0.7y(n-2) = 0.04u(n) + 0.08u(n-1) + 0.04u(n) \tag{5.13}$$

其中,$u(n)$ 为滤波器输入,$y(n)$ 为滤波器输出,对滤波器的差分方程进行 Z 变换得到:

$$\frac{Y(Z)}{U(Z)} = \frac{0.04 + 0.08z^{-1} + 0.04z^{-2}}{1 - 1.6z^{-1} + 0.7z^{-2}} \tag{5.14}$$

接下来根据系统的数学描述建模,这里使用简单的通信系统说明低通数字滤波器的功能。在此系统中,发送方首先使用高频正弦波对低频锯齿波进行幅度调制,然后在无损信道中传递此幅度调制信号;接收方在接收到幅度调制信号后,首先对其进行解调,然后使用低通数字滤波器对解调后的信号进行滤波以获得低频锯齿波信号。

模块选择 Sources 模块库中的 Sine Wave 模块(产生高频载波信号 Carrier 与解调信号 Carrier1)和 Signal Generator 模块(产生低频锯齿波信号 sawtooth)、Discrete 模块库中的 Discrete Filter 模块(数字滤波器)、Math Operations 模块库中的 Product 模块(完成低频信号的调制与解调)。参数设置如下:

❑ Sine Wave 模块:频率(Frequency)设为 1000rad/sec,其余为默认值。
❑ Sine Wave1 模块:频率(Frequency)设为 1000rad/sec,采样时间(Sample time)设

置为 0.005s，其余为默认值。
- Signal Generator 模块：Wave form 设置为 sawtooth，其余为默认值1。
- Discrete Filter 模块：分子多项式（Numerator）设置为 [0.04 0.08 0.04]、分母多项式（Denominator）设置为 [1 − 1.6 0.7]、采样时间（Sample time）为 0.005s，如图 5-13 所示。
- Product 模块与 Product1 模块：设置为默认值。

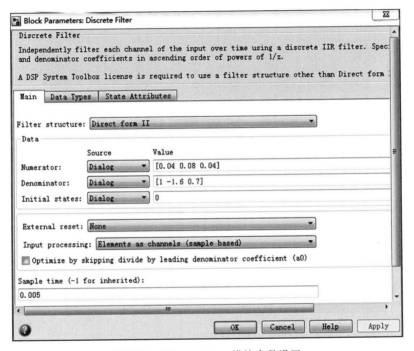

图 5-13　Discrete Filter 模块参数设置

系统仿真时间设置为 50s，求解器设为 ode45，最大步长设置为 0.005s。另外要注意，数字滤波器的采样时间一般应与解调信号的采样时间保持一致。数字滤波器系统模型如图 5-14 所示。

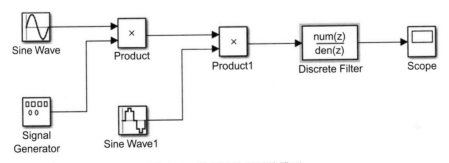

图 5-14　数字滤波器系统模型

仿真效果如图 5-15 所示。

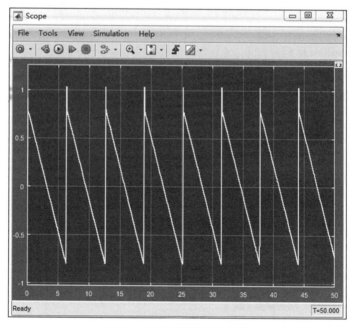

图 5-15　滤波器的输出信号

原始锯齿波信号如图 5-16 所示。

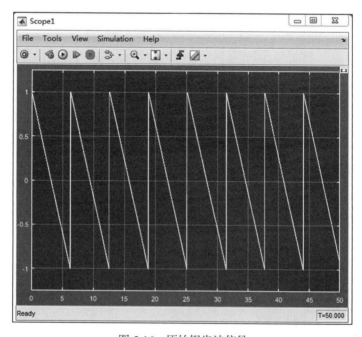

图 5-16　原始锯齿波信号

从仿真结果可以看出，滤波器的输出信号和原始锯齿波信号并不完全一致。

5.3.5 连续系统的建模与仿真

连续系统是系统状态随时间做平滑连续变化的动态系统，包括由于数据采集是在离散时间点上进行而导致的非连续变化，从数学建模的角度来看，可以分为连续时间模型、离散时间模型、混合时间模型。与离散系统不同，连续系统是指系统状态的改变在时间上是连续的，而非仅在离散的时刻采样取值。

满足以下条件的系统称为连续系统：系统输出连续变化且变化的间隔为无穷小量；从系统的数学描述上来说，存在系统输入或输出的微分项（导数项）；系统具有连续的状态，在离散系统中，系统的状态为时间的离散函数，而连续系统的状态为时间连续量。

拉普拉斯变换（Laplace Transform）是一种常用的积分变换，又称为拉氏变换，它可将一个有参数 $t(t \geqslant 0)$ 的函数转换为一个参数为复数 s 的函数，拉普拉斯推广了傅里叶理论，克服了傅里叶变换存在的条件比较苛刻这一缺点，发展出拉普拉斯变换这一更为普遍的表达形式，使其在连续信号与系统的分析中能够带来极大便利。对于连续信号 $u(t)$，其拉普拉斯变换定义如下：

$$U(s) = \int_{-\infty}^{\infty} u(t) l^{-st} dt \tag{5.15}$$

一般而言，系统的输入时间 $t \geqslant 0$，所以方程还可表示为如下的形式，由下式可以看出拉普拉斯变换同时满足齐次性与叠加性。

$$U(s) = \int_{0}^{\infty} u(t) l^{-st} dt = L(u(t)) \tag{5.16}$$

设连续系统的输入变量为 $u(t)$，其中 t 为连续取值的时间变量，设系统的输出为 $y(t)$，由连续系统的基本概念可以得出连续系统的最一般的数学描述为：

$$y(t) = f_c(u(t), t) \tag{5.17}$$

系统的实质为输入变量到输出变量的变换，注意这里系统的输入变量与输出变量既可以是标量（单输入、单输出系统），也可以是向量（多输入、多输出系统），而且在系统的数学描述中含有系统输入或输出的导数。除这种最一般的数学方程描述连续系统外，还可以使用连续系统的微分方程形式对连续系统进行描述，微分方程与输出方程如下：

$$\frac{\partial x}{\partial t} = f_c(x(t), u(t), t) \tag{5.18}$$

$$y(t) = g(x(t), u(t), t) \tag{5.19}$$

由连续系统的微分方程描述可以容易地推导出连续系统的状态空间模型，这与使用差分方程对离散系统进行描述相类似，在此处不做展开说明。下面以比例-微分控制器系统模型的建立为例来介绍连续系统的建模与仿真，典型的连续模型还有蹦极模型，读者可以自行练习。

比例微分控制常以 PD 表示，其控制规律是：当被控变量发生偏差时，调节器的输出信号增量与偏差大小及偏差对时间的微分（偏差信号变换速度）成正比。理想微分控制器的数学表达式为：

$$u(t) = T_D \frac{\partial e}{\partial t} \tag{5.20}$$

其中，T_D 表示微分时间常数，$\frac{\partial e}{\partial t}$ 表示偏差信号变换速度。

这种控制器的优点是系统中只要出现变化趋势，哪怕偏差很小，都能马上进行控制，但是它的输出不能反映偏差的大小，比如偏差固定，那么即使数值很大，微分作用也没有输出，因而控制效果不能消除余差，所以这种控制器不能单独使用而是与比例或比例积分组合构成比例微分（PD）或比例积分微分（PID）控制器。本节建立的模型就是比例－微分控制器系统，它的数学描述为：

$$u(t) = k_p (e(t) + T_D \frac{\partial e}{\partial t}) \tag{5.21}$$

微分作用按偏差的变化速度进行控制，其作用比比例作用快，因而对于惯性大的对象，用比例微分控制规律可以改善控制质量，减小最大偏差，节省控制时间。由式（5-20）可以看出微分作用的强弱由 T_D 决定，T_D 越大，微分作用越强，T_D 越小，微分作用越弱。现假设一个执行机构的传递函数为：

$$\frac{1}{(s-1.1)(s+1.1)} \tag{5.22}$$

模块选择 Sources 中的 Step 模块、Math Operations 库中的 Gain 模块与 Sum 模块、Continuous 库中的 Derivative 模块（输入为 $e(t)$，输出为 de/dt）与 Zero-Pole 模块、Sinks 库中的 Scope 模块。参数设置如下。

- Step 模块：使用系统的默认值，即单位阶跃信号。
- Gain 模块：控制器比例项系数设置为 15。
- Gain1 模块：控制器微分项系数设置为 2。
- 第一个 Sum 模块：设置为 +、- 分布。
- 其余模块使用系统的默认取值。
- Zero-Pole 模块：设置零点（Zeros）为 []，设置极点（Poles）为 [1.1 -1.1]，设置增益（Gain）为 [1]，如图 5-17 所示。

系统仿真时间设置为 20s，使用变步长连续求解器（variable-step），仿真算法为 ode45，最大仿真步长（Max step size）设置为 0.01，绝对误差（Absolute tolerance）设置为 1e-6，其余仿真参数使用默认取值。比例－微分控制系统模型如图 5-18 所示。

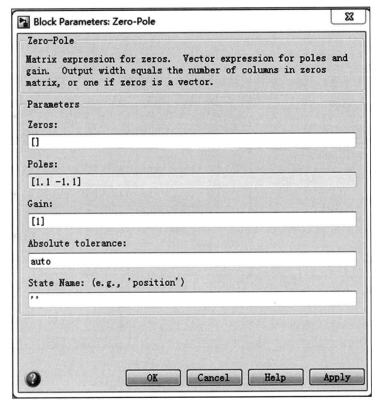

图 5-17　Zero-Pole 模块参数设置

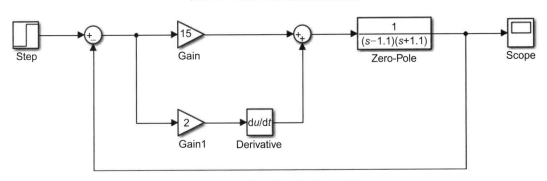

图 5-18　比例 – 微分控制系统模型

仿真结果如图 5-19 所示。

通过系统的仿真结果可以明显地看出，在阶跃信号的作用下，系统不断对位置误差进行控制修正，最终使系统达到稳定的状态。为改善此系统的性能（如降低系统的超调量、缩短系统的过渡时间等），读者可以对比例 – 微分控制器进行调整（改变 Gain、Gain1 模块的增益）以获得更好的性能。

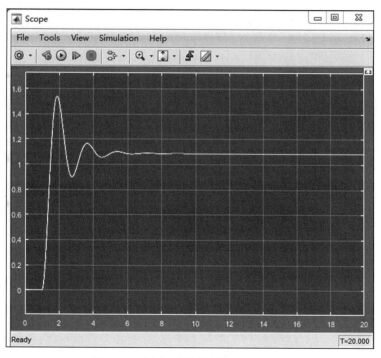

图 5-19 比例–微分控制系统仿真结果

5.3.6 线性系统的建模与仿真

线性系统是一个数学模型,是指用线性运算子组成的系统,它同时满足叠加性与齐次性(又称均匀性)。假设系统对输入信号 $u_1(t)$ 的响应为 $y_1(t)$,对输入信号 $u_2(t)$ 的响应为 $y_2(t)$,若对任意的常数 a 和 b,系统对输入信号 $au_1(t)+bu_2(t)$ 的响应,可以表示成 $ay_1(t)+by_2(t)$,则称该系统是线性的。一个由线性元部件组成的系统必定是线性系统。不满足叠加性和齐次性的系统即为非线性系统。

满足以下条件的系统称为线性系统。

1)叠加性:由 n 个输入 $x_i(t)(i=1, 2, \cdots, n)$ 共同产生的输出 $y(t)$ 等于各个输入 $x_i(t)$ 单独产生的输出 $y_i(t)$ 之和,表示为:

$$y(t) = \sum_{i=1}^{n} y_i(t) \qquad (5.23)$$

2)齐次性:指当输入信号增大若干倍时,输出也相应增大同样的倍数。

线性系统的数学描述为:

$$\frac{d^n y(t)}{dt^n} + a_{n-1}\frac{d^{n-1} y(t)}{dt^{n-1}} + \cdots a_0 y(t) = b_m \frac{d^m u(t)}{dt^m} + \cdots b_0 u(t) \qquad (5.24)$$

线性系统模型变量之间的关系是线性的。线性系统模型包括离散时间线性系统模型(时间变量是离散的系统模型)、连续时间线性系统模型(时间变量是连续的系统模型)和混合线性系统模型。线性离散系统在离散系统中占据着重要地位,其叠加性与齐次性表现为:

$$T\{\alpha u(n)\} = \alpha T\{u(n)\} \tag{5.25}$$

$$T\{u_1(n)+u_2(n)\}=T\{u_1(n)\}+T\{u_2(n)\} \tag{5.26}$$

则称此离散系统为线性离散系统。除了使用一般的方式描述线性离散系统之外,针对线性离散系统本身的特点,还经常使用 Z 变换来描述线性离散系统:

$$Z\{\alpha u_1(n)+\beta u_2(n)\} = \alpha Z\{u_1(n)\}+\beta Z\{u_2(n)\} \tag{5.27}$$

线性离散系统的 Simulink 描述有如下四种形式。

1)线性离散系统的滤波器模型:在 Simulink 中,滤波器表示为 num = $[n_0, n_1, n_2]$、den= $[d_0, d_1]$,形如:

$$\frac{Y(z)}{U(z)} = \frac{n_0 + n_1 z^{-1} + n_2 z^{-2}}{d_0 + d_1 z^{-1}} \tag{5.28}$$

2)线性离散系统的传递函数模型:在 Simulink 中,系统的传递函数表示为 num = $[n_0, n_1, n_2]$、den = $[d_0, d_1]$,形如:

$$\frac{Y(z)}{U(z)} = \frac{n_0 z^2 + n_1 z + n_2}{d_0 z^2 + d_1 z} \tag{5.29}$$

3)线性离散系统的零极点模型:在 Simulink 中,系统零极点表示为 gain = k、zeros = $[z_1, z_2]$、poles = $[0, p_1]$,形如:

$$\frac{Y(z)}{U(z)} = k\frac{(z-z_1)(z-z_2)}{z(z-p_1)} \tag{5.30}$$

4)线性离散系统的状态空间模型:在 Simulink 中,设系统差分方程为如下形式:

$$x(n+1) = \boldsymbol{F}x(n) + \boldsymbol{G}u(n) \tag{5.31}$$

$$y(n) = \boldsymbol{C}x(n) + \boldsymbol{D}u(n) \tag{5.32}$$

其中 $x(n)$、$u(n)$、$y(n)$ 分别为线性离散系统的状态变量、输入向量、输出向量。$\boldsymbol{F}$、$\boldsymbol{G}$、$\boldsymbol{C}$、$\boldsymbol{D}$ 分别为变换矩阵。在 Simulink 中,其表示很简单,只需要输入相应的变换矩阵 $\boldsymbol{F}$、$\boldsymbol{G}$、$\boldsymbol{C}$、$\boldsymbol{D}$ 即可。有关线性离散系统的仿真技术可参考低通数字滤波器(见 5.3.4 节)的内容。

线性连续系统的叠加性与齐次性表现为:

$$T\{\alpha u(t)\} = \alpha T\{u(t)\} \tag{5.33}$$

$$T\{u_1(t)+u_2(t)\} = T\{u_1(t)\}+T\{u_2(t)\} \tag{5.34}$$

则称此连续系统为线性连续系统。除了使用一般的输入、输出方式描述线性连续系统之外,还可用微分方程、传递函数、零极点模型与状态空间模型对其进行描述。与线性离散系统相类似，线性连续系统的传递函数模型与零极点模型采用连续信号的拉氏变换来实现。

线性连续系统的 Simulink 描述有如下三种形式：

1）线性连续系统的传递函数模型描述：在 Simulink 中，传递函数表示为 num = $[n_0, n_1]$、den = $[d_0, d_1, d_2]$，形如：

$$\frac{Y(s)}{U(s)} = \frac{n_0 s + n_1}{d_0 s^2 + d_1 s + d_2} \quad (5.35)$$

2）线性连续系统的零极点模型描述：在 Simulink 中，零极点模型表示为 gain = k、zeros = z_1、poles = $[p_1, p_2]$，其中 gain 表示系统增益，zeros 表示系统零点，poles 表示系统极点，形如：

$$\frac{Y(s)}{U(s)} = k \frac{s - z_1}{(s - p_1)(s - p_2)} \quad (5.36)$$

3）线性连续系统的状态空间模型描述：如果系统的状态空间表示为：

$$x(t) = Ax(t) + Bu(t) \quad (5.37)$$
$$y(t) = Cx(t) + Du(t) \quad (5.38)$$

其中 $x(t)$ 为线性连续系统的状态变量，$u(t)$、$y(t)$ 分别为系统的输入与输出变量，可以是标量，也可以是向量，然后在 Simulink 中直接输入变换矩阵 **A**、**B**、**C**、**D** 即可。

线性连续系统仿真模型的建立可以参考比例 – 微分控制器系统（见 5.3.5 节）的内容。本节将以一个直流电机系统为例介绍线性系统的建模与仿真，它的功能方框图如图 5-20 所示。

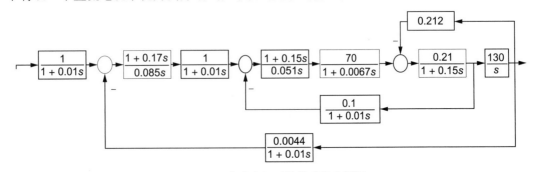

图 5-20　直流电机系统的功能方框图

在此系统中输入端采用两个信号的叠加形式，其中一个是实际输入的阶跃信号，另一个是系统的输入端子。模块用到了 Sources 库中的 Step 和 In1 模块、Continuous 库中的 Transfer Fcn 模块、Math Operations 库中的 Gain 模块和 Sum 模块、Sinks 库中的 Scope 和 Out1 模块。参数设置如下。

❑ **Step 模块**：设置阶跃输入模块的跳跃时间为 0，一般默认为 1，但在控制系统的研究中习惯将其定义为 0。

- Transfer Fcn 模块：按照方框图参数设置分子与分母，以 Transfer Fcn1 为例，其参数设置如图 5-21 所示。
- Gain 模块：增益系数设置为 0.212，并改变输入、输出方向。
- Sum 模块：按照系统的功能方框图更改符号的分布与方向。
- 其余模块使用系统的默认取值。

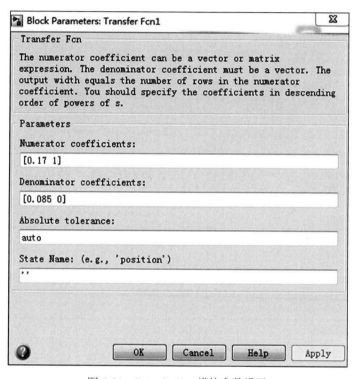

图 5-21 Transfer Fcn 模块参数设置

系统仿真时间设置为 1，使用变步长连续求解器（variable-step），其余仿真参数使用默认取值。直流电机的系统模型如图 5-22 所示。

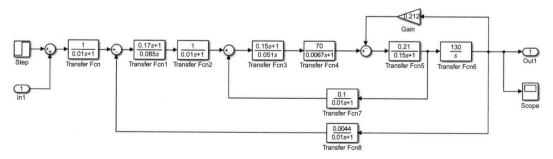

图 5-22 直流电机的系统模型

仿真阶跃响应如图 5-23 所示。

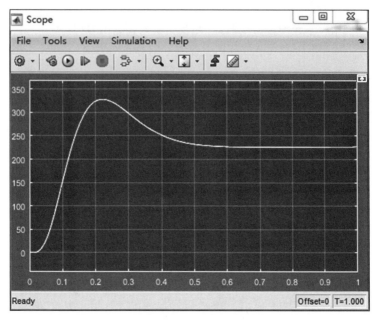

图 5-23　仿真阶跃响应

为了得到较满意的效果,可以调整外环的 PI 控制器参数 $(\alpha s+1)/0.085s$,假设选择 $\alpha=0.3$、$\alpha=0.5$,其仿真结果分别如图 5-24、图 5-25 所示。

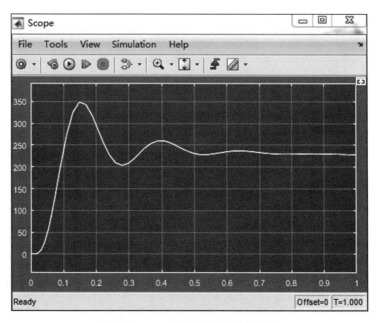

图 5-24　$\alpha=0.3$ 时的仿真阶跃响应

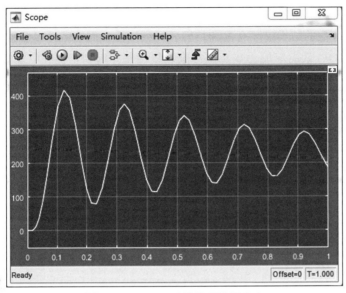

图 5-25　$\alpha = 0.5$ 时的仿真阶跃响应

从阶跃仿真的结果来看，PI 控制器为 $(0.17s+1)/0.085s$ 时能得到满意的效果。读者还可更改其他数值进行进一步比较。

5.3.7　非线性系统的建模与仿真

一个系统，如果其输出与其输入不成正比，则它是非线性的。从数学上看，非线性系统的特征是叠加原理（具体说明见 5.3.6 节的内容）不再成立且不能用线性方程描述。叠加原理可以通过两种方式失效：其一，方程本身是非线性方程；其二，方程本身是线性的，但边界是未知的或运动的。实际的动态系统多数都是非线性系统，存在大量的非线性因素，线性系统只是在特定条件下的近似描述。

一个单输入、单输出非线性系统的数学描述为：

$$f\left(t, \frac{d^n y}{dt^n}, \cdots, \frac{dy}{dt}, y\right) = g\left(t, \frac{d^m u}{dt^m}, \cdots, \frac{du}{dt}, u\right) \qquad (5.39)$$

其中 $f()$、$g()$ 为非线性函数。

非线性系统的特点如下。

1）不适用叠加原理（与线性系统的本质区别），没有一种通用的方法来处理各种非线性问题。

2）对稳定性等性能的分析复杂而困难：非线性系统的稳定性不仅取决于控制系统的固定结构和参数，而且与系统的初始条件以及输入信号的类型和幅值有关。

3）可能存在自持振荡（极限环）现象：指没有外界周期变化信号作用时，系统内部产生的具有固定振幅和频率的稳定周期运动。

4）频率响应发生畸变：在正弦输入下，线性系统的稳态输出是同频率的正弦信号；而非线性系统的输出则是周期和输入相同、含有高次谐波的非正弦信号。

典型非线性特性的数学描述有饱和特性、死区特性、间隙特性以及继电特性等，这四类特性是最常见的、最简单的，并且通常难以线性化。饱和特性在电子放大器中很常见，饱和装置输入特性的数学描述如下：

$$x(t) = \begin{cases} ke(t) & |e(t)| < e_0 \\ ke_0 \text{signe}(t) & |e(t)| \geq e_0 \end{cases} \quad (5.40)$$

死区特性又被称为不灵敏区，其与间隙特性的数学描述为：

$$x(t) = \begin{cases} 0 & |e(t)| \leq e_0 \\ k[e(t) - e_0 \text{signe}(t)] & |e(t)| \geq e_0 \end{cases}$$

$$x(t) = \begin{cases} k[e(t) - e_0] & \dot{x}(t) > 0 \\ k[e(t) + e_0] & \dot{x}(t) < 0 \\ b\text{signe}(t) & \dot{x}(t) = 0 \end{cases} \quad (5.41)$$

继电特性则具有四种形态，分别为理想继电特性、具死区的继电特性、具磁滞回环的继电特性以及具磁滞回环和死区的继电特性，以理想继电特性的数学描述为例，不对其他数学描述进行具体说明：

$$x(t) = \begin{cases} M & e > 0 \\ -M & e < 0 \end{cases} \quad (5.42)$$

本节以一个含有磁滞回环非线性环节的控制系统为例介绍非线性系统的建模与仿真，其控制系统框图如图 5-26 所示。

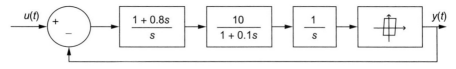

图 5-26 含有非线性环节的控制系统框图

可以看出，系统中除线性环节之外，还有一个磁滞回环非线性环节（特性见间隙特性）。模块用到了 Sources 库中的 Step 模块、Math Operations 库中的 Sum 模块、Continuous 库中的 Integrator（积分器）模块与 Transfer Fcn 模块、Dincontinuities 库中的 Backlash 模块（齿隙模块）以及 Sinks 库中的 Scope 模块。参数设置如下。

❑ Step 模块：设置阶跃输入模块的跳跃时间为 0。

❑ Integrator 模块：默认为系统初始设置。

❑ Sum 模块：设置为 +、− 分布。

❑ Transfer Fcn 模块：按照方框图参数设置分子与分母。

❑ Backlash 模块：参数设置中包括死区宽度、初始的输出值。仿真开始时死区宽度相对于初始输出值是对称的，在仿真过程中死区宽度保持不变，将其设置为 1，如图 5-27 所示。

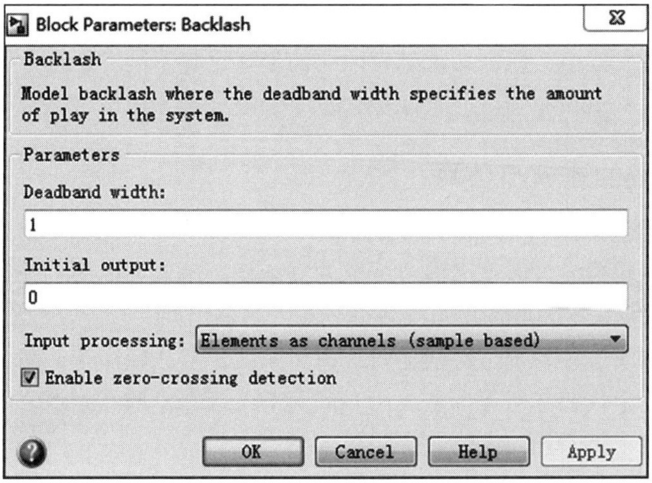

图 5-27 Backlash 模块参数设置

仿真时间设置为 3s，系统的仿真模型如图 5-28 所示。

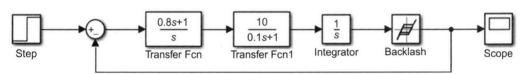

图 5-28 非线性系统的 Simulink 模型

磁滞回环系统的阶跃响应如图 5-29 所示。

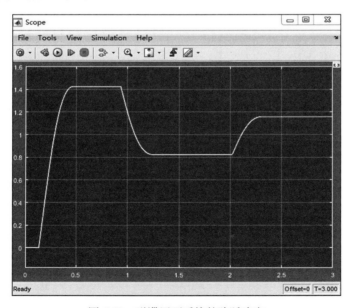

图 5-29 磁滞回环系统的阶跃响应

读者可以改变死区宽度的值进行仿真，并对仿真结果进行比较。和线性系统不同，如果输入的幅值增大或减小，原来系统响应曲线的形状也将不同。从这个例子可以看出，复杂的非线性环节在 Simulink 中也可以容易地进行仿真。

5.3.8 混合系统的建模与仿真

由于不同类型的系统共同构成了混合系统，因此混合系统的数学描述可以由不同类型系统的数学描述共同构成。但是因混合系统的复杂性，一般难以用单独的数学模型进行描述或表达，所以混合系统一般都由系统各部分输入与输出间的数学方程所共同描述。比如，在对单独离散系统或连续系统进行描述时，由于系统一般比较简单，因此可以采用诸如差分方程、传递函数、状态空间等模型表示。但由于系统本身的复杂性，即使是很简单的混合系统，都难以用一个简单的模型进行描述。

在分析混合系统的仿真时，首先最重要的一点是要考虑系统中连续信号与离散信号采样时间之间的匹配问题，这已经在 Simulink 中的变步长连续求解器中得到解决，因此在接下来对混合系统进行仿真分析时，将使用变步长连续求解器。其次，因为混合系统信号类型不同，为了更好地让读者理解混合系统模型，将使用 Simulink 仿真环境提供的 Sample time colors 功能把不同类型、不同采样时间的信号用不同的颜色表示出来。

设置 Unit Delay 模块的采样时间为 0.5s，Unit Delay1 模块的采样时间为 1.2s，实现信号线上色后，可清楚地区分不同采样时间的信号。其中黑色信号线表示连续信号，其他颜色的信号表示离散信号，并且不同的颜色表示的采样时间也不同，其中红色信号表示采样速率是最快的，绿色次之，而黄色则表示多速率的系统或信号。一个简单的混合系统如图 5-30 所示。

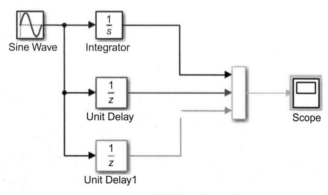

图 5-30 简单混合系统模型

仿真结果如图 5-31 所示。

从图中可以明显地看出，变步长连续求解器可以不时地减小仿真步长以匹配离散信号的采样时刻。

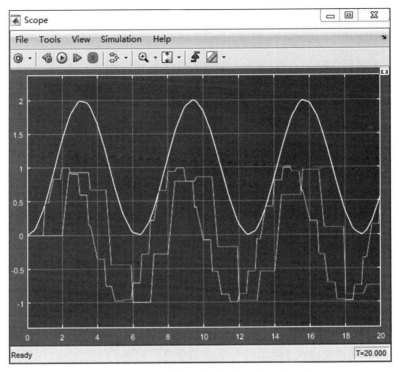

图 5-31 变步长连续求解器对信号采样时间的匹配

接下来将举例说明混合系统的建模与仿真。汽车行驶控制系统是应用非常广泛的控制系统之一，它是典型的 PID 控制系统，其主要目的是对汽车的速度进行合理的控制。其工作原理为：通过改变速度操纵机构的位置以设置汽车速度，再对比测量汽车的当前速度，并求取它与指定速度的差值，最后由速度差值信号驱动汽车产生相应牵引力，并由此牵引力改变并控制汽车速度，直到其稳定在指定速度。下面建立此系统的 Simulink 模型并进行仿真分析。

由工作原理可知汽车行驶控制系统包含以下三个部分机构。

1. 速度操纵机构的位置变换器

位置变换器是汽车行驶控制系统的输入部分，其作用是将速度操纵机构的位置转换为相应的速度，两者的数学关系如下所示：

$$v = 50x + 45, x \in [0.1] \tag{5.43}$$

其中 x 为速度操纵机构的位置，v 为与之相对应的速度。

2. 离散 PID 控制器

离散 PID 控制器是汽车行驶控制系统的核心部分，其作用是根据汽车当前速度与指定速度的差值，产生相应的牵引力。其数学模型中的积分环节、微分环节和系统输出为：

$$x(n) = x(n-1) + u(n) \tag{5.44}$$

$$d(n) = u(n) - u(n-1) \tag{5.45}$$
$$y(n) = k_p u(n) + k_i x(n) + k_d d(n) \tag{5.46}$$

其中 $u(n)$ 为系统的输入，相当于汽车当前速度与指定速度的差值，$y(n)$ 为系统输出，相当于汽车牵引力，$x(n)$ 为系统的状态，k_p、k_i、k_d 分别是 PID 控制器的比例、积分和微分控制参数。

3. 汽车动力机构

汽车动力机构是行驶控制系统的执行机构，其功能是在牵引力的作用下改变汽车速度，使其达到指定的速度。牵引力与速度之间的关系为：

$$F = ma + bv \tag{5.47}$$

其中，F 是汽车的牵引力，m 是汽车质量，设为 1000kg，a 是加速度，b 是阻力因子，设为 20，v 是汽车的速度。

接下来，按照汽车行驶控制系统的物理模型与数学描述建立系统模型。由于此混合系统的复杂性，这里将只给出系统的主要模块。模块选择 Math Operations 库中的 Slider Gain（滑动增益）模块（对位置变换器输入信号的范围进行限制）、Discrete 库中的 Unit Delay 模块（实现 PID 控制器）、Continuous 库中的 Integrator 模块（实现汽车动力机构）、Ports&Subsystems 库中的 Subsystem 子系统模块（对系统不同的部分进行封装）以及 Sinks 库中的 Scope 模块。

速度操纵机构的位置变换器参数设置如下。

❑ Slider Gain 模块：最小值 Low 为 0，最大值 High 为 1，初始取值为 0.555。
❑ Gain 模块：增益取值为 50。
❑ Constant1 模块：常数取值为 45。

离散 PID 控制器的参数设置如下。

❑ 所有 Unit Delay 模块：初始状态为 0，采样时间为 0.02s。
❑ k_p、k_i、k_d 增益模块：取值分别为 1、0.01、0。

汽车动力机构的参数设置如下。

❑ Gain 模块：取值为 $1/m$，即 1/1000。
❑ Gain1 模块：取值为 b/m，即 20/1000。
❑ Integrator 模块：初始状态为 0，即设置速度初始值为 0。

仿真时间设置为 1000s，采用变步长连续求解器，系统的仿真模型如图 5-32 所示。

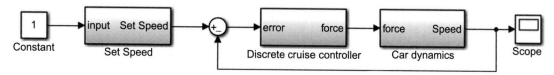

图 5-32 汽车行驶控制系统 Simulink 模型

Set Speed 子系统模型如图 5-33 所示。

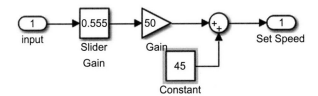

图 5-33 位置变换器模型

Discrete cruise controller 子系统模型如图 5-34 所示。

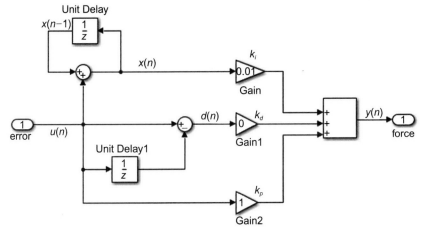

图 5-34 离散控制器模型

Car dynamics 子系统模型如图 5-35 所示。

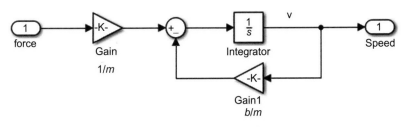

图 5-35 汽车动力机构模型

汽车行驶控制系统的仿真结果如图 5-36 所示。

从图中可以看出，在离散 PID 控制器参数取值为 $k_p=1$、$k_i=0.01$、$k_d=0$ 时，汽车的速度并非直接达到指定的速度，而是经过一个振荡衰减过程，最后逐渐过渡到指定的速度。我们还可以分别更改 k_p、k_i、k_d 的值以观察系统响应的结果，大量结果表明，对于 PID 控制器而言：增加比例控制参数 k_p 可以缩短系统调节时间，使系统更快达到稳定状态；增加积分控制器参数 k_i 可以增加系统的超调量，延长系统的调节时间；增加微分控制参数 k_d 可以减小系统超调量，缩短系统时间。将系统重新取值为 $k_p=5$、$k_i=0.005$、$k_d=2$，仿真结果如图 5-37 所示。

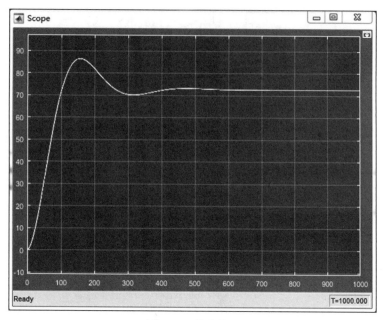

图 5-36　仿真结果

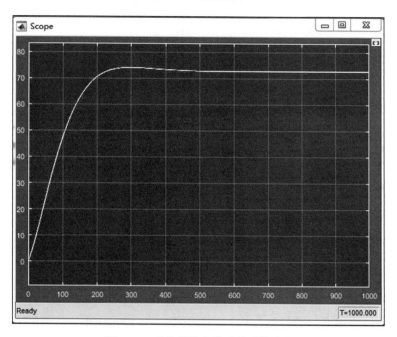

图 5-37　改变系统参数后的系统响应

5.3.9　集成、测试与验证

模型是基于模型设计的起点，也是最核心的部分，前面章节的内容充分展现了动态系统在 Simulink 中建模的方法，建模用于实现需求文档中描述的功能和算法，确定算法的可行性，为后面的操作提供依据。

模型集成是指将各功能模块按照既定的输入/输出关系、任务优先级等进行集成，并使其实现既定功能的过程。集成过程需要考虑模型接口、功能、任务优先级以及集成模型稳定等多个方面，准确完成接口集成是集成工作的基本要求，要对各模块间的输入/输出关系以及信号属性等足够重视。

模型测试是检验模型是否满足需求的手段，在 V 模式开发流程中起着非常重要的作用，通过基于需求的测试，最终可以达到验证系统和确认产品的目的。基于模型的设计的验证流程中，在环测试包括模型在环测试（Model-In-the-Loop，MIL）、软件在环测试（Software-In-the-Loop，SIL）、处理器在环测试（Processor-In-the-Loop，PIL）和硬件在环测试（Hardware-In-the-Loop，HIL）四种。通过这几个阶段的模型测试，可以查找控制算法中可能存在的大多数问题，台架测试、实车测试等将进一步对控制系统模型进行验证。具体的测试流程与方法将在第 6 章具体说明，本章仅对系统建模进行详细描述。

5.4 电动汽车直流驱动仿真建模实例

本节将给出一个完整的基于 MATLAB/Simulink 的电动汽车驱动建模实例。下面介绍一种基本的电动汽车电机驱动系统，该系统用于研究电机和再生过程中的功率通量。假设一个直流永磁电机，一种理想的电机控制器结合比例积分控制器和电动汽车电池。该模型可用于评价特定转速和转矩负载条件下的电力驱动能量流量和效率。其中一些关键的系统参数被指定，另一些系统参数则被建模为理想的数据。

在该模型中，所需的道路速度和道路扭矩是输入，主要的模型块有电机模型、控制器模型、电池模型、PI 控制器模型，以及从 PI 控制器到主功率控制器的反馈。该反馈包括具有初始条件的单个样本延迟，以防止 Simulink 模型中的代数循环。模块的选择在此不做特别说明。基本直流驱动仿真模型如图 5-38 所示。

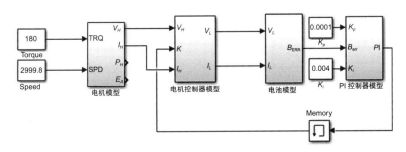

图 5-38　基本直流驱动仿真模型

1. 直流电动机

下面的模型中使用了直流永磁电机。由于重量和效率方面的考虑，这种类型的电机不适合于电池电动汽车（BEV）或混合电动汽车（HEV）的应用，因此该电机只被用来模拟仿真，因为它通常会覆盖本科工程课程。

电机模型包括功率损耗和时间滞后的一些术语和参数，而模型中省略了其他术语。该模型考虑了绕组电阻中的功率损耗和由于绕组电感磁场中的储能而产生的时间滞后，没有场功率损失，因为它是一个永磁场。该模型不包括由于摩擦而产生的功率损耗以及磁滞、涡流和风阻引起的其他旋转损耗。该模型也不包括转子惯性中由于储能引起的时间滞后。电机模型基于以下方程。

开发转矩与电枢电流成正比：

$$T_d = K_m * I_A \tag{5.48}$$

开发电压与电枢转速成正比：

$$V_D = W_D / K_m \tag{5.49}$$

电机电枢输入电压或端电压等于发达电压加上电阻和电感压降之和。此外，电机的高压侧电压和电流直接连接到电机控制器的高压侧电压和电流，因此它们的值相同。

电机电压公式为：

$$V_H = I_H * R_A + L_H * di(t)/dt + V_D \tag{5.50}$$

轴输出扭矩等于发展扭矩减去摩擦损失（Bw）和惯性损失（$J*dw(T)/dt$）。在模型中没有具体说明摩擦和惯性的值，假定等于零。因此，在该模型中，开发的转矩和输出转矩是相等的。将来可以很容易地修改模型以包括这些参数。电机物理常数 K_m 是一个取决于电机结构的物理参数。在系统中，K_m 具有 Amp/N·m 或 Volt/(rad/sec) 的单位。在电机内部的电气－机械接口上，开发的电力（$P=I_A*V_D*K_m$）等于开发的机械功率（$P=K_m*T_d*W_D$）。如前所述，在电机模型中，机械摩擦和惯性以及磁功率损失被设置为零。因此，功率损耗只会发生在电枢电阻上，时间滞后只会发生在电枢电感中。模型如图 5-39 所示。

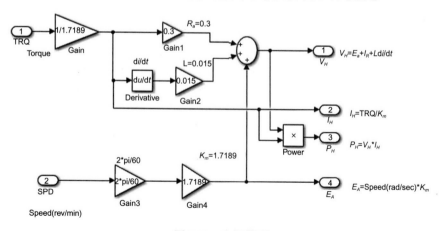

图 5-39　电机模型

2. 电机控制器

假设电机控制器是一个理想的控制器，没有功率损失和时间滞后。控制器仅仅提高电池电压，以满足电机更高的电压需求。为了满足电机的需要，确定了输入和输出电压的无量纲常增益或 K 比例。用相同的 K 比例来调节电流，使输入、输出功率值相等，数学描述如下。

高压等于低压的 K 倍，控制器高侧电压为：

$$V_H = K * V_L \tag{5.51}$$

高侧电流等于低侧电流的 1/K 倍，控制器高侧电流为：

$$I_H = (1/K) * I_L \tag{5.52}$$

模型如图 5-40 所示。

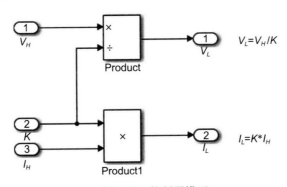

图 5-40 控制器模型

3. 电池

电池被建模为具有内阻的电压源，该模型解释了电池电阻的内部功率损耗，模型中没有时间滞后分量。假设电池具有恒定的内部电压 E_B，电池端电压 V_B 等于内部电压和电阻压降之和。

电池模型的计算公式为：

$$V_B = I_A * R_A + E_B \tag{5.53}$$

假设电池电压和电池电流等于控制器的低侧电压和电流，得到公式：

$$V_L = I_L * R_A + E_B \tag{5.54}$$

电池模型使用来自电机控制器的电流和电压信息来计算所需电池的内部电压。将此电压与实际 E_B 值进行比较，产生电池电压误差 B_{ERR}，PI 控制器模型使用该误差来调整回路增益。

误差电压计算如下：

$$B_{ERR} = E_B(\text{actual}) - E_B(\text{calculated}) \tag{5.55}$$

模型如图 5-41 所示。

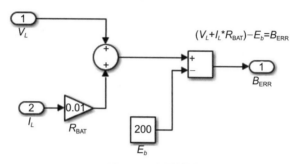

图 5-41　电池模型

4. PI（比例积分）控制器

PI 控制器接收来自电池模型的误码率信号，并使用比例（K_P）和积分（K_I）计算电机控制器使用的增益 K 值。

PI 计算公式为：

$$K = (K_P + K_I * s) * B_{ERR} \tag{5.56}$$

电机控制器的增益（K）由 PI 控制器模型的输出决定，增益的起始值为 0.1，此值被预置在控制器的集成块中，最小化由于代数循环而产生的 Simulink 模拟误差的可能性。当模拟试图求解一组线性方程时，代数循环基本上是除以零的运算。PI 控制器检查输出是否为零，如果输出为零，则控制器输出一个小值（0.001），这样做是为了防止在求解线性方程组时由于被零除而导致模型分析失败。控制器还包括增益限制块，以防止过量反馈信号，模型如图 5-42 所示。

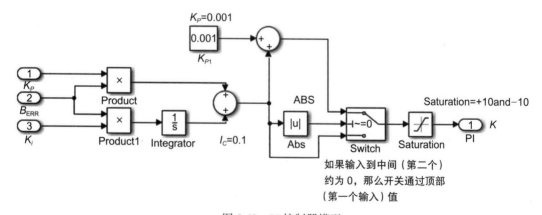

图 5-42　PI 控制器模型

将这四个模块分别封装为子系统然后组合成一个模型，完整的电机驱动模型如图 5-43 所示。

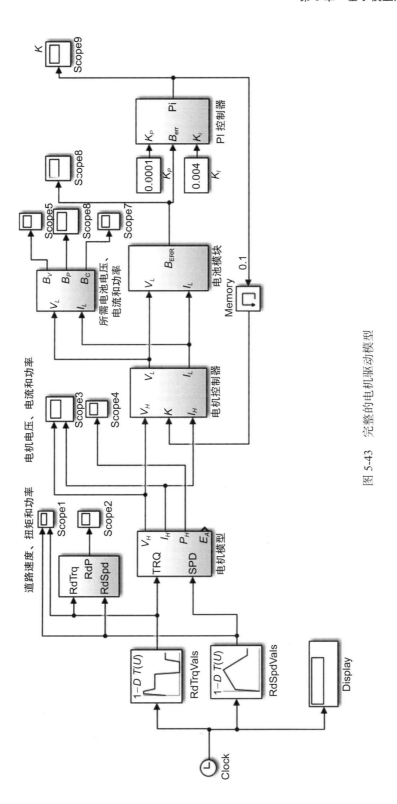

图 5-43 完整的电机驱动模型

将速度和扭矩值读入模型速度和扭矩查找表。查找表的时钟输入使用以下在模型参数表中设置的时间基值：$T_{min}=0$，$T_{step}=0.01$，$T_{stop}=100s$。

扭矩查找表参数如图 5-44 所示。

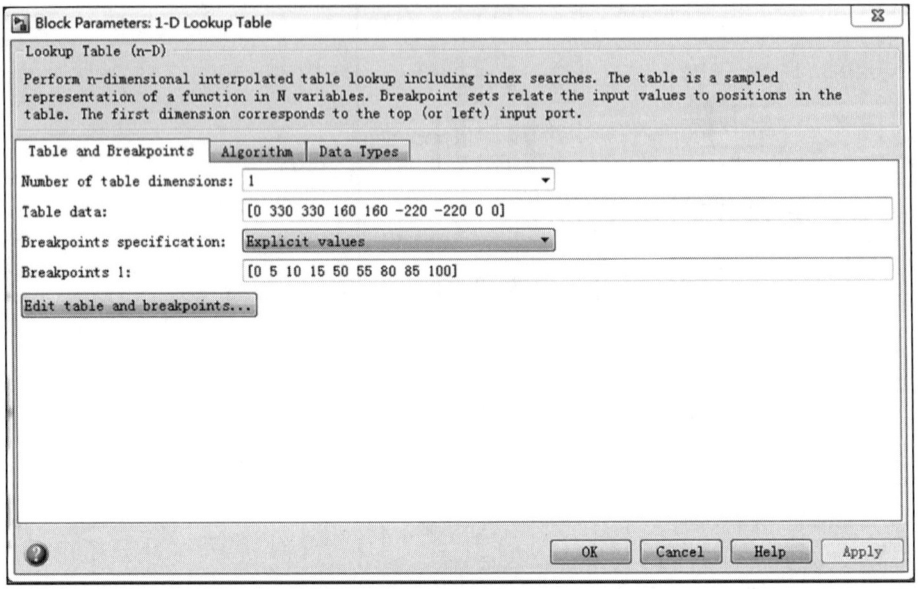

图 5-44 扭矩查找表

速度查找表参数如图 5-45 所示。

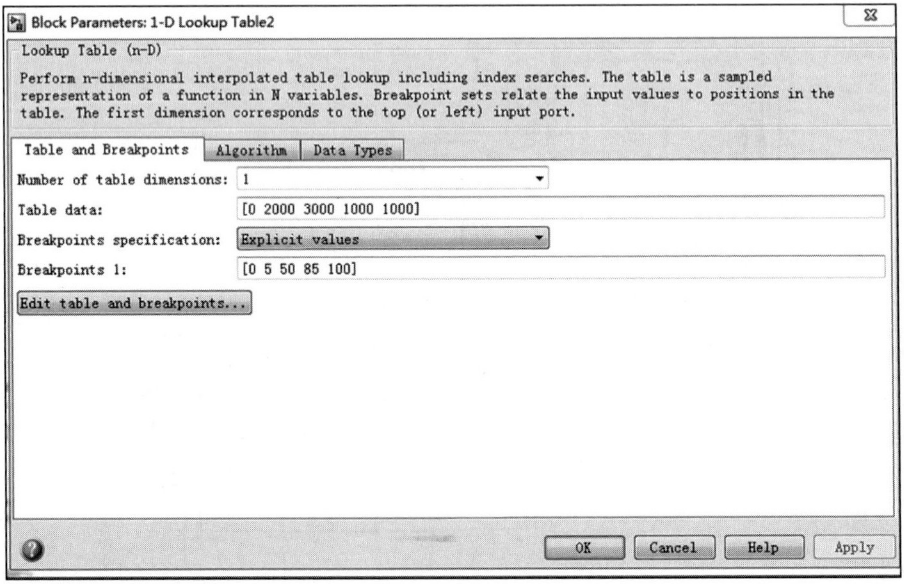

图 5-45 速度查找表

使用速度和扭矩数据计算道路扭矩数据,当扭矩和速度都是正值时,直流电机在旋转方向上提供扭矩。这是正常的电机操作。然而,当电动机的扭矩与速度方向相反时,电动机就被推动,起到发电机的作用。道路速度、扭矩与功率如图 5-46 和图 5-47 所示。

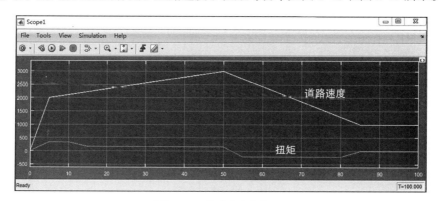

图 5-46　道路速度与扭矩

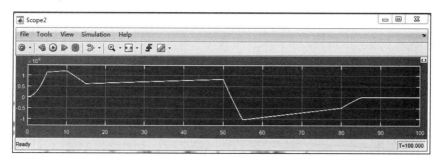

图 5-47　道路功率

电机从电池中提取电源,通过比较可以看出,电压和速度曲线通常是相互跟随的,转矩和电流曲线也通常是相互跟随的。这种一般关系反映了前面讨论的电压和转矩方程。仿真曲线如图 5-48 所示。

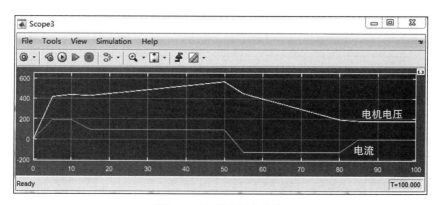

图 5-48　电机电压和电流

当电流和电压都是正值时，直流电机在旋转方向上提供转矩，功率被转移到负载上。这是正常的马达操作。然而，当电机电流处于电压的相反极性时，电机被推并充当发电机，电流流回电池。电机功率图显示了电机和再生，如图 5-49 所示。

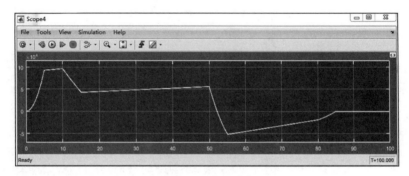

图 5-49　电机功率

电机从电池中提取动力，电池功率图显示了电机和再生，当电流和电压都是正值时，直流电机在旋转方向上提供转矩，功率被转移到负载上，这是正常操作。然而，当电机电流处于电压的相反极性时，电机就会被推动并充当发电机，电流流回电池。仿真数据如图 5-50、图 5-51 和图 5-52 所示。

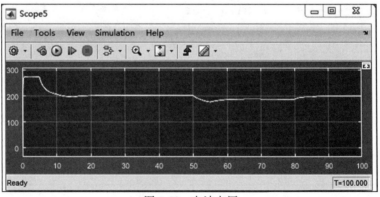

图 5-50　电池电压

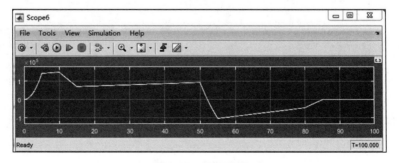

图 5-51　电池功率

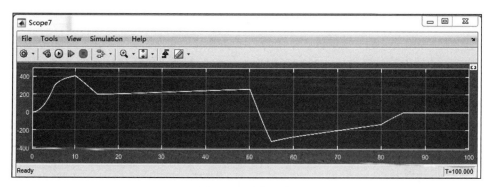

图 5-52 电池电流

仿真模型调整控制器增益（K）以满足驱动转矩和再生要求，模拟比较了标称电池内部电压，V_B=200V 或 $V_{B_{ATT}}$（实际值），并根据电机电压和电流值计算电池电压，得到 $V_{B_{ATT}}$（计算值）。差值 $V_{B_{ERR}}$ 作为误差信号输入比例积分（PI）控制器。最大误差 −200 发生在模拟开始时，这一大误差是启动模拟的自然反应。接下来仿真快速恢复，在电机初始启动时误差约为 76。因为电机在启动过程中，特别是电流增加时，电机产生的电压 $V_D=W_D/K_m$ 很低，所以这里的误差较高是正常的，如图 5-53 所示。

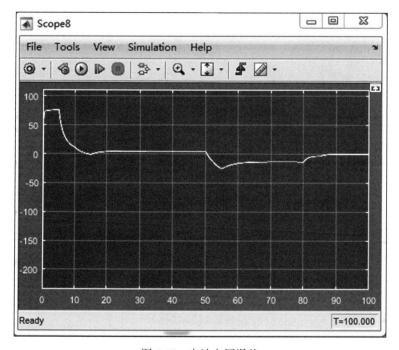

图 5-53 电池电压误差

电机控制器的增益（K）由 PI 控制器模型的输出决定，在模拟过程中控制器增益（K）的值如图 5-54 所示。

当电机转速增加时，控制器增益增大，当电机转速减小时，控制器增益减小。

比例积分控制器（PI）则提供了一个与系统误差信号成正比、与误差信号积分成正比的误差校正信号，比例信号有助于控制器响应系统中的变化，积分信号有助于通过随着时间的推移集成该信号来减少恒定误差。通过试验和误差确定 K_P 和 K_I 控制器常数，调谐过程只相当于在监视 B_{ERR} 信号大小的同时改变值。

至此，通过各部分的关键方程搭建完成了一个完整的电动汽车驱动仿真模型。

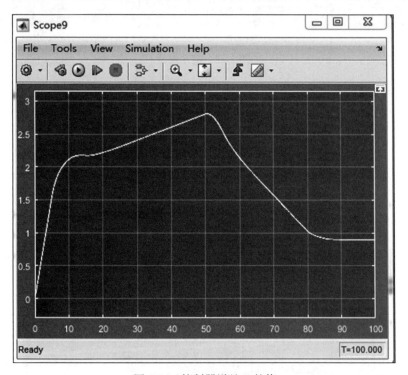

图 5-54 控制器增益 K 的值

5.5 电动转向系统试验仿真建模实例

在 5.4 节中我们探讨了电动汽车驱动建模的实例，本节将介绍基于 MATLAB/Simulink 的电动转向系统（EPS）试验仿真建模实例。该系统用于研究在方向盘（角度）和路面（转矩）同时作用下其自身以及与角度输出器的输入电压和伺服 AMP 输入电流的变化情况。

在该模型中，方向盘转动的角度和路面转矩是输入，主要的模型块有角度输出器模型、伺服 AMP 模型、伺服阀模型、液压马达模型、齿轮齿条箱模型、转向轴模型，以及转向轴模型到液压马达模型和路面转矩输入的反馈。电动转向系统试验装置图以及系统流程图如图 5-55 和图 5-56 所示。

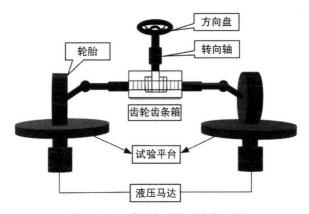

图 5-55 电动转向系统试验装置图

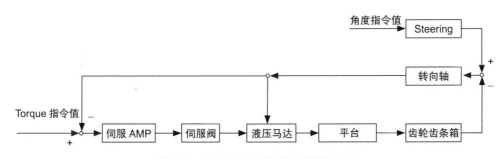

图 5-56 电动转向系统试验系统流程图

1. 角度输出器

众所周知，汽车的转向都是靠方向盘来控制的，在该模型中，我们利用角度输出器来代替方向盘，角度输出器模型包括角度单位电压和回转角的一些术语和参数，而模型中也省略了其他术语。该模型考虑了角度输出器的角度单位电压和方向盘所转动的角度（回转角），忽略了由于摩擦和元器件等其他自身因素所产生的影响。角度输出器模型的计算公式如下所示。

输入电压（$\hat{E}$）等于角度单位电压（K_{p1}）和回转角的乘积：

$$\hat{E} = K_{p1} \cdot \hat{\theta} \qquad (5.57)$$

模型如图 5-57 所示。

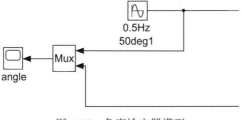

图 5-57 角度输出器模型

2. 伺服 AMP

伺服 AMP 也称为伺服放大器，假设其是一个理想的放大器，没有功率损失和时间滞后。伺服 AMP 仅提高伺服阀电流，以满足其更高的电流需求。为了满足伺服阀的需要，确定了输入电压和输入电流的无量纲常增益（K_{a1}）或伺服抵抗值（R_1）。用两者的比值来调节输入电压和输入电流，使其达到伺服阀的要求，数学描述如下。

输入电流等于伺服 AMP 增益与伺服抵抗值的比值与输入电压差值的乘积：

$$\hat{i} = \frac{K_{a1}}{R_1}(\hat{E} - K_{p1} \cdot \hat{\theta}) \tag{5.58}$$

伺服 AMP 模型如图 5-58 所示。

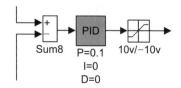

图 5-58 伺服 AMP 模型

3. 伺服阀模型

伺服阀建模考虑其本身的特性，该模型主要是利用其输出流量（$\hat{Q}$）与其各参数之间的关系构建的。该模型所特有的参数有：伺服阀增益（K_{v1}）、伺服阀定时数（T_{v1}）、伺服阀流量压力系数（$C21$）、伺服阀出入口压力差（$\hat{P}$）以及与液压马达有关的伺服马达内部泄漏油压差系数（$C31$）。

伺服阀模型计算公式为：

$$\hat{Q} = \frac{K_{v1}}{T_{v1} \cdot s + 1}\hat{i} - C21 \cdot \hat{P} - C31 \cdot \hat{P} \tag{5.59}$$

模型如图 5-59 所示。

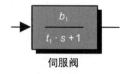

图 5-59 伺服阀模型

4. 液压马达模型

液压马达建模是本系统的重中之重，也是一大难点，由于液压马达牵扯的因素比较多，且容易受到外界因素的影响，一旦其中哪个环节做得不到位，将会产生很大的实验误差，对于该模型选取了一些比较重要的参数：液压马达油路油压系数（K_1）、液压马达每转所输送的容量（D_{m1}）、液压马达输出扭矩（$\hat{T}$）、液压马达的扭矩容量（K_{m1}）以及液压马达惯量

（J_{m1}）和黏性抵抗系数（cf_1），基于它们之间的关系构建了液压马达的数学关系表达式。

液压马达模型的计算公式为：

$$\hat{P} = \frac{1}{K_1 \cdot s}(\hat{Q} - D_{m1} \cdot s \cdot \hat{\theta}) \tag{5.60}$$

液压马达输出扭矩等于液压马达油路油压系数与伺服阀出入口压力差的乘积：

$$\hat{T} = K_{m1} \cdot \hat{P} \tag{5.61}$$

假设回转角与液压马达惯量、输出扭矩以及自身与黏性抵抗系数存在下述关系：

$$\hat{\theta} = \frac{1}{J_{m1} \cdot s^2}(\hat{T} - cf_1 \cdot s \cdot \hat{\theta}) \tag{5.62}$$

液压马达模型如图 5-60 所示。

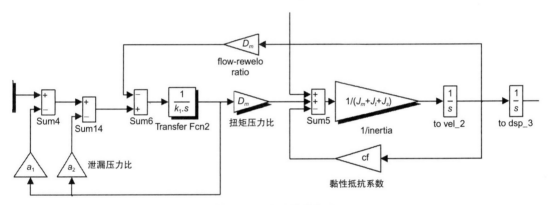

图 5-60　液压马达模型

5. 齿轮齿条箱、转向轴

齿轮齿条箱是一种把旋转运动转化为直线运动的传动装置，假设其是一个理想装置，忽略摩擦、能量损耗等因素的影响，其模型就可以简单地用一个增益来表示；转向轴在系统中只起到传动作用，故也参考齿轮齿条箱模型用一个增益来表示。

齿轮齿条箱、转向轴模型如图 5-61 和图 5-62 所示。

图 5-61　齿轮齿条箱模型　　　　　图 5-62　转向轴模型

将上述模块组成一个模型，完整的电动转向系统试验仿真模型如图 5-63 所示。

电动转向系统试验仿真结果如图 5-64 ～图 5-67 所示。

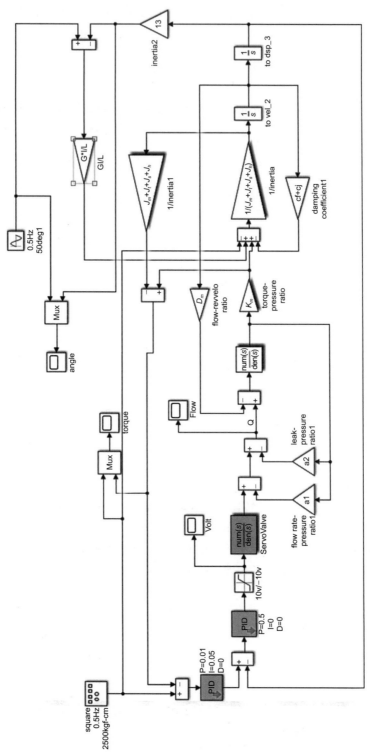

图 5-63 完整的电动转向系统试验仿真模型

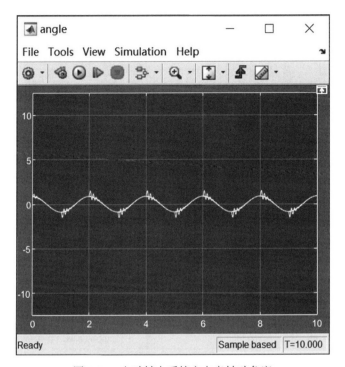

图 5-64 电动转向系统方向盘转动角度

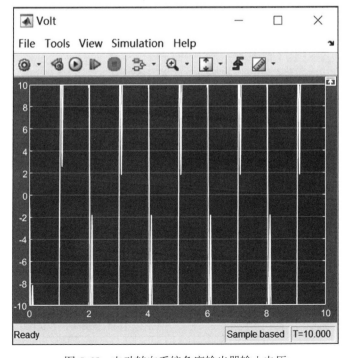

图 5-65 电动转向系统角度输出器输入电压

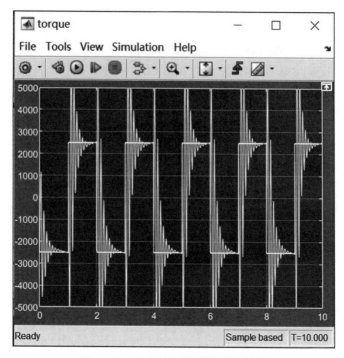

图 5-66　电动转向系统道路输入转矩

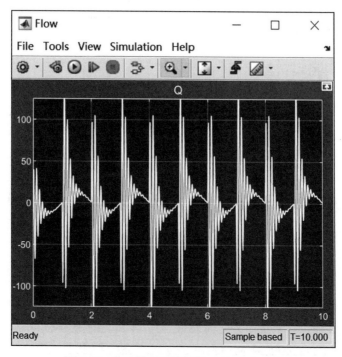

图 5-67　电动转向系统伺服 AMP 输入电流

至此，在建立电动转向系统数学模型的基础上，通过对角度输出器、伺服 AMP、伺服域模型和液压马达等部分的研究与建模，完成了电动转向系统的仿真模型，这对真实 EPS 系统的研究具有一定的参考价值。

5.6 本章小结

软件规模的爆炸式增长是使用基于模型的设计开发软件的一个重要原因，为了提高开发的效率和效果，已经有越来越多的人意识到有必要在汽车嵌入式系统中引入 MBD。

从前面的例子来看，模型开发过程包括：确定将如何使用该模型；识别关键方程、参数和假设；建设和改进模型；实际模型的应用和评价。通过这四步可以基本实现系统的建模，本章列举了各动态系统中典型的建模实例供读者学习。当然，在采用 MBD 时还要考虑环境的需求和 MBD 本身的一些限制。有关环境组件的建模和仿真的详细讨论，此处不做说明，读者可以参考相关书籍。

当前的 MBD 技术体系还存在一些限制，但这些限制也日益受到重视，可以肯定的是，MBD 技术体系将在汽车嵌入式系统开发中发挥越来越重要的作用。

思考题

1. 思考基于模型设计的概念与优势。
2. 什么是 Simulink？Simulink 的功能有哪些？
3. 5.3.4 节中提到的滤波器的输出信号和原始锯齿波信号为什么不完全一致？
4. 建立 5.3.5 节中提到的蹦极模型，并进行仿真分析。（设桥梁距离地面为 50m，蹦极者的起始位置为绳索的长度 −30m，即 $x(0)=-30$m；蹦极者起始速度为 0，即 $\dot{x}(0)=0$，其余参数为 $k=20$、$a_1=a_2=1$、$m=70$、$g=10$m/s^2。）

参考文献

[1] YANG J, KRISHNAN S, BAUMAN J, et al. Implementation of Auto-Code Generation in Legacy Code for Body Control Software Applications[J]. SAE Technical Paper, 2008.

[2] BJORKANDER M. Graphical programming using UML and SDL[J]. Computer, 2000, 33（12）: 30-35.

[3] MAHAPATRA S, EGEL T, HASSAN R, et al. Model-Based Design for Hybrid Electric Vehicle Systems [J]. SAE Technical Paper, 2008.

[4] HUSAIN I. Electric and Hybrid Vehicles[M]. Boca Raton: CRC Press, 2010.

[5] MCDONALD D. Electric Vehicle Drive Simulation with MATLAB / Simulink [C]. Proceedings of the 2012 North-Central Section Conference, 2012.

[6] The MathWorks. MATLAB Simulink User's Guide[z]. 2007.

[7] 姚俊，马松辉. Simulink 建模与仿真 [M]. 西安：西安电子科技大学出版社，2002.

[8] 刘杰. 基于模型的设计与嵌入式实现 [M]. 北京：北京航空航天大学出版社，2010.

[9] 黄永安，等. MATLAB7.0/Simulink6.0 建模仿真开发与高级工程应用 [M]. 北京：清华大学出版社，2005.

[10] 魏学哲，戴海峰，孙泽昌. 汽车嵌入式系统开发方法、体系架构和流程 [J]. 同济大学学报（自然科学版），2012（07）：1064-1070.

[11] SCHAUFFELE J, ZURAWKA T. 汽车软件工程——原理、过程、方法、工具 [M]. 张聚，等译. 北京：电子工业出版社，2008.

[12] 宋炳雨，陈娜娜，何晓明，等. 基于模型的电控嵌入式软件开发方法 [J]. 电子技术与软件工程，2019(19)：57-58.

[13] 薛定宇，陈阳泉. 基于 MATLAB/Simulink 的系统仿真技术与应用 [M]. 北京：清华大学出版社，2008.

[14] 王正林，王胜开，陈国顺，等. MATLAB/Simulink 与控制系统仿真 [M]. 2 版. 北京：电子工业出版社，2008.

第 6 章
V 模式的嵌入式系统开发与测试

V 模式是在快速应用开发（Rap Application Development，RAD）模型基础上演变而来的，由于将整个开发过程构造成 V 字形而得名。V 模式强调软件开发的协作和速度，将软件实现和验证有机地结合起来，可在保证较高软件质量的情况下缩短开发周期。本章将简要概括 V 模式的基础知识，深入讲解 V 模式的五个阶段，包括功能需求定义和控制方案设计、快速控制原型、代码自动生成、硬件在环仿真和系统的集成测试与标定，并结合应用实例使读者加深对这些知识的理解。其中，本章将重点研究第四阶段在环测试。通过对 MBD 模型的测试流程和基于 V 模式的一般测试流程来进行综合研究，使用具体案例进行测试，让读者能够深入理解其中的原理。

6.1 V 模式基础

对于控制系统研发，技术人员要面对两类基本问题。在开发的初期，快速地建立控制对象及控制器模型，并对整个控制系统进行多次离线和在线测试来验证控制系统软硬件方案的可行性，即利用快速控制原型（RCP）进行功能测试和检验。用快速控制原型检验设计，可排除早期设计中引入的大多数错误和缺陷，便于制定详细的后续设计规范，降低项目的技术风险。

在控制器设计完成并付诸生产时，必须在投放市场前进行详细的测试。目前普遍采用的方法是：在产品上市之前，采用真实的控制器，被控对象或者系统运行环境部分采用实际的物体、部分采用实时数字模型来模拟，进行整个系统的仿真测试，即硬件在环仿真（HILS）。一般来说，控制器产品的开发包括以下几部分内容：根据调查情况，用文字说明的方式定义需求和设计目标，根据经验和相关参考提出系统的结构设计；由硬件人员设计并制造硬件电路，由控制工程师设计控制方案，并将控制规律用方程的形式描述出来，由软件人员采用手工编程的方式实现控制规律，由系统工程师或电子专家将代码集成于硬件电路中，用真实控制对象或测试台架对产品进行集成测试。为了满足越来越紧迫的工期要求，研发单位大多采用并进式的工作方法，即并行工程，如图 6-1 和图 6-2 所示。在此过程中，控制系统本身的复杂性和质量要求以及研发需求发生的变化（如被控对象发生变化——这在大多数系统设计中非常常见），使得控制器的设计必须随时做出合适的调整，这些调整通常基于对已经成型的产品部分的集成实验测试。

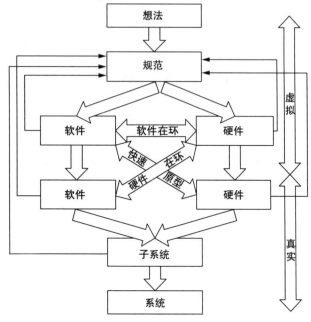

图 6-1　V 模式并行开发方式

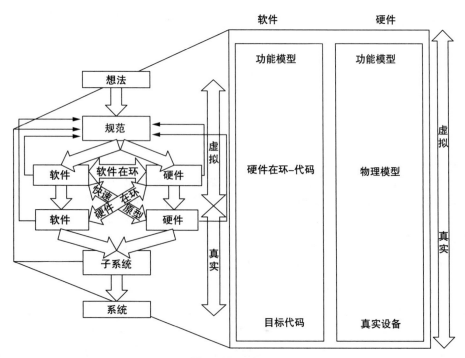

图 6-2　V 模式的软硬件协调开发流程

实际上，传统的控制器设计过程往往存在一定的盲目性。因为只有在整个系统中所有或大部分的零部件形成样机后，才能进行集成控制系统的闭环测试，很多问题在产品开发的后期才逐渐凸现出来，这样就造成了很大的麻烦，例如可能会出现下面的问题。

在对控制规律的控制特性或控制效果缺乏把握的情况下，硬件电路已经制造好了，而此时还未能确认设计方案能在多大程度上满足要求，或者根本就不能满足要求，但已产生了较大的硬件投入。手工编程会导致代码不可靠的问题。在测试过程中如果出现问题（在大多数情况下，这是必然的），就很难确定是控制方案不理想还是软件编码错误。而且手工编程费时费力，要等很长时间才能再次对控制方案设计进行验证和测试，如果方案不合适，就意味着前期投入的浪费，开发风险很高。即使软件编程不存在问题，如果在测试中发现控制方案不理想，需要进行修改，则又要开始新一轮的改进工作。大量的时间又将耗费在软件的修改和调试上。另外，由于涉及的部门多，再加上管理不善所引入的种种不协调，导致开发进度频繁延期，结果产品虽然研制成功，但市场初始需求已经发生变更，错失商业机会，开发仍以失败告终。

现代化 V 模式的计算机控制辅助系统，如图 6-3 所示，可以将计算机工具贯穿在整个测试过程中，满足硬件回路测试、自动代码生成以及快速控制原型的过程。不仅如此，在完成这些功能的同时还可以进行辅助控制系统的设计以及方案设计和离线仿真。完成完整的 V 模式开发需要经过以下几个阶段。

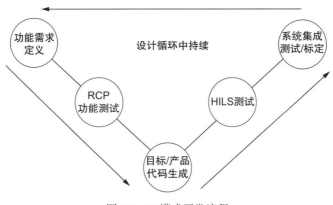

图 6-3 V 模式开发流程

（1）第一阶段：功能需求定义和控制方案设计

在传统方法中，完成功能需求和控制方案很麻烦，往往需要几千甚至上万字的文字说明。但是，现代方法中可以采用模型的方式，有效地避免传统方法中由文字表达不清楚而引起的不必要的歧义问题。现代方法可以用信号图的方式进行定义，例如 Simulink 模型。同样，控制方案的设计过程也不需要像以前一样，即不需要将模型简化成手工方式，之后根据经验来设计。现代方法直接采用以 MATLAB/Simulink 为主的计算机模型或软件进行设计，可以通过离线仿真有效避免传统方法所带来的设计不足问题。

(2)第二阶段:快速控制原型(RCP)

现代方法中,在设计完成之后是不需要软件工程师进行编程和代码硬件集成的,可直接使用计算机辅助工具中的自动化工具将控制方案框图转换成代码,并将其下载到对应的硬件开发平台,省去了传统方法中等待编写代码的步骤,可以方便地实现快速控制原型(RCP)。此原型中包含实际系统中可能存在的各种 I/O、软件和硬件等中断特性。完成快速控制原型之后就可以进行系统测试了,检验控制方案对象的控制效果是否满足预期,并进行优化。如果模型存在大量问题,也可以在很短的时间内进行修改,与传统方案比较,可以节省大量的时间。

(3)第三阶段:自动代码生成

传统方法中的代码是人工编写的,这样很容易产生缺陷问题并需要耗费大量的人力和物力。而现代方法中利用了自动代码生成技术,可以避免人为错误,对于绝大部分工程师而言,如果能提高开发速度,损失代码的部分实时运行效率是可以接受的。

(4)第四阶段:硬件在环仿真(HIL)

硬件在环仿真需要对控制产品的初样进行全面而系统的测试,需要进行极限测试和故障测试,将测试结果与预期相比,查看其是否满足实际指标要求。之所以这样做,是因为对实际的控制对象进行全面测试是无法实现的,因此现代开发方法中的计算机辅助设计工具就显得额外重要,可以使用 HILS 的方法和工具进行全面而系统的测试,也能完成故障测试和极限测试,成功弥补了传统方法的缺点。

(5)第五阶段:系统的集成测试与标定

最后需要进行全面而详细的测试,确认产品是否符合各项设计指标和需求定义,将已经完成的产品型控制器与其他子系统进行连接,使其工程完成闭环后开启全面的详细测试。在集成测试后期,需要根据具体的使用条件和衍生型号(如系列车型),调整成品控制器中的控制参数,即标定过程。通常的方法是用大量的实物实验来优化控制参数,然而该方法易受到测试条件和项目成本的限制。如果用实时仿真系统来仿真外界环境和使用条件,则在实验室内就可以完成大多数标定测试,只需用少量实物实验验证标定参数即可。

基于 MATLAB 与 dSPACE TargetLink 工具箱的 V 模式典型汽车 ECU 开发流程如下。

1)建模。用线性或非线性方程建立控制对象的理论模型,该方程应能用 MATLAB 的格式或 Simulink 方框图表示。

2)设计方案。需用到 MATLAB 工具箱,包括 Control System Toolbox、Nonlinear Control Toolbox、Robust Control Toolbox、Optimization Toolbox。

3)离线仿真。用 Simulink 对控制方案设计进行离线仿真,初步确认设计结果,如图 6-4 所示。

4)设置实时 I/O。在 Simulink 方框图中,从 RTI(dSPACE 工具箱)库中指定实时测试所需的 I/O(A/D 转换器、增量编码器接口等),并对 I/O 参数(如 A/D 电压范围等)进行设置。

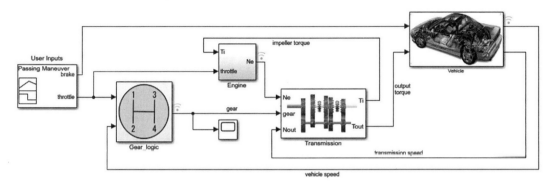

图 6-4 用 Simulink 建立模型并进行仿真

5）生成代码、编译及下载。用鼠标选择 RTW Build，自动完成目标 DSP 系统的实时 C 代码生成、编译、链接和下载，如图 6-5、图 6-6 所示。即使是复杂的大型控制系统，该过程一般也只需几分钟左右。

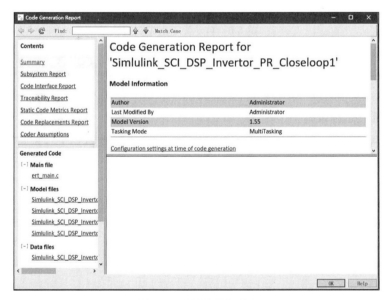

图 6-5 自动代码生成 1

6）测试。用 Control Desk 试验工具软件包与实时控制器进行交互操作，如调整控制参数、显示控制系统的状态（如发动机速度、液压等）、跟踪过程响应曲线等。

7）优化。如果需要，利用 MATLAB/Mtrace 从实时闭环控制系统获得数据，并将该数据回传给用于建模和设计的软件环境（如 MATLAB），由软件环境根据一定的算法计算下一步控制参数并通过 MATLAB/Mtrace 将参数传送给实时系统，实现参数的自动优化。

8）反馈。返回步骤 1），只有通过实时测试，才能得到一些反馈信息，如对象模型是否需要改进、控制特性是否过严或过松、干扰及传感器噪声是否有足够的鲁棒性。

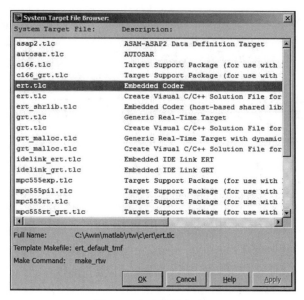

图 6-6　自动代码生成 2

6.2　建模与算法仿真

6.2.1　基于模型的设计

基于模型的设计，即系统逻辑结构和技术结构的确定。用户需求分析是指在系统开发的早期阶段，对于需求和限制条件的一种结构化的处理方法，目的是从系统用户的角度准确地描述系统的逻辑系统结构。

逻辑系统结构描述的是抽象的结果，即系统和功能的抽象逻辑模型。该模型构成用户需求和后续技术系统结构设计之间的连接。通过用户需求分析和逻辑系统功能的描述得到的系统的逻辑系统结构即为一个过程步骤，如图 6-7 所示。该过程定义逻辑组件和逻辑子系统，以及它们的功能、需求和接口。同时，可以确定系统功能的应用案例，这些构成以后系统和验收测试的基础。如果需要，该步骤可以一直循环，直到逻辑系统结构满足所有的用户要求为止，并且可以直到系统测试产生正确结果。

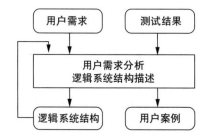

图 6-7　用户需求分析和逻辑系统功能的描述

另外，逻辑系统要求还可分为功能性和非功能性系统要求，前者描述系统正常状况和错误状况下的功能。正常状况下，系统功能描述系统在正常运行中的行为，然而错误状况下，系统功能描述当系统出现一系列错误、故障和失误时的行为。后者描述系统的所有附加要求（限制），如变量和可测量性要求、可靠性和安全要求、大量通过生产和服务形成的要求、装配空间的限制和成本限制等。

与用户需求相比，逻辑系统要求是用参与开发过程的工程学科的语言来表达的。图形化标志，譬如结构框图和状态自动机，适合于基于模型的逻辑系统的描述。为了实现功能控制，要进行抽象化描述，即建立一个数学模型。在开发阶段，系统建模的通常做法是将系统简化为部件、接口以及它们之间的相互关系。

如图 6-8 所示，该结构图描绘了单个组成部分的响应特性，同时也描绘了一个系统内各组成部分之间产生的信号。在汽车建模过程中，传递函数并不是理想的，并且考虑到成本，设定点发生器、传感器、执行器和硬件模块通常只提供有限的分辨率和动态。还必须考虑微控制器的时间离散和值离散的工作方式。例如，由于分辨率有限，离散值运算所产生的影响；非线性；限动态导致的时滞或死区时间；由四舍五入或者处理下溢或溢出所导致的误差；逼近误差；微控制器离散时间控制所产生的影响。

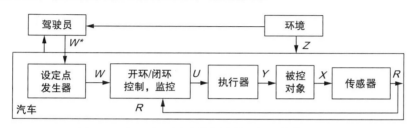

图 6-8　开环/闭环汽车控制功能逻辑系统体系结构

图 6-8 中所示的各个具体的功能模型也可以由结构图来表示，图中方框表示转换环节，可分为开环/闭环控制器模型、执行器模型、被控对象模型、设定点发生器和传感器模型、驾驶员、运行环境。驾驶员通过设置设定值 W^* 来影响控制系统。传感器捕获控制部分或被控对象产生的信号 R。

闭环控制任务就是检测控制变量 Y，然后将控制变量 Y 与参考变量 W 相比较。根据比较结果，调整变量 Y 使其接近参考变量 W。闭环控制的目的是使控制变量 Y 的值接近参考变量 W，尽管存在由于干扰变量 Z 所导致的干扰情况。相应的，开环控制任务是一个系统的一个或多个输入变量影响某个输出变量以使其符合系统的设计特征的过程。而在电子系统中应用的数字微处理器 ECU 只能处理离散化的信号，故要求对其输入和输出模块进行离散化处理，即系统的开环/闭环控制功能由离散化来实现。对于基于事件驱动的离散系统可采用状态机（状态转换图）建模，由于时间和幅值均离散化，可把某一事件转换为一个个离散的状态点。

基于模型化的功能设计有助于我们了解系统的功能，从而能够尽可能完整且无矛盾地描述系统功能，并且使系统在仿真模拟测试、功能校正和优化中体现更大的灵活性和便利性。一般用诸如 MATLAB/Simulink/Stateflow 等计算机辅助建模及分析软件建立尽可能准确的对象模型。系统技术结构包括所有通过软硬件实现的功能以及子功能的定义说明。其描述将确定具体的实现方面的决定。把逻辑系统的要求分配到技术组件和子系统后，执行一些基本分析，诸如开环/闭环控制任务分析、采取分布式网络控制系统的分析或者可靠性和安全性分析，从而评价各种技术实现方式。技术系统结构必须考虑各种制约因素，如技术和经济制约、组织结构和制造技术制约。其中一些典型的限制有：标准和设计方式，各系统和组件之间的相互依赖，可行性分析结果，生产和服务要求，可修改性和可测试性要求，成本和风险评估。此过程即为通过对逻辑系统结构的分析和技术系统结构的描述而确定技术系统结构，如图 6-9 所示。

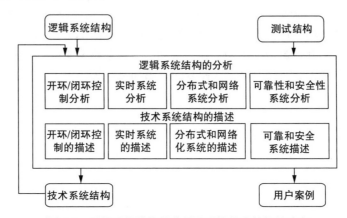

图 6-9　逻辑功能结构的分析和系统技术结构的确定

图 6-10 给出了一个典型的开环/闭环汽车控制系统的技术体系结构图。当确定开环和闭环控制系统的技术系统结构时，必须明确设定点发生器、传感器、执行器、ECU 网络的具体实现方法，并在具体的技术系统结构上实现系统的逻辑体系功能。

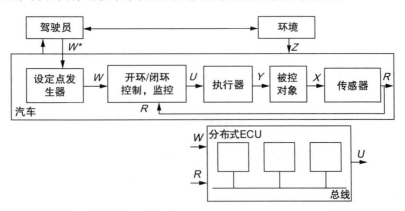

图 6-10　开环/闭环汽车控制系统的技术体系结构

随着技术系统结构的确定，接下来就是组件和子系统的实现，主要分为硬件组件的设计实现和软件组件的设计实现。

软件开发从软件需求分析开始，首先进行软件体系结构的分析和确定，具体步骤包括确定软件系统界限、软件组件之间的接口以及软件层次结构与运行状态。然后进行软件组件的描述，可分为数据模型的描述、动态模型的描述和实时模型的描述。进而确定软件组件的数据、动态和实时模型的具体实现细节，如对于数据必须进一步区分变量和固定的参数值等，从而完成软件组件的设计。对于用到的 MATLAB/Simulink 工具的介绍，可参见第 4 章。

6.2.2 建模和仿真决策

快速控制原型（Rapid Control Prototype，RCP）技术是近几年发展得较成熟的一种仿真技术。快速控制原型仿真处于控制系统开发的第二阶段。其中快速控制原型技术源自制造业的快速原型（Rapid Prototyping，RP）技术。

在控制系统的研发过程中，通常先进行仿真研究，目的在于研究技术的可行性、缩短产品的研发周期并降低研发费用。仿真工具（如 MATLAB、SABER 等）自应用以来，对控制系统的研发提供了极大的帮助。然而，在传统的研发流程中，大部分采用纯数学仿真，这种仿真结果的置信度有限。近年来，有部分实物参与的具有较高置信度的半实物仿真系统得到了广泛的应用与发展。如果将实际控制器的仿真称为虚拟控制器，实际对象的仿真称为虚拟对象，则可得到控制系统仿真的 3 种形式。

① 虚拟控制器 + 虚拟对象 = 动态仿真系统，是纯粹的系统仿真；
② 虚拟控制器 + 实际对象 = 快速控制原型（RCP）仿真系统，是系统的一种半实物仿真；
③ 实际控制器 + 虚拟对象 = 硬件在环（HIL）仿真系统，是系统的另一种半实物仿真。

快速控制原型仿真处于控制系统开发的第二阶段，它远在产品开发之前，使设计者的新控制思路（方法）能在实时硬件上方便而快捷地进行测试。通过实时测试，可以在设计初期发现存在的问题，以便修改原型或参数，然后再进行实时测试。这样反复进行测试，最终产生一个完全面向用户需求的合理且可行的控制原型。快速控制原型实质上是快速地建立控制对象及控制器模型，并对整个控制系统进行多次离线及在线试验来验证控制系统软硬件方案的可行性。简单地说，就是采用先进的控制系统建模工具进行建模并生成代码，用其他控制器临时代替将要开发的实际控制器，快速对控制算法进行验证和测试，在设计阶段发现问题并解决问题，如图 6-11 所示。

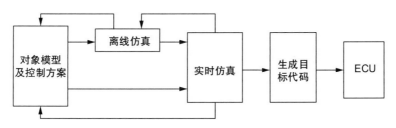

图 6-11 快速控制原型

快速控制原型的开发流程是：首先，建立离线仿真模型，进行离线仿真；其次，在离线仿真通过后再加上 I/O 接口，保留控制算法，从而修改为实时仿真模型；再次，为目标

ECU 生成目标代码,并转换为可执行代码;最后,将代码下载到实时内核进行实时仿真。在实时仿真过程中,实时应用程序和仿真模型之间可建立通信,进而控制调试过程,如图 6-12 所示。为了实现在线仿真,使控制算法和控制结果能够与实物连接起来,快速控制原型的模型需要根据具体情况进行 I/O 接口的配置。

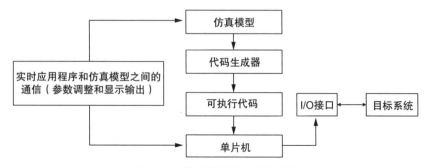

图 6-12　快速控制原型开发流程

以 MATLAB 为例,一般与实物相连接的 I/O 接口是通过 Simulink 中的 Real-Time Windows Target 模块库提供的 I/O 接口模块实现的。通过双击 I/O 模块,打开 I/O 模块参数对话框,选择安装新板卡,就会显示十几家公司的各种板卡。

dSPACE 实时仿真系统是由德国 dSPACE 公司开发的一套基于 MATLAB/Simulink 的控制系统开发及半实物仿真软硬件工作平台,实现了和 MATLAB/Simulink/RTW 的无缝连接。dSPACE 硬件系统中的处理器具有高速计算能力,并配备了丰富的 I/O 支持,用户可以根据需要进行组合;其软件环境的功能强大且使用方便,包括实现代码自动生成/下载和试验/调试的整套工具。dSPACE 实时系统可充当控制算法和逻辑代码的硬件运行环境,通过 I/O 板与控制对象连接,验证控制方案的可行性,大大简化了开发过程,提高了开发效率。

PC 主机装有 Windows 操作系统、MATLAB/Simulink、RTW、dSPACE 的 ControlDesk 及 RTI;利用 MATLAB/Simulink 建立电机的快速控制原型,完成控制算法的设计;RTI 与 RTW 协作,自动将快速控制原型转换为可执行的 C 代码,经过编译并下载到 dSPACE 实时处理器 DS1005 中运行;利用 dSPACE 的 ControlDesk 软件,实现对实时硬件的图形化管理、用户虚拟仪表的轻松建立、变量的可视化管理、参数的可视化管理以及实验过程的自动化。dSPACE 硬件系统中的处理器板 DS1005 负责控制算法的实时计算,通过内部的 PHS 总线和 I/O 板 DS2201 连接,I/O 板 DS2201 接收来自实物电机的电压电流信号,并发出 PWM 脉冲信号去控制逆变器。dSPACE 实时系统拥有实时性强、可靠性高等优点,但这种专用系统必须采用其专用板卡,价格昂贵且维护性差。

6.2.3　Stateflow 工具介绍与实例

Stateflow 提供了一种图形语言,包括状态转移图、流程图、状态转移表和真值表。可以使用 Stateflow 来说明 MATLAB 算法和 Simulink 模型如何响应输入信号、事件和基于时间的条件。

通过 Stateflow 能够设计和开发监督控制、任务调度、故障管理、通信协议、用户界面和混合系统。使用 Stateflow，可以对组合和时序决策逻辑进行建模，使其作为 Simulink 模型中的模块进行仿真或作为 MATLAB 中的对象执行。图形动画便于在执行逻辑时对其进行分析和调试。编辑时和运行时检查可确保在实现前保证设计上的一致性和完整性。Stateflow 图是有限状态机的图形表示，由状态、转移和数据组成。可以创建 Stateflow 图来定义 MATLAB 算法或 Simulink 模型如何响应外部输入信号、事件和基于时间的条件。Stateflow 是基于有限状态机的图形化编程环境。利用 Stateflow 可以测试和调试设计，考虑不同仿真场景，并从状态机生成代码。有限状态机是从一种工作模式（状态）转移到另一种工作模式的动态系统的表示。状态机可以作为复杂软件设计过程的高级起点，使设计者专注于工作模式和从一种模式转至下一种模式所需的条件，从而设计出即使复杂度增加也能保持简洁清晰的模型。

Stateflow 图可以将数据、状态和转移过程三者组合起来实现有限状态机。图 6-13 就是汽车四速自动传动系统换挡逻辑的框图模型。框图中的挡位用状态展示，即图中的 first、second、third 和 fourth 圆角矩形。其中状态是互相排斥的，也就是说在同一时间只能激活一个状态。

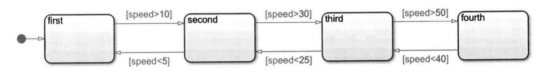

图 6-13　汽车四速自动传动系统换挡逻辑框图模型

图中最左侧的箭头是默认的，即默认第一个状态是激活的。运行时以加粗的矩形边框显示，其余的箭头表示将来可能发生的转移状态。状态机的动态定义是将转移与一个布尔条件或触发事件进行关联。在图 6-14 中，当车速超过一个固定阈值时就会发生切换，同时图中矩形的加粗显示也代表在运行过程中因为发生了切换从而状态被激活。

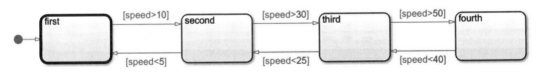

图 6-14　四速自动传动系统换挡框图激活状态

可以用以下三种方法来建立一个通过此 Stateflow 图与 MATLAB 或 Simulink 中的其他组件相结合的更全面的模型来实现汽车四速自动传动系统换挡逻辑的框图模型，需要考虑转速等因素。

1. 将图作为 MATLAB 对象执行

❑ **层次结构**：在汽车四速自动传动系统换挡逻辑框图模型的基础上包含一个父状态 gear_logic（如图 6-15 所示），以控制车辆的速度和加速度，并且此状态将一直处于激活状态。

- **时序逻辑**：在父状态 gear_logic 的前提下，使用 on every 来决定车速。on every 会在 MATLAB 中创建一个计时器，它会周期性地（每隔 0.25s）更新数据 speed。
- **输入事件**：利用三个输入事件 SpeedUp、Cruise 以及 SlowDown 来重置 delta 数据的值。delta 数据是决定汽车在每个执行步中是继续加速还是保持其原本速度的关键数据。

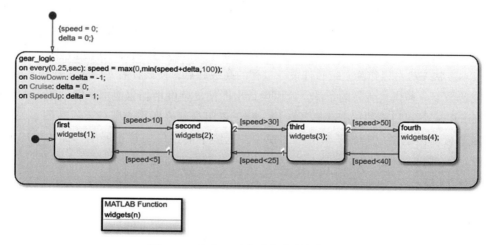

图 6-15　汽车四速自动传动系统演示图

接下来，通过 MATLAB 命令行窗口或使用 MATLAB 脚本直接将该图作为对象来执行。或者编写一个 MATLAB 应用程序，并通过此 MATLAB 应用程序的图形用户界面来控制此时的图状态。我们可以向用户界面发送输入时间。在图 6-16 中，利用 MATLAB 函数 widgets 来控制界面上的仪表值。

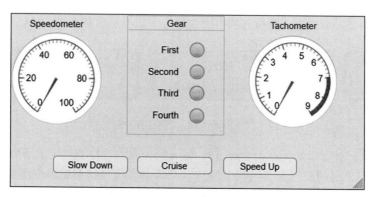

图 6-16　控制界面仪表

2. 将图作为具有本地事件的 Simulink 模块进行仿真

图 6-17 将激活状态数据、状态层次结构、时序逻辑、本地事件以及并行机制进行了合并。

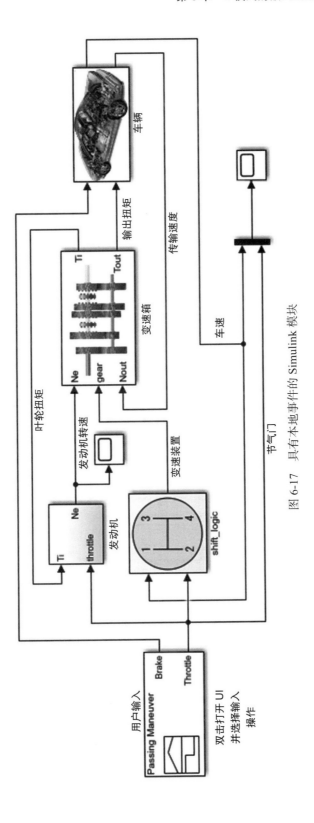

图 6-17 具有本地事件的 Simulink 模块

- 层次结构：gear_state 状态是一个修改版本，它包含了四速自动变速器图。selection_state 状态中包含几个子状态，例如稳定状态、升挡和降挡工作模式，当有需要的时候，这些子状态就会被激活。
- 并行机制：gear_state 和 selection_state 状态是并行状态。不论在什么情况下，这些状态都是同时运行的。
- 激活状态数据：在图 6-17 中，会根据 gear_state 中的激活子状态生成输出值 gear，输出值 gear 主要体现了挡位的选择。
- 本地事件：由于使用本地事件 UP 和 DOWN 触发挡位之间的转移，因此去除了布尔条件。当车速超过当前挡位的阈值后会触发条件，由 selection_state 中的 send 命令触发。Simulink 函数 calc_th 也会根据选择的挡位和发动机转速来制定工作阈值。

图 6-18 模型仿真运行的步骤如下：

1）打开 User Inputs 模块。弹出 Signal Builder 对话框，通过选择一个预定义的刹车到油门的配置文件进行仿真，也可以自定义配置文件。Passing Maneuver 是默认的配置文件。

2）单击 Run 图标。弹出 Stateflow Editor 对话框，图中会显示仿真过程中的激活状态。如果要减慢动画速度，可以依次单击 Display > Stateflow Animation > Slow。

3）最后，可以在 Scope 模块中查看仿真结果，即示波器显示的输入信号的波形，如图 6-19 所示。

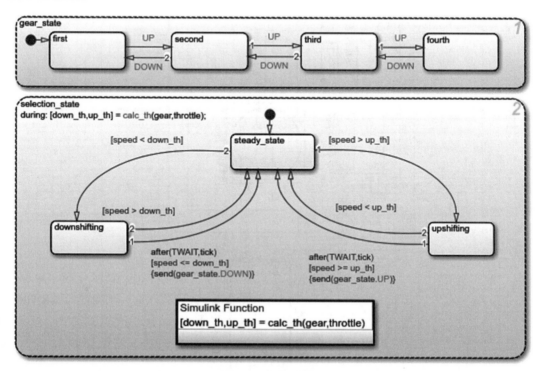

图 6-18 图形状态机

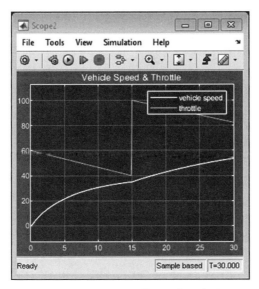

图 6-19　刹车 – 油门模块示波器波形 1

3. 将图作为带时序条件的 Simulink 模块进行仿真

图 6-20a 将激活状态数据、状态层次结构和时序逻辑三者进行了合并。

❑ 层次结构：在父状态 gear 中设置四速自动变速器图模型。实现了父状态监控车辆速度以及发动机的转速，也可以进行换挡操作。当前挡位的运行阈值和布尔条件 up 和 down 的值会通过父状态来确定。同时标签 en、du 显示了状态首次被激活（en = entry）和状态已激活时后续被执行的状态动作。

❑ 激活状态数据：挡位的选择同样由输出值 gear 显示，并且由输出值 gear 中已经激活的子状态来生成值。

❑ 时序逻辑：由于要防止连续的快速换挡，因此挡位之间的转移将由布尔条件 up 和 down 使用时序逻辑运算符 duration 来控制。当车速超过当前挡位的阈值以及超过某个预定时间 TWAIT 时，条件成立。

图 6-20b 模型仿真运行的步骤如下：

1）打开 User Inputs 模块。弹出 Signal Builder 对话框，通过选择一个预定义的刹车到油门的配置文件进行仿真，也可以自定义配置文件。Passing Maneuver 是默认的配置文件。

2）单击 Run 图标。弹出 Stateflow Editor 对话框，图中会显示仿真过程中的激活状态。如果要减慢动画速度，可以依次单击 Display > Stateflow Animation > Slow。

3）最后，可以在 Scope 模块中查看仿真结果，即示波器显示的挡位选择变化的波形，如图 6-21 所示。

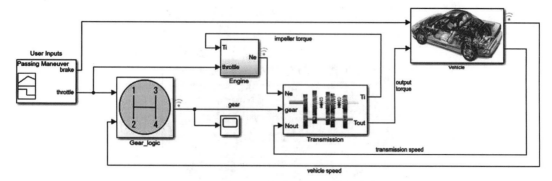

a）带时序条件的 Simulink 模块

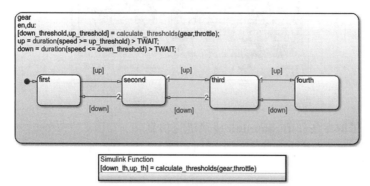

b）图形状态机

图 6-20

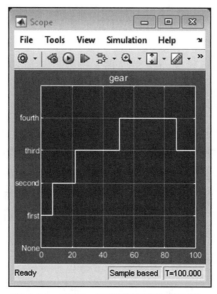

图 6-21 刹车–油门模块示波器波形 2

6.2.4 代码的生成和优化

较早之前，汽车行业中的代码都是人工手动编写的，例如发动机、自动变速箱等控制软件。人工编写代码费时、费力，有些国家都将这项工作移交给外包公司完成，以降低开发成本。越庞大的车载控制软件就越需要大量的人力去编写，最后才能将所有的程序合并在一起使用。

然而如今，手工编写代码的时代显然已经成为历史，即便存在也是极少数，汽车行业中手工编写 C 代码已然是比较罕见了。既然已经抛弃了手工编写代码，自然就会有其更好的替代品，那就是自动代码生成技术，也可以称为基于模型的设计技术，比如，在 MATLAB 开发工具中，以 Simulink 等为主导的图形化语言的使用使 C 语言代码用得更少，图形化的界面更加简洁、明了，并且 Simulink 可以实现与 C 语言代码的切换，这就更加突显了图形化工具的强大功能。

在这样的背景下，Simulink 搭配专门的自动代码生成工具使用，比如 TargetLink 或者 MATLAB 的 Embedded Coder 工具，软件设计者只需要编写图形化的 Simulink 代码，之后可通过上述两个工具之一自动生成对应的 C 代码，最后直接编译再刷写到具体的电子控制器上使用。在使用自动代码生成技术前，汽车控制软件的主要开发流程是这样的：

1）工程师需要根据需求来制定相应的功能及其控制模型，但是设计工程师可能完全不懂 C 语言代码，这就需要其他人来完成编写代码这项工作。

2）此时，设计工程师不得不把编写代码的工作移交给相应的软件工程师，甚至移交给外包公司。

3）移交完毕之后，相应的程序员就要根据需求来编写对应的 C 代码。

4）完成代码的编写工作之后，需要将其移交给测试和系统设计工程师去全面测试设计的功能是否可以实现。

当使用自动代码生成技术之后，这个流程就简单了许多。

1）不再需要程序员了。

2）在实际开发过程中，设计工程师不必再向软件工程师去讲解相关的设计功能，也无须等待代码的编写，直接使用 TargetLink、Embedded Coder 等软件的自动代码生成技术和图形化的代码即可完成设计代码的编写。

自动代码生成技术有如下优点：

1）节约了时间和成本，减少了人力、物力。

2）不需要软件工程师，只需要设计工程师就可以单独完成开发，不会出现由于传递过程导致的一系列不必要的错误。

3）软件功能被修改后，可以快速自动生成代码而不需要由程序员经过复杂的流程来修改。

4）不会像以前一样，因为不同的程序员而导致软件一致性问题，代码也会由自动工具统一优化。

5）图形化的软件设计和 Windows 一样让人更易懂，诸如 Simulink 中完整的诊断和查询显示功能也更便于对软件进行纠错。

基于模型的设计和自动代码生成技术对于包括汽车和航空航天在内的很多行业都是革命性的进步，这也是目前汽车行业最热门的技术研发领域。

典型的自动代码生成工具包括 MATLAB RTW、dSPACE 公司的 TargetLink、ASCET 工具包等。这里简单介绍 dSPACE 公司的 TargetLink 工具。TargetLink 是一款产品级代码生成软件。TargetLink 工具在自动生成代码的过程中保持着优化的思想，该工具生成的代码自动从 Simulink/Stateflow 模型转换到目标处理器，并且自身附带了仿真和测试等功能，其自动生成的 C 代码的优点如下：

1）高效率的 C 代码生成；
2）支持子函数不同计算频率的系统和 OSEK 兼容控制系统代码生成；
3）Stateflow 生成代码自动与 Simulink 模型生成代码整合；
4）可选择不同的编译器实现最理想的转化效率；
5）可以生成比标准 C 语言更有利的、特定的带有汇编程序声明的代码。

值得注意的是，使用 TargetLink 工具从 MATLAB/Simulink 控制模型自动生成 C 代码的过程中，需要先将 Simulink 模型转换为 TargetLink 模型，而且还要进行检查，以保证不会出现任何的错误和警告。完成以上操作之后，才可以根据相关需求进行变量定标、类型定义、各类可标定图谱设置、模型分块、算法优化、设置代码生成选项等工作。预备工作完成之后，就可以进行仿真测试和分析了，至此自动代码生成工作已完成，得到了相应的 C 代码。

TargetLink 提供了许多仿真模式，可以对已经生成的 C 代码进行功能验证，以便用户可以分模块地进行代码生成，最终得到完整的 C 代码，TargetLink 的应用开发流程如图 6-22 所示。

- 模型在环（Model-In-Loop）。已经转化并生成 TargetLink 模型的控制模块和尚未进行转化的原 Simulink 模型一起，在 MATLAB/Simulink 仿真平台上进行测试，以确认在控制模型的转化过程中控制策略及算法是否发生变异以及所得到的 TargetLink 模型是否符合生成 C 代码的规范要求。
- 软件在环（Software-In-Loop）。控制模型在生成 C 代码后，需要首先在 PC 主机上进行离线仿真，并快速地将所得到的产品代码转化为 S 函数，将其作为 Simulink 仿真平台与 C 代码之间的接口，实现在 PC 主机的 MATLAB/Simulink 仿真平台上的仿真测试，从而能够及时发现可能会出现的定点数值影响，并便于及时修正。
- 处理器在环（Processor-In-Loop）。已经生成的 C 代码需要被应用到目标处理器评估板上试运行。同时由 TargetLink 生成接口函数，将在 Simulink 模型中所设置的输入信号传输给评估板，仿真运算结果通过接口函数返回给 PC 主机。这样，可以在闭环条件下确定产品代码的运行周期以及内存的占用情况。TargetLink 的主要特性和优点如表 6-1 所示。

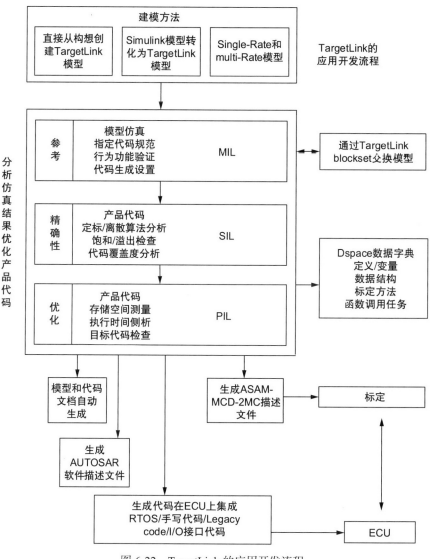

图 6-22　TargetLink 的应用开发流程

表 6-1　TargetLink 的主要特性和优点

特性	描述	优点
高效的代码	从 MATLAB/Stateflow 模型生成高效的定点或浮点代码	对于软件的详细设置被直接转化为 C 代码
代码可靠性	确定地从模型生成测试过的 C 代码	避免代码错误
针对目标的优化	针对目标处理器的代码优化	适应目标处理器需求的高效率代码
累加的代码生成	针对特定子系统的代码生成	更快地生成代码，不需要改动已经验证过的代码

(续)

特性	描述	优点
代码覆盖分析	针对代码执行过程的动态分析,可以找出从未被执行到的代码段	可以发现潜在的问题
代码可读性	简明易读的代码	方便进行代码检查
自动定标	基于仿真数据的定标或基于数据的worst-case 范围传递的定标	保证精确度
测试机制	多种测试机制对代码进行测试(MIL、SIL、PIL)	在早期就能发现故障
符合标准	符合相关的质量标准和功能性标准	保证代码质量和互用性
多速率的代码	对多速率系统和任务间通信的全面支持	可以在 Block 级定义任务
支持符合 OSEK/VDX 标准的操作系统	支持标准的 OSEK/VDX 接口和特性	可以设计符合 OSEK/VDX 标准多速率系统
支持 AUTOSAR(新特性)	支持 AUTOSAR 软件部分(SW-C)的建模和代码生成,可以生成 SW-C 描述文档	TargetLink2.2 将基于模型的设计过程和符合 AUTOSAR 标准的软件开发过程连接起来
dSPACE 的 Data Dictionary	主要的数据存储类型,存储变量、数据结构任务、函数	可以管理不同类型数据,来构建自己的工程
TargetLink Blockset	免费的 TargetLink 不需要安装 Base Suite 就可以使用	工作组的成员可以操作 TargetLink 模型
标定数据生成	可以导出标定数据 ASAM-MCD 2MC 文件,供标定工具使用	自动实现,保证模型和标定数据的一致性
文档	自动生成模型和代码文档	系统是透明的、可跟踪的

6.2.5　Embedded Coder 工具介绍与实例

Embedded Coder 为大规模生产中使用的嵌入式处理器生成可读、紧凑且快速的 C 和 C++ 代码。它对 MATLAB Coder 和 Simulink Coder 进行了高级优化,以精确控制生成的函数、文件和数据。这些优化可以提高代码效率,简化与现有代码、数据类型和标定参数的集成。可以结合使用第三方开发工具编译可执行文件,以便在嵌入式系统或快速原型构建板上实现即交即用式部署。

Embedded Coder 为 AUTOSAR、MISRA C 和 ASAP2 软件标准提供内置支持。它还提供可追溯性报告和代码文档,以及支持 DO178、IEC 61508 和 ISO 26262 软件开发的自动化软件验证。Embedded Coder 代码是可移植的,并且可以在任何处理器上编译和执行。此外,它还为特定硬件提供具有高级优化和设备驱动程序的支持包。

为了更深入地学习和理解 Embedded Coder 工具的使用,将通过以下示例进行实操练习。

例 1:下面说明如何为 Simulink 模型选择目标,配置选项,为嵌入式系统生成 C 代码以及查看生成的文件。

该模型代表为一个触发子系统馈送信号的 8 位计数器,如图 6-23 所示。该子系统由常量模块 INC、LIMIT 和 RESET 进行参数化。Input 和 Output 代表模型的 I/O。Amplifier 子系统按增益因子 K 放大输入信号,当信号 equal_to_count 为 true 时,将会更新增益因子。

1)打开模型(图 6-23),代码如下:

```
model='rtwdemo_rtwecintro';
open_system(model);
```

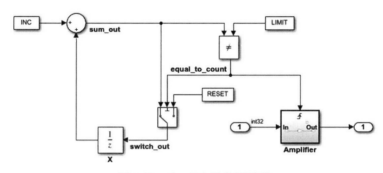

图 6-23　Simulink 计数器模型

2)通过单击 Simulation > Model Configuration Parameters,从模型编辑器中打开 Configuration Parameters 对话框。或者,在 MATLAB® 命令提示符下键入以下命令:

```
cs = getActiveConfigSet(model);
openDialog(cs)
```

3)选择 Code Generation 节点,如图 6-24 所示。

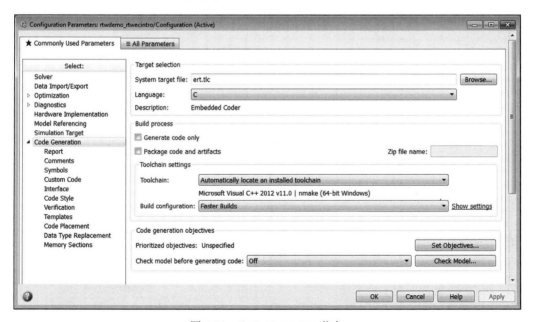

图 6-24　Code Generation 节点

4）在 Target selection 窗格（图 6-25）中，单击 Browse 并选择一个目标，如图 6-26 所示。

你可以针对特定的目标环境或目的生成代码。有些内置的目标选项是使用系统目标文件提供的，这些文件控制目标的代码生成过程。

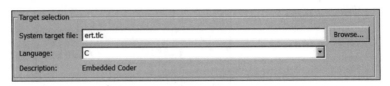

图 6-25　Target selection 窗格

5）选择 Embedded Real-Time（ERT）目标，然后单击 Apply，如图 6-26 所示。

ERT 目标包括一个实用工具，用于根据应用程序目标指定代码生成设置并确定各项设置的优先级。

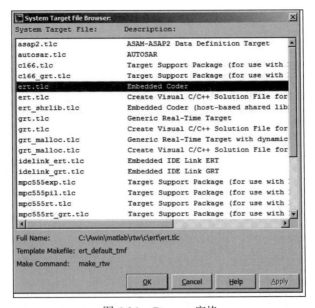

图 6-26　Browse 窗格

6）在 Code generation advisor（图 6-27）窗格中，单击 Set Objectives。

可以为生成的代码设置目标并确定各目标的优先级。虽然代码可追溯性可能是应用程序的重要标准，但出于代码执行效率的考虑，可能不希望让代码的可追溯性具有高优先级。

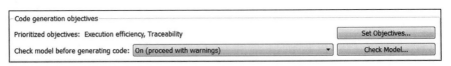

图 6-27　Code Generation Advisor 窗格

7）在 Set Objectives 窗格（图 6-28）中，选择 Execution efficiency 和 Traceability，单击 OK 按钮。

你可以在生成代码之前选择目标组合并对其进行优先排序。

图 6-28　Set Objectives 窗格

8）在模型窗口中，通过以下任意一种方式启动代码生成和模型构建过程。
- 单击 Build Model 按钮。
- 按 Ctrl+B 键。
- 选择 Code > C/C++ Code > Build Model。
- 从 MATLAB 命令行调用 rtwbuild 命令。
- 从 MATLAB 命令行调用 slbuild 命令。

9）查看显示的代码生成报告，如图 6-29 所示。

该报告包括 rtwdemo_rtwecintro.c、关联的实用工具和头文件以及可追溯性和验证报告。

10）关闭模型。

```
bdclose(model);
rtwdemoclean;
```

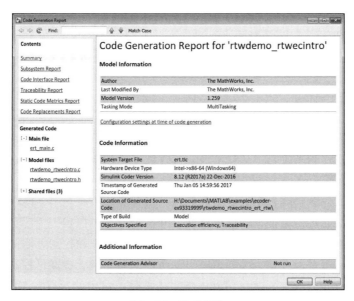

图 6-29　生成报告

图 6-30 显示了 rtwdemo_rtwecintro.c 的部分内容。

Step function for model: rtwdemo_rtwecintro

File: rtwdemo_rtwecintro.c

```
/* Model step function */
void rtwdemo_rtwecintro_step(void)
{
  boolean_T rtb_equal_to_count;

  /* Sum: '<Root>/Sum' incorporates:
   *  Constant: '<Root>/INC'
   *  UnitDelay: '<Root>/X'
   */
  rtDWork.X = (uint8_T)(1U + (uint32_T)rtDWork.X);

  /* RelationalOperator: '<Root>/RelOpt' incorporates:
   *  Constant: '<Root>/LIMIT'
   */
  rtb_equal_to_count = (rtDWork.X != 16);

  /* Outputs for Triggered SubSystem: '<Root>/Amplifier' incorporates:
   *  TriggerPort: '<S1>/Trigger'
   */
  if (rtb_equal_to_count && (rtPrevZCSigState.Amplifier_Trig_ZCE != POS_ZCSIG))
  {
    /* Outport: '<Root>/Output' incorporates:
     *  Gain: '<S1>/Gain'
     *  Inport: '<Root>/Input'
     */
    rtY.Output = rtU.Input << 1;
  }

  rtPrevZCSigState.Amplifier_Trig_ZCE = (uint8_T)(rtb_equal_to_count ? (int32_T)
    POS_ZCSIG : (int32_T)ZERO_ZCSIG);

  /* End of Outputs for SubSystem: '<Root>/Amplifier' */

  /* Switch: '<Root>/Switch' */
  if (!rtb_equal_to_count) {
    /* Update for UnitDelay: '<Root>/X' incorporates:
     *  Constant: '<Root>/RESET'
     */
    rtDWork.X = 0U;
  }

  /* End of Switch: '<Root>/Switch' */
}
```

图 6-30　rtwdemo_rtwecintro.c 部分内容

6.3　硬件在环测试

硬件在环（HIL）测试是一种功能强大的测试方法，可以更加有效地测试嵌入式控制系统。当测试嵌入式控制系统时，从安全性、可行性和合理的成本上考虑，对全系统进行所有必要的测试是不现实的。

硬件在环测试是混合动力控制器和部件控制器开发的关键环节，能在台架试验和道路试验前对控制器功能进行验证，以缩短控制器开发周期。可搭建一个混合动力硬件在环测试系统，对整车控制器和部件控制器进行硬件在环测试。比较控制策略测试用例自动生成方法，利用遗传算法对混合动力控制策略自动生成测试用例，提高了控制器开发效率。硬件在环测试系统以实时处理器运行仿真模型来模拟受控对象的运行状态，通过 I/O 接口与被测的 ECU 连接，对被测 ECU 进行全面的、系统的测试。从安全性、可行性和合理的成本上考虑，硬件在环测试已经成为ECU开发流程中非常重要的一环，减少了实车路试的次数，在缩短开发时间和降低成本的同时提高了ECU的软件质量，降低了汽车厂商的风险。

在新能源汽车的全新领域中，硬件在环测试对于三大核心电控系统（整车控制系统、电池管理系统、电机控制器）是非常重要的。但其高精度的实时性要求、大电压/大电流的安全性、信号接口的特殊属性以及系统的可扩展性都使得传统汽车电控系统的硬件在环测试系统无法实现。HIL系统主要由三部分组成：硬件平台、实验管理软件和实时软件模型。

6.3.1 ECU功能测试

一个ECU开发完成后，必须对其功能进行全面的测试。现在由于控制系统完成的功能日渐复杂，因此要对其进行全面、综合的测试，而且故障情况下和极限条件下的测试尤为重要。但如果用实际的控制对象进行测试，很多情况是无法实现的，或要付出高昂的代价，但如果用计算机辅助设计工具对被控对象进行实时仿真，就可以进行各种条件下的测试，特别是故障和极限条件下的测试。

本章以某款变速箱ECU的硬件在环测试为例进行介绍。测试工具采用dSPACE的Simulator Automation Desk等工具，如图6-31所示。

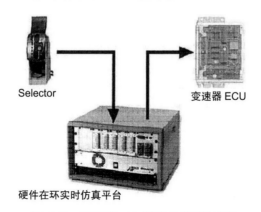

图6-31 变速箱ECU硬件在环测试系统

在H1L测试环境的搭建中，使用dSPACE的实时控制仿真平台（Simulator设备）作为实时环境的硬件载体，在MATLAB/Simulink中建立变速箱模型、液力变矩器模型、发动机模型、整车底盘模型与路面模型等被控对象模型。在通过MATLAB产品家族中的自动代码生成工具（RTW）将上述模型转化为实时代码并将其下载至Simulator设备中的处理器板卡后，即可完成HIL测试环境的搭建。

首先TCU（Transmission Control Unit）通过Simulator中专用的I/O板卡获取车辆模型发出的状态信号，如发动机转速、变速箱输入与输出转速、发动机油温、换挡手柄状态、变速箱挡位等，TCU基于这些信号发出对变速箱模型的控制信号，例如换挡控制信号、离合器控制信号等。同样,通过 Simulator 中专用的 I/O 板卡完成对这些控制信号的采集后,车辆模型将根据控制信号进行状态更新,模拟车辆的被控动作。

在上述过程中,通过信号调理模块或外围驱动电路模块,Simulator 还可以集成一些传感器或执行器,所以对于一些关键部件模型,我们可以用真实部件取代,例如手柄部件油门踏板、刹车踏板等。同时,可通过 Simulator 的标准硬件集成相应的诊断或标定工具。对于功能测试,我们可以通过操作车辆模型模拟平稳加速状态、急加速/急减速状态、坡道状态、软件故障状态,甚至一些在现实中很难出现的极端行驶状态,从而测试与评估 TCU 的控制效果。另外,还可通过 Simulator 的故障注入单元模拟大量的硬件故障,如传感器输入的开路、短路等,进一步检测 TCU 的诊断功能。Simulator 与 TCU 之间的接口如图 6-32 所示。

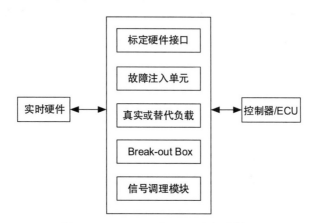

图 6-32 Simulator 与 TCU 之间的接口

6.3.2 ECU 节点分布式与网络测试

ECU 网络测试包括网络中各个 ECU 的相互作用,如总线上的相互行为、网络管理、功率消耗、系统集成等。目前,大部分汽车中都集成了诊断与标定、动力传动控制、底盘控制(ABS、ESP、ASR)、安全气囊、车身电子控制、座位调节、电动后视镜、汽车导航、汽车娱乐媒体等功能,这使得网络功能很复杂、很强大。各个 ECU 必须基于总线技术(如 CAN 总线)进行信息传递和资源共享。如图 6-33 所示,整个汽车网络可以分为多个速率不同的网络。同一速率的网络中的每个 ECU 都有控制信号通信,不同速率的网络中的 ECU 也有通信,整个网络中的所有 ECU 形成了一个整体,互相影响,一个 ECU 的功能出错会影响其他 ECU 的工作,甚至会引起整个网络的崩溃。

单个 ECU 的部分功能错误可在开发阶段检测出来,但还有很多错误必须在一个集成的系统中才能被检测出来,因此对 ECU 网络的测试更为复杂。现在流行的虚拟车辆环境可以对 ECU 网络进行测试,而这实际上就是 HIL 测试。特别对于整车厂而言,一套网络系统的各个 ECU 可以交给供应商开发,最后必须进行所有 ECU 集成的测试。在传统方法中,通常采用手动方式在测试台架上或使用原型车辆来对 ECU 进行测试。这种测试方法没有或只有限的自动操作,没有或只有限的可重用性,难以处理 ECU 不同的变型,并且不能自动生成测试报告。

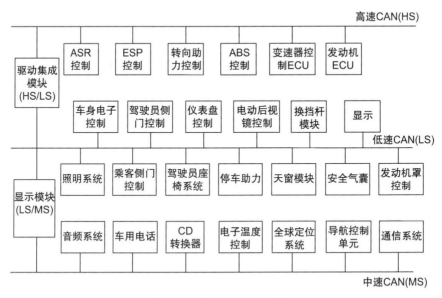

图 6-33 车身网络拓扑结构

如图 6-34 所示,在 HIL 测试环境中对 ECU 网络进行测试,除可以进行自动化测试外,测试还具有很高的可重复性,并且可方便地重现车辆(总线)中的大量故障。HIL 测试环境可以测量所有的电气信号,包括总线信号、测试网络负载、网络容错能力等;可分阶段地进行系统测试(对未开发好的 ECU 进行总线仿真),并且能在不同 ECU 变型结构之间快速切换。

图 6-34 用于 ECU 网络测试的 HIL 台架

上述的 HIL 测试环境同样基于 dSPACE 的 Simulator 设备，这种设备具有可扩展性，它可以灵活地配置大量的输入/输出通道（I/O、模拟量、PWM）、信号调理模块、驱动电路模块、电源管理、通信接口（CAN、LIN、FlexRay 等）、负载模块和故障模拟模块等。

图 6-35 所示为一个针对 ECU 网络测试的具体方案，其中主要有三台 Simulator 设备，第一台设备主要模拟动力传动模型，与发动机控制器、变速箱控制器等连接；第二台设备主要模拟车辆动力学模型、动力转向模型等；第三台设备模拟各种车辆通信部件模型。这三台 Simulator 设备通过 CAN 总线和高速传输总线连接，其中 CAN 总线传输网络中各个 ECU 的传递信息，高速传输总线传输各个车辆模型的仿真计算数据；同时还有专门的 CAN 网络故障模拟器分别与各个 Simulator 设备连接；所有 Simulator 和故障模拟器通过专门的信号接口与 PC 总控制台连接，实现 Simulator 的模型下载、故障类型设置、信号采集、在线调参等。这样基于虚拟车辆，通过确定测试需求、制定测试流程，我们可以对整个 ECU 网络进行测试。

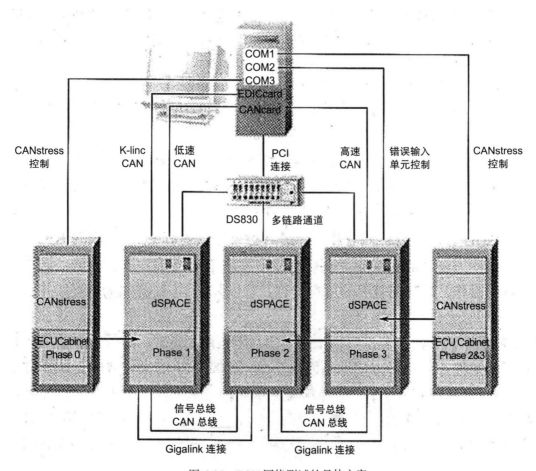

图 6-35　ECU 网络测试的具体方案

6.4 在线标定技术

在当今的汽车系统中，电子控制单元（ECU）作为汽车系统中的中枢系统，主要的工作过程是采集输入信息（包括驾驶员意图、工况等）并采用合理的算法计算输出，用公式 OUT = f(IN) 来表示，为了达到理想的控制效果，算法 f 中会有很多的参数，可根据不同的驾驶意图以及工况来进行调整，ECU 中的程序由软件工程师进行设计，而软件工程师没有能力把这些参数设置成合理的值，这些值需要在实验中根据汽车数学模型来设置，这部分工作是由应用 / 标定工程师在软件开发结束以后通过改变参数分析性能并反复迭代从而最终测定的，因此应用 / 标定工程师需要能够在 ECU 程序运行过程中读取（测量，Measure）ECU 参数、改变（标定，Calibrate）ECU 参数。XCP 通信协议就提供了这样一种手段和可能。

汽车的标定是指为了实现不同的功能，如排放、汽车操纵性、不同环境下的汽车性能等指标，而对汽车的控制参数进行调整，即在运行时访问 ECU，采集测量数据和参数并加以修改，以优化 ECU 算法。在 ECU 最终被安装到真实的车辆上时，要对大量的控制参数和 MAP 图进行修改和优化，实现 ECU 的标定。标定系统的主要作用是监控 ECU 工作变量、在线调整 ECU 的控制参数（包括 MAP 图、曲线及点参数）、保存标定数据结果以及处理离线数据等。完整的标定系统包括上位机 PC 标定程序、PC 与 ECU 通信硬件连接以及 ECU 标定驱动程序三个部分。自动测量系统标准化协会（Automatic Measurement System Standards Association，ASAM）建立了汽车电控单元测量、标定和诊断（Measurement, Calibration and Diagnostics，MCD）三方面的标准，实现了 ECU 与测量标定系统和诊断系统间接口的标准化。

用于系统标定的工具主要有 IPETRONIK、Vector 的 CANoe、CANlog、CANape、CalDesk、美国 ATI（Accurate Technologies Inc）公司的 Vision，这些工具都是用汽车电子控制单元 ECU 的开发、标定和测量的软件。

6.4.1 CCP 简介

CCP 的全称是 CAN Calibration Protocol，CCP 在 20 世纪 90 年代中期被标准化。那时，CAN 通信是汽车通信的绝对主流，而随着汽车工业的发展，LIN、FlexRay、MOST、Enthernet 等协议不断推出和应用，因此有必要在多种传输媒介上实现测量和标定的通信协议，这就是 XCP 被提出来的原因。2003 年，XCP 在 CCP 的基础上被 ASAM 组织以"ASAM MCD-1 XCP"的名字标准化。XCP 的全称是 Universal Measurement and Calibration Protocol，这里"X"代表的意思是该协议可以运行在多种传输层上（CAN、Ethernet、FlexRay、SCI、SPI、USB）。CCP 协议主要提供以下功能：随机读取 ECU 中 RAM 和 ROM 数据，测量数据采样，标定数据采样和传输，同时处理多个 ECU 系统，Flash 编程技术。

CCP 采用主从通信方式，具体又可分为两种：查询（Polling）模式和 DAQ（Data Acquisition Command）模式。

6.4.2 XCP 协议

1. 针对多种传输层和应用的协议

现代汽车系统中加入了越来越多的安全性和舒适性电控功能。虽然 ECU 的数量得到了控制，但是这就意味着要增加单个设备的复杂度来补偿功能的增加。XCP 通信协议为这些分布式系统开发过程的合理化做出了重要的贡献，其主要任务为实时地测量和标定 ECU 内部变量。该协议继承了 CCP，它的一个巨大优势就是与物理传输层无关。

当前，汽车控制模块中的变量数目超过 1 万的情况已经不足为奇了！在车辆中有众多的动态过程需要控制，而 ECU 标定的主要任务就是优化这些控制算法。例如对于 PID 控制器，在标定其比例、积分和微分环节时可能产生不计其数的变化版本。因此，需要寻找一个在稳定性、速度和动态特性方面足够好的结合点。这些可以通过实时读取和更改变量来实现。

为了控制 ECU 标定的时间和成本，工程师和技术员通常会依赖可以灵活读写变量和内存的强大的工具和标准。为此，在 20 世纪 90 年代出现了 CAN 标定协议（CCP），当时 CAN 总线是汽车中唯一的主流总线。CCP 后来被指定为一种交叉 OEM 标准。然而，随着汽车电子的持续发展，其他总线系统诸如 FlexRay、LIN、MOST 等也开始成为主流。但是，CCP 仅限于 CAN 网络应用，所以在其他潜在领域的应用局限性日益增加。这就促进了其后继协议 XCP 的出现。

2. 通用的标准协议

与 CCP 一样，通用测量与标定协议（XCP）也源于自动化和测量系统标准化协会（ASAM）[1]，它在 2003 年被定为标准。其中的"X"代表可变的和可互换的传输层。XCP 通过双层协议将协议和传输层完全独立开，它采用的是单主/多从结构。根据正在讨论的不同的传输层，XCP 协议可能指的是 XCP-on-CAN、XCP-on-Ethernet、XCP-on-UART/SPI 或 XCP-on-LIN，如图 6-36 所示。

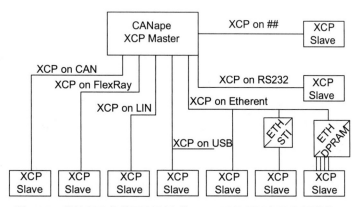

图 6-36 传输层和协议层的隔离使 XCP 可以利用大量的硬件接口

XCP 主设备可以和不同的 XCP 从设备同时通信。这些 XCP 从设备包括：ECU 或 ECU 原型；测量和标定硬件，如调试接口或内存仿真器；快速控制原型硬件。HIL/SIL 系统为了应对作为针对大量不同应用的通用通信解决方案的挑战，ASAM 工作组强调下列 XCP 设计准则：最小的资源使用（包括 ECU 中的 RAM、ROM 和必需的运行时资源），高效的通信，轻松实现 XCP Slave，需要较少配置工作的即插即用性能，较少的参数，以及可伸缩性。

3. 可互换的传输层

XCP 可以在不同的传输层上实现同样的协议层。这是一种通用的测量和标定协议，可以独立于所使用的网络类型而工作。目前，ASAM 在标准中定义的传输层包括：XCP-on-CAN、XCP-on-SXI（SPI、SCI）、XCP-on-Ethernet（TCP/IP 和 UDP/IP）、XCP-on-USB 和 XCP-on-FlexRay。最后命名的版本（XCP-on-FlexRay）是协议家族中的最新成员，它早在 2006 年就产生了。XCP-on-FlexRay 的一个特别的技术特征是动态带宽控制。测量、标定和诊断工具（MCD 工具），比如 CANape，可以识别可用带宽并能够非常高效地将其动态分配到当前的应用数据通信中。这样 XCP 通信的可用带宽就可以得到最理想的使用，并且不影响正常的 FlexRay 通信。

正在为将来考虑的其他方案包括 XCP-on-LIN；如果有充足的客户需求，则也可能包括 XCP-on-K-Line 或 XCP-on-MOST。由于支持广泛的传输层，因此从开发阶段的宽带（比如 Ethernet 或 USB）方案移植到批量生产阶段的 CAN 接口方案变得十分简单。

4. 一主多从概念

测量和标定系统承担了 XCP 主设备的角色，ECU 作为 XCP 从设备工作。主设备和从设备的通信是通过集成在其中的 XCP 驱动程序来实现的。每个从设备都有一个 ECU 描述文件，这些文件规定的信息包括：（符号）变量名及其地址范围分配，数据的物理意义，使用的校验方法。XCP 主设备可以从 A2L 描述文件中读取其所需的全部信息。

XCP 通信使用命令传输对象（CTO）和数据传输对象（DTO）来区分（主从通信）。XCP 主设备可以在总线上向 ECU 通过 CTO 发送命令。ECU 会在执行完请求的服务后以同样的途径进行应答。CTO 会提供 CMD（命令）、RES（响应）、ERR（错误）、EV（事件）和 SERV（服务请求处理机）。数据传输对象 DAQ（数据采集）和 STIM（激励）用于以事件驱动的方式从内存中读取测量变量或者向 XCP 从设备的内存中写入变量值。XCP 主设备和 XCP 从设备之间的通信如图 6-37 所示。

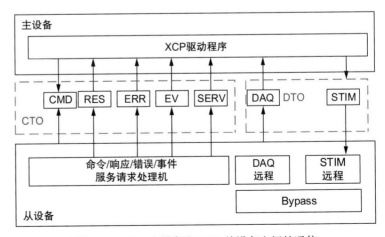

图 6-37　XCP 主设备和 XCP 从设备之间的通信

5. 从汽车总线到标准 PC 接口

PC 平台几乎只用作测量和标定的主设备。为了直接连接到汽车总线系统，比如 CAN、LIN、FlexRay、MOST 或 K-Line 等，通常会为 PC 机安装一个或多个硬件接口。此外，XCP 主设备也可以利用标准 PC 接口，例如以太网、USB 和 RS232 等。当然，在这些解决方案中不会增加额外的硬件接口成本。带调试接口（JTAG、TRACE 等）的测量和标定系统以及内存仿真器都可以通过这种方式实现。原则上，标准 PC 接口非常适合连接存在于不同总线系统间的网关，比如 FlexRay-on-Ethernet 就可以很好地实现此功能。最后，在很多开发和测试计划中会用到传统模拟和数字 I/O 通道，这些通道会涉及时间 – 关键测量。

使用 XCP 的一个显著优势在于这样一个单一标准协议满足了所有的应用需求。如果没有 XCP，就需要为每个通信通道定义一个专用的驱动，然而在同时使用多种驱动时考虑性能损失，此外还会增加出现不受欢迎的相互影响和不稳定性的风险。

6. 通用、可扩展并节约资源

一个并且是同一个 XCP 驱动代码可以应用于所有的通信过程。它可以用于从低端控制器和接口发送仅仅几个字节的数据，比如集成了串行接口的 8 位处理器。同样的代码也可用于通过高速的网络（比如以太网）使用 32 位处理器发送兆字节量级的数据。XCP 驱动是由强制功能和可选功能组成的，驱动的大小可以根据可用的 ROM/Flash 的大小进行调整。在 ECU 中，通过是否具有高数据吞吐量或低处理器负载和 RAM 尺寸来表征资源用量。对于总线负载，主要考虑传输信号的数目和总线带宽。总之，XCP 驱动容易实现，而且只需要很少的几个变量。

7. 事件驱动的周期性数据采集

ECU 在离散的时间间隔上运行。可以将这样的一个时间间隔长度固定（比如 10ms），或者定义其依赖于某种事件（比如发动机转一圈）。在固定时间间隔的情况下，时间片的结束是以定时器的溢出来标记的。从广义上讲，这种定时器溢出也是一个事件。ECU 的任务是在一个特定的时间片内完成所有的计算和控制任务。为了从 XCP 从设备中获取相关的数据信息，使用了 XCP 协议中的 DAQ 机制。在该机制中，在测量开始前，XCP 主设备会先通知 XCP 从设备特定的事件发生时需要测量哪些信号。如果现在事件发生了（如 10ms 定时器溢出），XCP 从设备就从内存中读取这些先前定义的数据，并且将它们拷贝到受保护的 RAM 区，然后通过消息的方式将它们发送给 XCP 主设备。这保证了数据值来自同一事件循环并且是相关的。

XCP 主设备接收带有时间戳的数据并且将其保存在相应的测量文件中。时间戳要么通过 XCP 从设备作为数据发送，要么分配到消息中通过硬件接口（比如 CANcardXL）发送。在测量文件中，所有数据参考 XCP 主设备的时间基准进行同步，然后被进一步处理，例如在一个统一的时间轴上对测量数据进行可视化显示。这就允许在一张图中一致地显示不同 XCP 从设备的多个数据通道。除了前面提到的 XCP 相对于 CCP 的优点，XCP 还支持所谓的冷启动测量和用于循环数据采集的任务的内部 ECU 时间戳。在冷启动测量中，可以配置 ECU 使它在被激活后就立即周期性地发送数据，而 XCP 主设备不需要明确地初始化该功能。如果使用了内部 ECU 时间戳，该时间戳就不是在测量和标定系统中与后期评估相关的数据接收时间，而是在 XCP 从设备中数据被创建的时刻。这样就消除了由于传输延迟而引起的不确定性（比如在总线带宽不足或者高负载情况下都会产生）。

8. 优化特性曲线和特性图

除了基于数学模型的控制算法之外，ECU 还要使用由离散插值点组成的特性曲线和特性图。为了达到预期的系统行为，通常通过试验方法（比如台架试验）建立和优化这些特性值表。A2L 文件是用来描述测量变量和标定参数的。描述的选项的范围从简单标量参数到复杂数值表。其中，描述内容包含数据类型、原始值和物理值间的转换规则、特性 MAP 图的存储方案以及更多的功能。Vector Informatik 公司提供的 CANape 及类似的高性能标定工具可以在屏幕上通过图形、图表或数值表格的方式清晰地显示特性曲线和 MAP 图。

9. 使用 CANape 和 XCP 进行快速原型构建

在 ECU 开发过程中，经常会频繁地将重要功能导出到外部仿真系统，这样可以以最小的代价来计算这些功能。直到仿真模型中的算法达到一定的成熟度，开发者才会从这些算法中生成代码，这些代码可与其他 ECU 代码一起编译并烧写到 ECU 中。然而，在此之前，可以使用一种被称作"旁通"的技术（该技术耦合了真实 ECU 及其模型），通过旁通可以在开发初期不依赖硬件进行测试和优化工作。

在使用 XCP 的旁通技术中，XCP 主设备使用 DAQ 从 ECU 中读取数据，将这些数据作为输入值发送给模型并且使用 STIM 将模型返回的结果发送回 ECU。值得注意的是，使用运行 MCD 工具 CANape 的普通 PC 机平台就足以满足旁通和建模的要求。这是个好消息，因为基于特殊实时硬件的解决方案可能会贵好多倍，而且在开发部门中这类设备也可能为数不多。CANape 作为一个高度优化的 XCP 主设备，可以同时处理与真实 ECU 的通信和与在 PC 上运行的模型之间的通信（图 6-38）。ECU 参数和模型参数都可通过 CANape 和 XCP 进行标定。

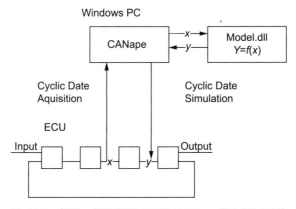

图 6-38　旁通：使用标准 PC 和 CANape 作为测试系统

10. 通过 XCP 进行 Flash 编程

XCP 同样为进行 ECU 编程的用户提供了便利。ECU Flash 内存中的数据只能使用特殊的预定的 Flash 程序进行改写，这些预定的程序也必须驻留在 ECU 中。原则上，可使用两种方案：第一种方案，Flash 程序被永久存储在 Flash 中，这样会浪费内存，而且会遇到交付车辆的安全问题；第二种方案，在需要重新编程的时候，仅使用 PC 工具通过 XCP 将 Flash 内核下载到微控制器的 RAM 中。除了包含用于擦除 Flash 内存和重写数据的 Flash 程序外，Flash 内核也包含自己的总线和 SCP 驱动，它们用于通过总线接口与 PC 工具进行通信。

11. 总结

XCP 是一种标准而通用的有很多合理化潜力的应用协议。它不仅用于 ECU 的开发、标定和编程；也用于在原型开发中集成需要的测量设备、功能开发中的旁通以及在测试台上进行的 SIL 和 HIL 过程。对于通过微控制器调试接口（例如 NEXUS 等）快速访问内部数据，通信是在专用硬件上进行的，不会出现故障。该硬件完成 NEXUS 到 XCP-on-Ethernet 的通信转换。这样带给用户的好处是不依赖于专用解决方案的工具生产商，并且可以重用组件。

12. CCP 与 XCP 对比

（1）CCP 与 XCP 的用途

XCP/CCP 主要应用于控制系统的开发和测试。XCP/CCP 使用者为控制系统或机械工程师，XCP/CCP 也广泛应用于系统验证和测试。如果不用 XCP/CCP，那么在 ECU 的软件开发中将频繁使用 C 代码编译器和调试器。通过 XCP/CCP 协议，配合 A2L 文件，可以直接在软件上更改某些参数，执行器会给出相应的反馈。

例如，对于以前做的一个单片机板子，如果想要修改里面的程序，需要先修改代码，再进行编译、调试，生成 HEX 或 S19 文件，再将程序烧写进单片机中，才算完成程序的修改。但是对于复杂的 ECU，标定时是需要经常修改各种参数的，如果每次修改参数时都需要编译、调试、生成再下载，则会影响工作效率，所以使用 CCP 和 XCP 进行标定非常便捷。

（2）CCP 与 XCP 的优点

当 ECU 运行的时候，可以实时记录 ECU 内存中的变量。可以用具有真实物理意义和单位的数值来直接读写 ECU 变量，比如 RPM、温度、开关等，而不是以原始的字节、位来读取。可实时改变 ECU 内存中的变量值，测试中可实时改变 ECU 行为和性能，而不需重新编译 ECU 程序。标定过程中，数据记录功能可以获取和记录全面的数据。

6.4.3 CANape 标定工具简介

CANape 为开发者提供了一种可用于 ECU 开发、标定、诊断、测量数据和采集数据的综合性工具。CANape 主要用于电控单元（ECU）的参数优化（标定）。它在系统运行期间同时标定参数值和采集测量信号。CANape 与 ECU 的物理接口可以是使用 CCP（CAN 标定协议）的 CAN 总线，或者是使用 XCP 协议的 FlexRay 实现。另外，通过集成的诊断功能集（Diagnostic Feature Set），CANape 提供了对诊断数据和诊断服务的符号化访问。这样，它就为用户提供了完整的诊断测试仪功能。CANape 使用标准协议的特性使其成为覆盖 ECU 开发所有阶段的一种开放而灵活的平台。CANape 的基本功能包括：

1）同步地实时采集和显示 ECU 内部信号（通过 CCP/XCP），CAN、LIN、FlexRay 总线信号以及来自外部测量设备的信号。

2）通过 CCP/XCP 进行在线标定并通过 XCP 进行实时激励（Stimulation）。

3）离线标定。

4）快速而安全地使用二进制文件和参数组刷写 Flash（Flash 编程）。

5）无缝集成 KWP2000 和 UDS 诊断函数。

6）强大的标定数据管理、参数组比较和合并功能。

7）在测量、离线分析或旁通（bypassing）过程中使用集成的 MATLAB/Simulink 模型进行计算。

8）ASAM MCD3 测量和标定自动化接口。

9）与 ECU 测量数据一起同步采集视频、音频、GPS 和外部测量设备的环境数据，使用集成的编程语言自动执行用户输入序列和处理测量值与信号。

CANape 是进行 ECU 标定的综合工具。该领域内的所有工作都可使用 CANape 方便而可靠地完成：从快速原型方案到 ECU 生产前的软件功能开发，使用 ASAM MCD3 接口的台架测试应用，实车试验的测试驱动器，数据记录，ECU 和车辆诊断，以及使用高级多媒体选项进行的目标识别算法验证。

通过 CCP 和 XCP 测量与标定协议，CANape 能同步地获取 ECU 内部的测量参数。同步的意思是测量数据采样点的分配可以精确到 ECU 的一个任务周期。ECU 的测量数据与其他测量数据（来自 CAN、LIN 或 FlexRay 总线，GPS，音频，视频或者其他测量设备）被同步存储并通过多种途径显示。CANape 的测量数据采集特性包括：

1）可以使用多种窗口类型和用户自定义面板进行图形化显示。

2）在跟踪窗口中分析总线通信。

3）结合不同来源的真实变量并借助内置的脚本语言或 MATLAB/Simulink 模型可以在线计算出虚拟信号。

4）使用多种触发器进行数据记录，包括 pre-trigger 和 post-trigger 时间（包含音频和视频）。

5）同步采集标量值和数组。

6）可配置数据记录仪 CANlog 和 CANcaseXL log 进行 CCP 和 XCP 测量，数据测量速率可超过 1Mbit/s（取决于使用的接口）。

6.5 测试

6.5.1 MBD 模式下的测试流程

1. MIL 测试

在 MBD 开发流程中，模型设计阶段的主要工作就是设计控制器模型，根据系统需求的要求，采用 MIL 技术对控制器的控制逻辑进行细化。细化的过程从顶层模型开始，直接使用系统设计定义阶段设计的案例模型和被控对象模型，对细化后的控制器模型进行仿真测试,这个步骤就是 MIL(Model In Loop),即模型在环仿真。MIL 的最终结果是得到一个可以实现所有控制逻辑的控制器模型,该模型不必关心具体的硬件接口,因为被控对象模型及案例激励都是以模型形式存在的,整个环路的仿真可以直接在 MATLAB 环境下运行。

2. SIL 测试

在 C 代码的生成及调试阶段,要通过 SIL(Software In Loop)对模型进行定点化验证。所谓 SIL,就是在保证代码效率、兼顾计算精度和数据表达范围的情况下,采用自动伸缩(auto scaling)等技术,将模型进行定点化。然后用自动代码生成工具,把模型转换为标准 C 代码,再将 C 代码封装为可以在 MATLAB 环境中执行的模块,代替原有浮点模型,进行软件在环仿真。

浮点运算和定点运算在精度和数据表达范围上存在巨大差异,不进行验证直接转换模型肯定会带来无法估量的误差;MATLAB 模型中,如果不加强制限制,各个模块的计算顺序是由 MATLAB 自己设定的,可能和工程师的看法完全不同;而在 MATLAB 的模型内,对各个环节的算法是以 MATLAB 自己的 M 语言、库函数、采样周期、时序结构来进行的,其计算步长可能是变化的,而这些都和实际嵌入式 C 代码存在很大差异(由简单的积分环节组成的常微分方程,在 MATLAB 中可能采用龙格 – 库塔法等迭代算法进行计算,而在普通嵌入式 C 代码中,总是对一个个的积分进行累加计算),这种算法上的差异,也会导致最终结果的完全不同,这也是必须进行 SIL 仿真的原因。

在 SIL 环节,采用自动代码生成工具将控制器模型转换为标准 C 代码,算法和时序都可以由工程师确定,再将模型生成的 C 代码(仅限于控制逻辑部分,暂不包括 I/O 部分)以 S 函数的方式(或其他方式)封装为模块,这种模块可以直接在 MATLAB 里运行,其内部运行机制取决 C 代码本身。然后再取代原模型中的控制器模型,联合测试用案例模型和被控对象模型进行仿真。这一步目的是检查定点化以后代码的计算精度如何、算法是否合理、是否产生溢出等,然后及时修改原模型,反复进行 SIL 仿真,以保证模型定点化的正确性。

3. PIL 测试

这是硬件代码生成及调试阶段。所谓 PIL,就是将经过 SIL 设计的模型在工具的协助下生成可以在指定 CPU 上运行的嵌入式 C 代码,并将其下载至指定 CPU 的 DEMO 板上直接运行,通过数据接口与 MATLAB 上的测试用案例模型及被控对象模型进行数据交互,进一步验证代码的准确性。

因为 SIL 环节的 C 代码是在 INTEL 系列 CPU 的 PC 机上运行的,虽然 C 代码的正确性得到了验证,但是如果将其转换为汇编机器码。INTEL 芯片代码和嵌入式系统的指定芯片的代码还是有差别的。进行 PIL 的目的就是检验是否可以接受这两种代码间的差异。同时,在 PIL 环节,模型生成的嵌入式 C 代码直接在指定 CPU 上运行,模型逻辑控制部分的代码和最终实际运行的代码完全一致,并且运行环境也大体相当,可以对代码时序的精确性进行进一步验证。

PIL 的技术过程是,建模工具提供接口,通过串口之类的通道和下载到 DEMO 板上的控制逻辑代码进行交互，把测试用例模型的输出数据下载到 DEMO 板，把控制逻辑代码的计算结果返回到被控对象模型，形成一个完整的闭环仿真。PIL 需要有特殊硬件的支持，部分芯片可能无法进行 PIL 环节仿真。

4. HIL 测试

HIL（Hardware In Loop）是指控制器采用的实际硬件，加上由模型生成的 C 代码（也许有部分手工设计的底层驱动程序）。而被控对象，可以由模型仿真实现。在 HIL 阶段，可以发现设计中被忽略的问题，如实际线缆的干扰、人工输入的错误等，需要将这类问题及处理方法及时反馈到测试用例、被控对象模型、控制器模型中，以进一步完善系统设计定义。硬件在环阶段使用工具模拟实际被控对象、自动测试、自动记录，对控制逻辑进行覆盖性测试。

5. 实车测试

实车测试阶段和传统开发流程的实车测试阶段并无区别，只是在发现问题后，需要返回对系统定义设计阶段的相关模型以进行修改，并在控制器模型的基础上，修改控制策略，解决问题，经过仿真迭代后再回到实车测试。这样可以保证模型的正确性，以及代码和模型的统一。

6.5.2 整车控制器在环测试

1. HIL 测试

HIL 测试环境针对被测车型进行建模仿真，并将其运行于控制器闭环工作的实时环境中，实现对整车控制器的复杂测试。整车控制器 HIL 测试平台主要由三部分组成：实时仿真硬件和实时仿真模型、试验管理系统以及驾驶场景模拟器，如图 6-39 所示。

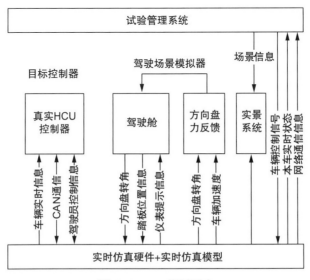

图 6-39　HIL 测试平台

为实现通用化的 HIL 平台，这里基于目前某新能源车型 HIL 测试台架，拟通过通用的流程及文件体系使系统方便地在各个测试项目中进行切换或开始新项目，以保证测试的规范，并缩减测试项目周期。

通用的项目测试流程包括以下几个部分，如图 6-40 所示。

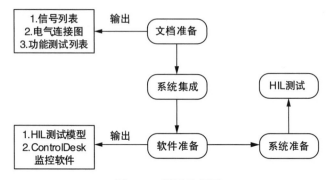

图 6-40 测试流程图

（1）文档准备

文件准备阶段，需完成以下工作：

1）基于信号模板建立项目信号列表。

2）基于 I/O 测试模板和项目信号列表建立项目 I/O 测试列表，同时建立电气连接。

3）根据控制器功能、开发阶段及测试用例库，基于不同阶段样车功能测试表单模板建立项目功能测试列表。

（2）系统集成

系统集成包括硬件集成和软件集成，可分为以下 4 个方面。

1）把系统集成阶段需要测试的整车控制器置于测试台架上。

2）进行系统集成测试，包含上下电测试、仪表测试等。

3）进行 VCU 端口测试。

4）软件集成。

软件集成包括实时模型集成和测试软件集成。实时模型集成是指完成各组成模块间的有效集成，建立样车整车控制器 HIL 测试实时整车动力学模型，其相关模块如图 6-41 所示。

在软件集成过程中，必须先完成实时模型集成，同时保证模型的正确性后，再进行测试软件的集成。测试软件集成是指实时模型与测试软件（这里用 dSPACE/ControlDesk）两者间的集成，控制实时模型状态是实现控制器测试的重要一步。

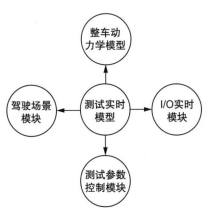

图 6-41 测试实时模型

(3）软件准备

1）根据待测车型的结构和参数，在 HIL 模型框架模板下运用 MATLAB/Simulink 软件进行车辆模型部件更改及对应参数文件的更新。

2）基于项目信号列表进行实时界面（Real Time-Interface，RTI）模型部分的序号调整及其参数更新。

3）完成 HIL 测试模型搭建（如图 6-42 所示）。

4）搭建 ControlDesk 试验控制界面。基于模板，按项目测试需求添加、减少控件，进行模型信号与控件的关联。

(4）系统准备

对 HIL 模型离线运行验证及自动代码生成，目的是验证实时模型算法及建模是否规范，以及将模型转化成可嵌入到模拟器的代码（.sdf 文件），完成系统准备。

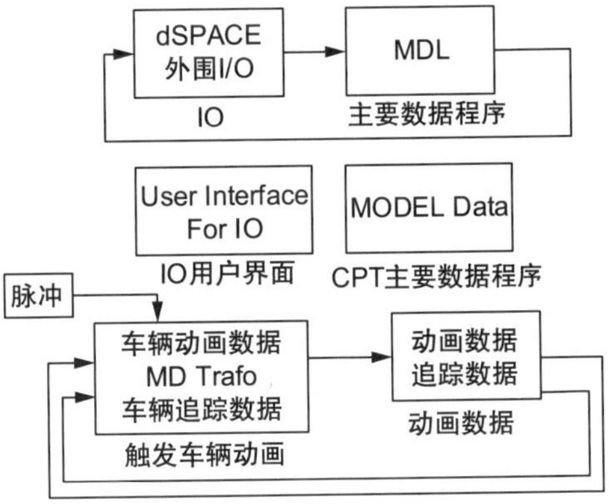

图 6-42 HIL 测试模型

(5）HIL 测试

整个 HIL 测试系统包括通信测试、功能测试和故障注入测试 3 个部分。

1）根据项目 I/O 测试列表进行控制器的 I/O 测试。

2）根据项目功能测试列表，即功能测试用例库进行功能测试。依据该测试用例库，在现有测试平台上对目前车型进行 HIL 测试。本项目基于 dSPACE/ Automation 软件建立测试序列，其作用是将测试用例转化成软件可识别代码，实现自动化测试 VCU 各功能点。

3）进行故障注入测试，根据引脚类型，划分成合理故障注入类型。

2. 测试用例库的编写方法和规范

测试用例库的编写是 VCU HIL 测试的重要部分，其输出在测试流程的文档准备阶段。HIL 测试用例是为了验证 VCU 功能，好的测试用例有助于提高测试效率和测试覆盖率，可有效验证整车控制器的功能，及时发现 VCU 的设计缺陷，在 VCU 装车前清除所有故障，保证实车运行时的安全性。每个具体的测试用例都包括以下详细信息：用例编号、用例名称、用例描述、前提条件、结束条件、测试步骤、期望结果、实际结果和判断准则。对目前车型，根据 VCU 核心模块实现的功能，对功能测试进行分类：上下电测试、驾驶员解析、系统约束、附件测试及故障诊断。根据待测车型的动力系统、附件系统等，在以上 5 个测试分类下进行细化。以附件系统为例，分为风扇、空调压缩机、加热器、真空泵、水泵和 DCDC 控制。

(1）等价类划分法

等价类划分法是一种典型的黑盒测试方法，运用该测试方法时，完全不用考虑待测部件的内部结构，只依据整车控制策略说明书来设计测试用例。等价类划分法把所有可能的输入数据划分成若干部分，然后从每一部分中选取有代表性的数据作为测试用例。

(2) 边界值分析法

边界值分析法也是一种黑盒测试方法,是对等价类划分法的补充。根据长期的测试工作经验可知,大量的错误、故障都是发生在输入或输出范围的边界上,而很少在输入范围的内部。因此针对输入输出值的各种边界情况设计测试用例,可以查出更多的错误。在对边界值设计测试用例时,应遵循以下原则:如果输入条件规定了值的范围,则应取刚刚达到这个范围边界的值,以及刚刚超越这个范围边界的值(根据测试精度)作为测试输入数据。

(3) 因果图法

如果在测试时必须考虑输入条件的各种组合,可使用一种适合描述多种条件的组合,相应产生多个动作的形式来设计测试用例,这就需要利用因果图。因果图方法最终生成的就是判定表。它适合于检查输入条件的各种组合情况。判定表通常由 4 个部分组成,如图 6-43 所示。

条件桩	条件项
动作桩	动作项

图 6-43 判定表的组成

1)条件桩:列出问题的所有条件,一般不考虑条件的顺序。
2)动作桩:列出问题发生时可能采取的措施,同样不考虑操作顺序。
3)条件项:以真假值来表示,说明该条件使能或失效。
4)动作项:各种不同取值组合条件下的执行动作。

规则:在判定表中,包括条件使能或失效及相应执行动作的一列作为一条测试用例。

综合以上 3 种方法,根据测试条目的不同,选取一种或多种合适的方法来设计完整的测试用例,使测试覆盖率达到 100%,并最终实现验证整车控制器功能的目的。HIL 测试基于测试用例进行调试,以实现对整车控制系统的验证工作,整个测试用例库的编写以整车的控制策略为基础,在测试用例库编写完成后,需要组织 HIL 测试组人员进行评审,确认测试用例是否能完整地覆盖测试需求。在通过相关人员认可后,方可对测试用例库进行发布。依据该测试用例库,在现有测试平台上对目前车型进行 HIL 测试,利用 Automation Desk 软件完成自动测试,通过评审的测试用例的测试结果如图 6-44 所示。

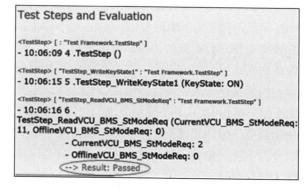

图 6-44 测试结果

测试用例在形成通用文档后还需要不断完善,即测试用例库的闭环反馈。测试人员在进行 HIL 测试的过程中,如出现测试不通过的现象,需要向 HIL 测试组人员反馈错误,待用同一条测试用例反复测试无问题出现时,才可认为该测试通过,同时对测试用例库进行更新,并记录错误原因及修改方法,完成测试用例库的优化。

6.5.3　MIL 测试

通过对 MBD 模式下的测试流程介绍可以得知，在 MBD 开发流程中，模型设计阶段的主要工作就是设计控制器模型，根据需求采用 MIL 技术，对控制器的控制逻辑进行细化，进行 MIL（Model In Loop）模型在环仿真。本节将通过具体示例使读者加深对这一知识的理解，将 Simulink 中的发动机 Engine 模型转换为 VeriStand 可用的被控对象模型，并进行 MIL 测试环境的创建，通过改变目标转速和负载，验证 ECU 控制器中的算法是否满足要求，优化 ECU 的控制效果，并得出最佳数值。

例 2　下面的过程将演示如何将 Simulink 中的发动机 Engine 模型转换为 VeriStand 可用的被控对象模型。

1. 创建被控对象模型

1）在 Simulink 已有模型中打开 Modeling Engine Timing Using Triggered Subsystem 模型（图 6-45）并将该模型另存到自定义目录中，例如 D:\NIVS_HandsOn，为避免和原有模型冲突，可将其重命名为 Engine.mdl。

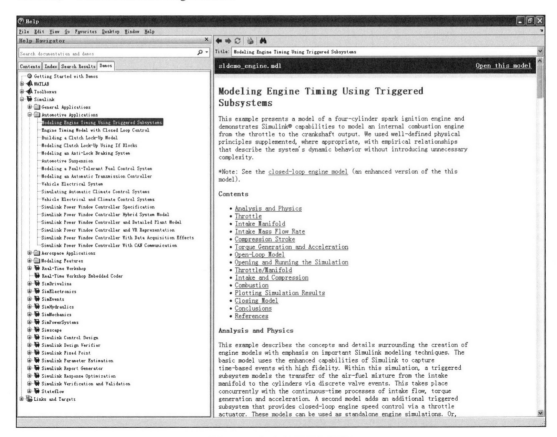

图 6-45　创建被控对象模型

该发动机模型（图 6-46）要求的输入信号有：节气门开度（Throttle Angle）；拖拽扭矩（负载扭矩，Drag Torque）。要求的输出信号为发动机转速（Engine Speed）。

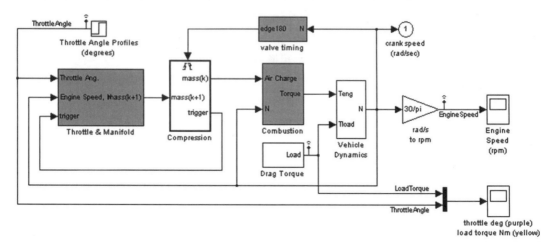

图 6-46　发动机模型图

此模型运行后的结果如图 6-47 所示，图 6-47a 为发动机模型的输入信号，上方的曲线为负载扭矩，下方的曲线为节气门开度；图 6-47b 为发动机模型计算的输出信号，其中的曲线为发动机转速。根据图 6-47 可以得出：

①在 0~5s，节气门开度不变，负载扭矩在 2s 时，由 25N·m 下降到 20N·m，发动机转速因负载扭矩变小而提高；

②5s 时，节气门开度增加，负载不变时，发动机转速快速升高；

③8s 时，负载扭矩再次增加，节气门开度不变，转速下降。

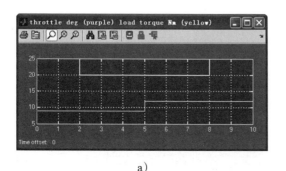

a)

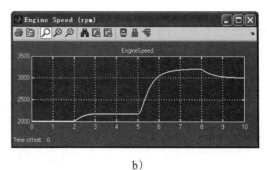

b)

图 6-47　发动机模型输入和输出图

正确安装 VeriStand 软件后，在 Simulink Library Browser 中会自动添加 NI VeriStand Blocks，如图 6-48 所示。

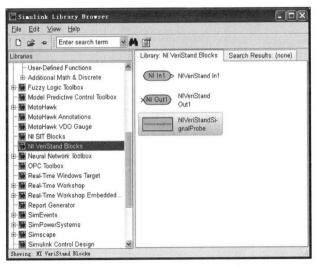

图 6-48　Simulink Library Browser 选择界面

接下来需要对 Modeling Engine Timing Using Triggered Subsystem 模型进行部分修改以及编译处理。

2）进行模型修改。

首先将模型中需要做映射的端口，用相应的 NI VeriStand In 和 NI VeriStand Out 模块进行替代；其次在 Simulink 模型最上层中添加 Block NI VeriStand Signal Probe，添加后下层所有模块的参数也都可以通过 VeriStand 观测或者进行修改；最后取消原 Simulink 模型中 Signal Properties 下有关数据记录的选项（如图 6-49 所示）。

图 6-49　Signal Properties 界面

最终完成修改后的发动机模型如图 6-50 所示。

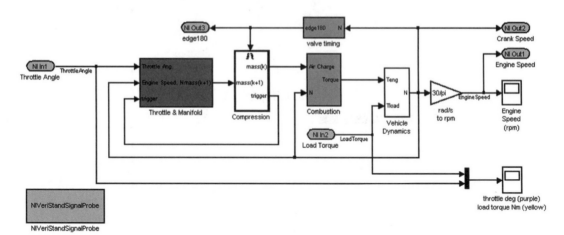

图 6-50　修改后的发动机模型

3）设置编译环境并编译。

首先打开 Simulink 模型的 Configuration Parameters 选项（快捷键为 Ctrl+E）。其次在 Real-Time Workshop 选项中，指定 System target file 为 NIVeriStand.tlc，单击 OK 按钮确认，如图 6-51 所示。注意：如果实时目标机为 cRIO 系列，则此处要选择 NIVeriStand_VxWorks.tlc。

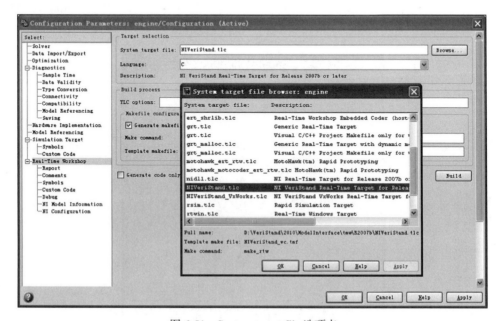

图 6-51　System target file 选项卡

接着回到 Solver 页面，选择 fixed step-size ordinary differential equation (ODE) solver（定步长求解器）。注意：NI VeriStand 只支持使用定步长的常微分方程求解器。

接下来设置步长 Fixed-step size（fundamental sample time）为 0.001，也就是 1kHz。注意：步长越小仿真模型的计算越准确，但相应地会消耗更多技术资源。修改完步长后，要再次运行仿真模型，观察结果，既要避免因步长选择过大出现如无法收敛、计算精度无法满足要求的情况，又要避免过小的步长造成 CPU 运算负担过大，影响实时性。

最后，单击 Incremental Build 图标或者按下快捷键 Ctrl + B 开始编译，如图 6-52 所示。

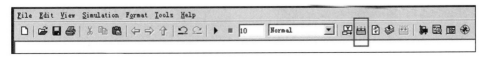

图 6-52　Incremental Build 编译图标

编译成功后，MATLAB 的 Command Windows 中出现下列提示：

Successful completion of Real-Time Workshop build procedure for model: ModelName

生成与 Engine.mdl 同名的 Engine.dll 文件，保存在新生成的 Engine_niVeriStand_rtw 文件夹内，如图 6-53 所示。

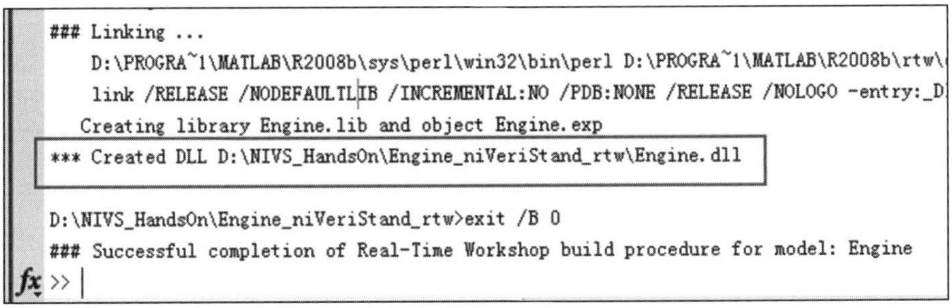

图 6-53　编译成功

2. 创建控制器模型

在 Simulink 提供的模型中，模型 Engine Timing Model with Closed Loop Control 中包含控制器 ECU 的算法。我们需要把其中的控制器（Controller）算法从闭环模型中分割出来，建立单独的 ECU 模型，并编译为对应的 *.dll 文件。

Controller 采用 PI 控制算法，可根据目标发动机转速，结合发动机模型中的负载扭矩，计算出节气门开度，最终使发动机实际转速与目标转速一致。

图 6-54 中上方的曲线为发动机负载曲线，下方的曲线为控制器输出的节气门开度，由图中可以看出：

1）2s 时，由 25 N·m 变为 20 N·m。
2）8s 时，由 20 N·m 变为 25 N·m。

图 6-55 中目标转速（Speed Setpoint）在 5s 时由 2000 rpm 变为 3000 rpm。

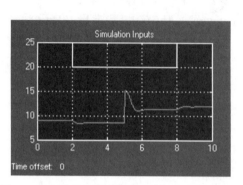 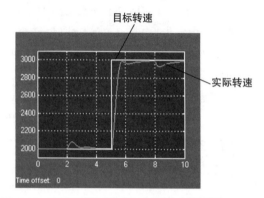

图 6-54　发动机员载与控制器节气门开度曲线图　　图 6-55　发动机目标转速与实际转速曲线图

分割、修改 ECU 模型

首先打开所需的 Engine Timing Model with Closed Loop Control 模型图（位置如图 6-56 所示），其次提取模型中的 Controller 子模块，子模块位置如图 6-57 中的方框区域所示。

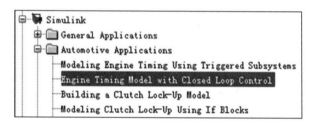

图 6-56　Engine Timing Model with Closed Loop Control 模型图位置

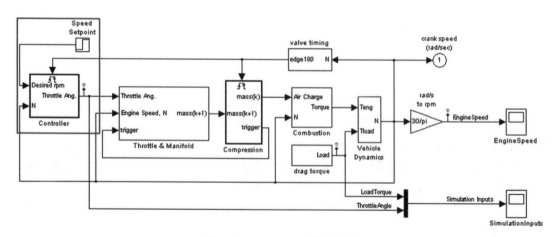

图 6-57　Controller 子模块位置

接下来在提取出来的 Controller 子模块中添加 NI VeriStand In、NI VeriStand Out 和 NI

VeriStand Signal Probe 三个模块，并另存为 Ecu.mdl 文件。修改后的 ECU 模型如图 6-58 所示。

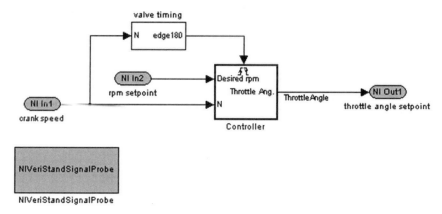

图 6-58　提取并修改后的 Controller 子模块

最后设置编译环境并进行编译，最终生成所需的 Ecu.dll 文件，如图 6-59 所示。

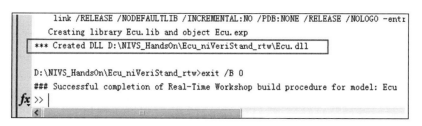

图 6-59　Ecu.dll 文件

3. 创建 MIL 测试环境

准备好 Engine 和 ECU 的软件模型后，下面我们会将其导入到 NI VeriStand 2010 软件中，并创建一个 MIL（Model-in-the-Loop）测试环境，创建环境步骤如下。

1）运行 NI VeriStand 软件（运行界面如图 6-60 所示）：Start » Program Files » National Instruments » NI VeriStand 2010 » NI VeriStand。

2）在打开的软件中新建一个项目，步骤如下。

①选择 File » New Project。

②在 Project Name 中输入项目名称：ecu hil hands on。

③指定项目根目录 Project Root Folder 到 <Public Documents>\National Instruments\NI VeriStand 2010\Projects。

④勾选 Create folder for project。

⑤单击 OK 按钮确认，新项目创建完成。

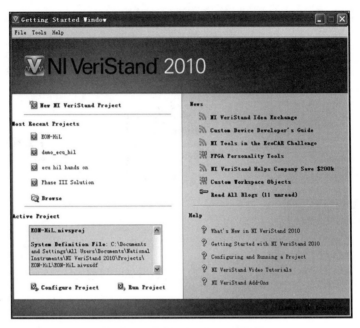

图 6-60　运行 NI VeriStand 界面

可以通过单击图 6-60 底部的 Configure Project 选项，打开项目浏览器 Project Explorer。

项目浏览器（Project Explorer）用于配置测试所需的全部设置。通过 Project Explorer 可以部署和运行系统定义文件。项目浏览器包括所有运行和自动化测试所需关键的参数，同时也可以添加定制文件。

3）在新建项目中展开 System Definition File 选项的节点，如图 6-61 所示。

图 6-61　System Definition File 选项卡

通过鼠标右键单击 <ProjectName>.nivssdf 选项，选择 Launch System Explorer 选项，可以打开系统浏览器。

系统浏览器（System Explorer）用于创建 NI Veristand 系统定义文件。系统定义文件是一个配置 NI Veristand 引擎特性的文件。通过添加、删除和修改位于系统浏览器左部的各项配置可以定义各种属性，包括 NI VeriStand 引擎的执行方式、硬件端口、计算通道、对仿真模型的控制、报警，执行顺序以及管理通道之间的映射关系。完成系统定义文件的设置后，它将被部署到 NI VeriStand 引擎并开始运行。

4）添加发动机 Engine 模型。

首先展开 Targets » Controller，点击 Simulation Models 选项。然后选择 Adda Simulation Model，如图 6-62 所示。

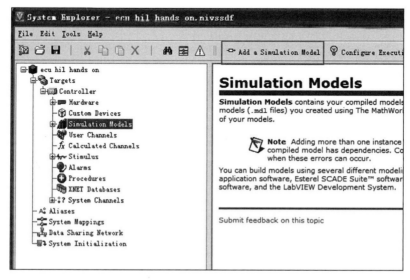

图 6-62　Add Simulation Model

将目录转换到 Engine.dll 所在的目录，如图 6-63 所示。选择 Engine.dll，单击 OK 按钮。发动机模型有 2 个输入（节气门开度和负载扭矩）和 1 个输出（发动机输出）。

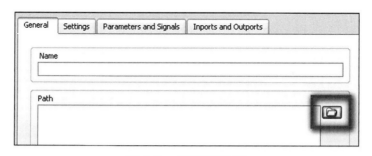

图 6-63　目录转换选项

5）添加控制器 ECU 模型。

首先单击 Simulation Models 选项，添加仿真模型 Add Simulation Model。选择 Ecu.dll，单击 OK 按钮确认。控制器模型包含 2 个输入（目标转速 rpm 和实际转速 rad/s）和 1 个输出（节气门位置）。目标转速由上位机给定、实际转速来自发动机模型，ECU 计算出的节气门位置再传递给发动机模型。

6）调整发动机模型和控制器模型的运行顺序。

首先在 System Explorer 选项左侧的树状结构中选择 Execution Order 选项，然后将发动机模型的色条从 Group1 拖到 Group2，如图 6-64 所示。

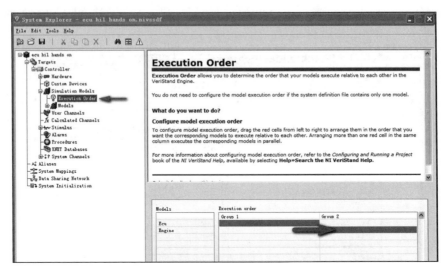

图 6-64　Execution Order 选项卡

7）现在需要将发动机和控制器模型的输入/输出端口映射到一起，步骤如下。

①从菜单中选择 Tools » Edit Mappings。

②从 Sources 来源窗口中选择 Simulation Models » Models » Ecu » Outports » throttle angle setpoint。

③从 Destinations 目标窗口中选择 Simulation Models » Models » Engine » Inports » Throttle Angle。

④单击 Connect，完成两个信号的相互映射，如图 6-65 所示。

在 NI VeriStand 软件中也可以实现批量导入/导出映射配置文件。

可以在 System Mapping 选项的工具条上单击 Open。然后选择文件映射文件 <Public Documents>\National Instruments\NI VeriStand 2010\Projects\ecu hil hands on\ecu hil mapping.txt。其次单击 Import 选项，导入剩余的映射配置到 VeriStand 中。

最后点击 Exit，所有的映射关系会在 Mappings 的列表中显示出来（如图 6-66 所示）。

8）接下来需要添加标定参数，实现在线标定功能。

首先展开 Models » Ecu » Parameters（如图 6-67 所示），里面包含了 Simulink 模型中所有 Block 的参数，双击 Source 窗口中的 Proportional Gain，添加 PI 控制器的比例系数，双击 Source 窗口中的 Integral Gain，添加 PI 控制器的积分系数。Imported 中会出现在 Source 窗口中双击选定的参数，这些参数可以进行在线调整。

第 6 章　V 模式的嵌入式系统开发与测试　231

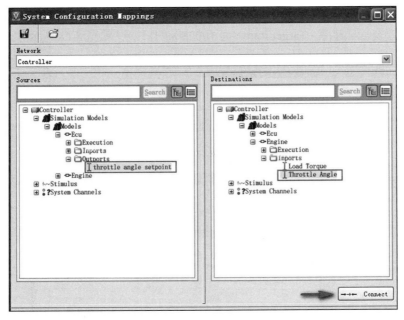

图 6-65　信号的相互映射

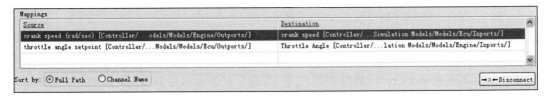

图 6-66　Mappings 列表中的映射关系

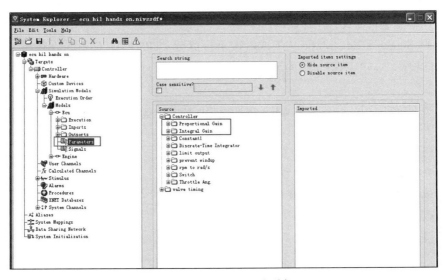

图 6-67　Parameters 选项卡

9）接下来需要打开 System Explorer，在 System Explorer 的树状节点中选择 Controller 选项，然后改变目标速率（Target Rate）为 1000Hz（1kHz），如图 6-68 所示。

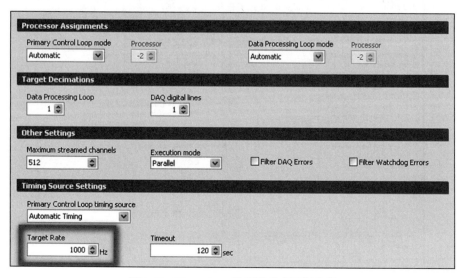

图 6-68　Target Rate 选项卡改变目标速率

10）保存并关闭系统浏览器 System Explore。

至此我们已经导入了所需的模型并将端口映射到了一起，下面就可以将系统定义文件部署到计算机中并开始运行了。通过在 Workspace 中添加相应控件，可以设定发动机目标转速，然后观察控制器是如何通过调整节气门开度，使发动机达到指定转速的。

11）选择 Operate » Run 选项，部署和执行系统定义文件，单击 Screen » Screen Properties…，从中可以修改页面（screen）名称。

12）切换到编辑模式，添加控件。

先选择 Screen » Edit Mode 选项或者按下快捷键 CTRL+M，然后从左侧的 Workspace Controls 选项栏中，拖拽第一个图形控件 Graph（Simple），第一个控件设置相关配置步骤如下。

①名称 Graph Title: Engine Speed，选择通道 Channel：Controller » Simulation Models » Models » Engine » Outports » Engine Speed。

②点击图标将 Engine Speed 添加到 Graph 中。

③选择 Format & Precision 标签。

④修改 Y 轴的显示范围最大值 5000 和最小值 0。

⑤修改 Y 轴坐标名称为 rpm。

⑥修改 X 轴坐标名称为 time。

从左侧的 Workspace Controls 栏中，拖拽第二个数字控件 Numeric Control（Medium），

第二个控件设置相关配置步骤如下。

填写控件名称 Control Label：rpm Setpoint，选择通道 Channel：Controller » Simulation Models » Models » Ecu » Inports » rpm Setpoint。

从左侧的 Workspace Controls 栏中，拖拽第三个数字控件 Numeric Control (Medium)，第三个控件设置相关配置步骤如下。

填写控件名称 Control Label：Load Torque，选择通道 Channel：Controller » Simulation Models » Models » Engine » Inports » Load Torque。

13）退出编辑模式，选择 Screen » Edit Mode（快捷键：Ctrl + M）。

14）接下来需要添加对 Engine 模型运行的控制控件，从左侧的 Workspace Controls 栏中，拖拽一个模型控件 Model（Model Control）——Model：Controller / Ecu（如图 6-69 所示）。

15）继续添加对 ECU 模型运行的控制控件，从左侧的 Workspace Controls 栏中，拖拽一个模型控件 Model（Model Control）——Model：Controller / Engine（如图 6-69 所示）。

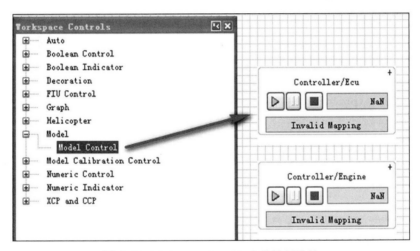

图 6-69　Workspace Controls 中的控制控件

16）修改 ECU 控制器中的 I 参数，从左侧的 Workspace Controls 栏中，拖拽一个模型标定控件 Model Calibration Control（Medium），该控件需要标定的通道名称 Calibration：ECU/Controller/Integral Gain/Gain，并填写控件名称 Control Label：I 参数（如图 6-70 所示）。

17）修改 ECU 控制器中的 P 参数，从左侧的 Workspace Controls 栏中，拖拽一个模型标定控件 Model Calibration Control（Medium），该控件需要标定的通道名称 Calibration：ECU/Controller/Proportional Gain/Gain，并填写控件名称 Control Label：P 参数（如图 6-70 所示）。

至此基本的 MIL 测试环境创建完成，结果如图 6-71 所示，可以改变目标转速和负载，以验证 ECU 控制器中的算法是否满足要求，也就是实际转速能否快速、稳定地跟随目标转速。还能通过修改 P、I 参数优化 ECU 的控制效果，并确定最佳数值。

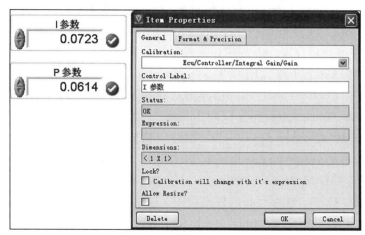

图 6-70　ECU 控制器中 I 参数与 P 参数

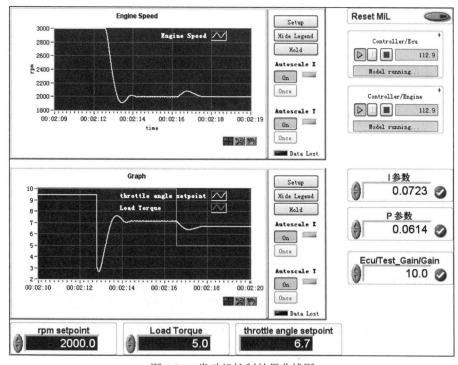

图 6-71　发动机控制效果曲线图

6.5.4　SIL/PIL 测试简介

本节将对 Model 模块运行 SIL/PIL 仿真，在 C 代码生成及调试阶段，要通过 SIL（Software In Loop），对模型进行定点化验证。所谓 PIL，就是将经过 SIL 设计的模型在工具的协助下生成可以在指定 CPU 上运行的嵌入式 C 代码,并下载至指定 CPU 的 DEMO 板上,通过数据接口,和 MATLAB 上的测试用案例模型及被控对象模型进行数据交互,进一步验证代码的准确性。前文中已经介绍了相关概念,本节将通过以下实例完成在 SIL 模式下运行 Model 模块的测试框架模型来测试生成的模型代码以及在仿真中使用 SIL 或 PIL 模块测试生成子系统代码。

例 3 通过使用在 SIL 模式下运行 Model 模块的测试框架模型来测试生成的模型代码。

测试从顶层模型或引用模型生成的代码。其中从顶层模型生成的代码使用独立的代码接口,从引用模型生成的代码使用模型引用代码接口。我们可以使用测试框架模型或系统模型来提供测试向量或激励输入,可以在 Model 模块的 Normal、SIL 和 PIL 仿真模式之间轻松切换。

首先打开示例模型(图 6-72),其中包含两个引用同一模型的 Model 模块。在仿真中,在 SIL 模式下运行一个 Model 模块,在 Normal 模式下运行另一个 Model 模块。使用以下代码打开模型:

```
model='rtwdemo_sil_modelblock';
open_system(model);
```

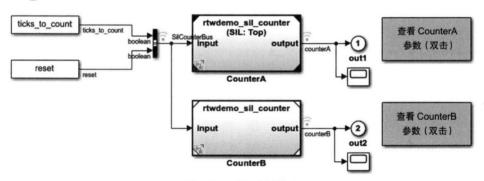

图 6-72　SIL 示例模型

可以通过以下代码关闭代码覆盖率报告和执行时间探查报告。

```
coverageSettings = get_param(model, 'CodeCoverageSettings');
coverageSettings.CoverageTool='None';
set_param(model, 'CodeCoverageSettings',coverageSettings);
open_system('rtwdemo_sil_modelblock')
set_param('rtwdemo_sil_modelblock', 'CodeExecutionProfiling','off');
open_system('rtwdemo_sil_counter')
set_param('rtwdemo_sil_counter', 'CodeExecutionProfiling','off');
currentFolder=pwd;
save_system('rtwdemo_sil_counter', fullfile(currentFolder,'rtwdemo_sil_
    counter.slx'))
```

1. 测试顶层模型(图 6-73)代码

对于 SIL 模式下的 Model 模块,指定使用独立代码接口生成顶层模型代码,代码如下:

```
set_param([model '/CounterA'], 'CodeInterface', 'Top model');
```

接下来运行测试框架模型的仿真,代码如下:

```
out = sim(model,20);
### Starting build procedure for model: rtwdemo_sil_counter
### Successful completion of build procedure for model: rtwdemo_sil_counter
### Preparing to start SIL simulation ...
Building with 'gcc'.
MEX completed successfully.
### Updating code generation report with SIL files ...
### Starting SIL simulation for component: rtwdemo_sil_counter
### Stopping SIL simulation for component: rtwdemo_sil_counter
```

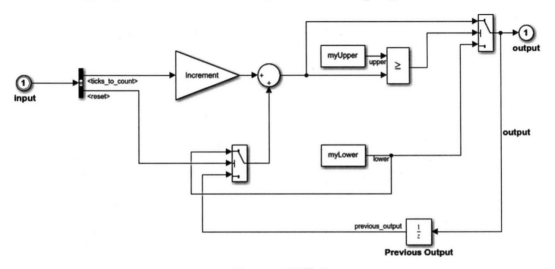

图 6-73　顶层模型

SIL 模式下的 Model 模块在计算机上作为单独的进程运行。在工作文件夹中,如果不存在之前编译生成的代码,则会为引用模型生成独立代码。比较 Normal 和 SIL 模式下 Model 模块的行为,结果是匹配的,如图 6-74 所示。运行代码并绘制结果图,代码如下:

```
yout = find(out,'logsOut');
yout_sil = yout.get('counterA').Values.Data;
yout_normal = yout.get('counterB').Values.Data;
fig1 = figure;
subplot(3,1,1), plot(yout_normal), title('Counter Output for Normal Simulation')
subplot(3,1,2), ...
    plot(yout_sil), title('Counter Output for Model Block SIL (Top-Model) Simulation')
subplot(3,1,3), plot(yout_normal-yout_sil), ...
    title('Difference Between Normal and SIL');
```

2. 测试模型引用代码

对于 SIL 模式下的 Model 模块,指定使用模型引用代码接口生成引用模型代码,代码如下：

```
set_param([model '/CounterA'], 'CodeInterface', 'Model reference');
```

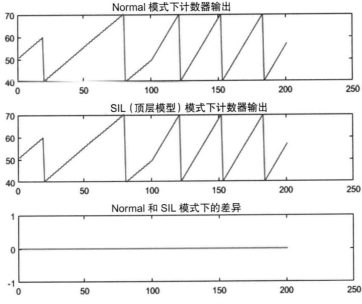

图 6-74　顶层模型 Normal 和 SIL 模式下 Model 模块的行为

运行测试框架模型的仿真，代码如下：

```
out2 = sim(model,20);
### Starting build procedure for model: rtwdemo_sil_counter
### Successful completion of build procedure for model: rtwdemo_sil_counter
Building with 'gcc'.
MEX completed successfully.
### Preparing to start SIL simulation ...
Building with 'gcc'.
MEX completed successfully.
### Updating code generation report with SIL files ...
### Starting SIL simulation for component: rtwdemo_sil_counter
### Stopping SIL simulation for component: rtwdemo_sil_counter
```

SIL 模式下的 Model 模块在计算机上作为单独的进程运行。在工作文件夹中，如果不存在之前编译生成的代码，则会为引用模型生成独立代码。比较 Normal 和 SIL 模式下 Model 模块的行为。结果是匹配的，如图 6-75 所示。运行代码并绘制结果图，代码如下：

```
yout2 = find(out2,'logsOut');
yout2_sil = yout2.get('counterA').Values.Data;
yout2_normal = yout2.get('counterB').Values.Data;
fig1 = figure;
subplot(3,1,1), plot(yout2_normal), title('Counter Output for Normal Simulation')
```

```
subplot(3,1,2), ...
    plot(yout2_sil), title('Counter Output for Model Block SIL (Model Reference) Simulation')
subplot(3,1,3), plot(yout2_normal-yout2_sil), ...
    title('Difference Between Normal and SIL');
```

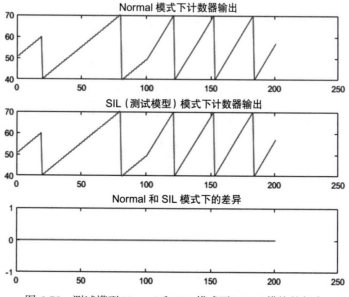

图 6-75 测试模型 Normal 和 SIL 模式下 Model 模块的行为

例 4 通过在仿真中使用 SIL 或 PIL 模块测试生成的子系统代码。

测试从子系统生成的代码,这些代码使用独立的代码接口,我们可以使用测试框架模型或系统模型提供测试向量或激励输入,使用生成的 SIL 或 PIL 模块替换原始子系统。

首先打开一个简单模型(图 6-76),它由闭环形式的控制算法和被控对象模型组成。控制算法调节被控对象的输出,使用以下代码打开模型:

```
model='rtwdemo_sil_block';
close_system(model,0)
open_system(model)
```

运行 Normal 模式仿真,代码如下:

```
out = sim(model,10);
yout_normal = find(out,'yout');
clear out
```

配置编译过程以创建 SIL 模块进行测试,代码如下:

```
set_param(model,'CreateSILPILBlock','SIL');
```

要测试在生产硬件上的行为,请指定一个 PIL 模块。

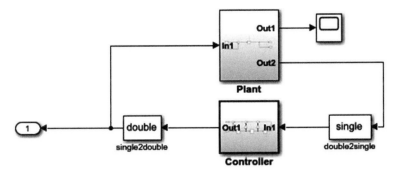

图 6-76 模型

要创建 SIL 模块，请为控制算法子系统生成代码。在编译过程结束时会看到 SIL 模块，其输入和输出端口与控制算法子系统的对应项匹配，代码如下：

```
close_system('untitled',0);
rtwbuild([model '/Controller'])
### Starting build procedure for model: Controller
### Successful completion of build procedure for model: Controller
### Creating SIL block ...
Building with 'gcc'.
MEX completed successfully.
```

也可以右键点击子系统并选择 C/C++ Code > Build This Subsystem 选项，在打开的对话框中，单击 Build 编译，要执行闭环形式的控制器和被控对象模型的 SIL 仿真，使用新 SIL 模块替换原始控制算法。为避免丢失原始子系统，请勿以此状态保存模型，代码如下：

```
controllerBlock = [model '/Controller'];
blockPosition = get_param(controllerBlock,'Position');
delete_block(controllerBlock);
add_block('untitled/Controller',[controllerBlock '(SIL)'],...
          'Position', blockPosition);
close_system('untitled',0);
clear controllerBlock blockPosition
```

运行 SIL 仿真，代码如下：

```
out = sim(model,10);
### Preparing to start SIL block simulation: rtwdemo_sil_block/Controller(SIL) ...
### Starting SIL simulation for component: rtwdemo_sil_block/Controller
### Stopping SIL simulation for component: rtwdemo_sil_block/Controller
```

控制算法使用单精度浮点算术运算，SIL 和 Normal 仿真之间差异的数量级可能接近单精度数据的计算机精度，定义 SIL 仿真结果的误差容限，该误差容限基于单精度 Normal 仿真结果的计算机精度，代码如下：

```
machine_precision = eps(single(yout_normal));
```

```
tolerance = 4 * machine_precision;
```

比较 Normal 和 SIL 仿真结果，代码如下。在第三个绘图中，仿真之间的差异全部在定义的误差容限内，如图 6-77 所示。

```
yout_sil = find(out,'yout');
tout = find(out,'tout');
fig1 = figure;
subplot(3,1,1), plot(yout_normal), title('Controller Output for Normal Simulation')
subplot(3,1,2), plot(yout_sil), title('Controller Output for SIL Simulation')
subplot(3,1,3), plot(tout,abs(yout_normal-yout_sil),'g-', tout,tolerance,
    'r-'), ...
    title('Normal and SIL Difference and Error Tolerance');
```

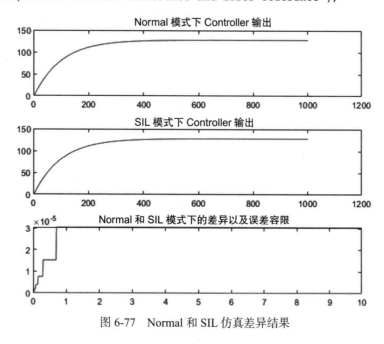

图 6-77 Normal 和 SIL 仿真差异结果

6.6 本章小结

本章从 V 模式开发流程中的关键环节着手，讲解了基于 V 模式的汽车嵌入式系统开发流程的常用方法与工具，对汽车嵌入式系统开发的最新技术手段和流程做了总结，配合相应的实例，强调 V 模式的优点及其在现代汽车嵌入式系统开发中的作用。本章重点讲解了第四阶段——测试，结合整车在 MBD 模式下的测试流程，设计出各个步骤的具体实施方案，并通过实例验证测试流程及具体的实施方法与操作。通过本章的学习，读者可以充分理解 V 模式开发的原理及其重要性。

思考题

1. 思考如何进行现阶段流行的 V 模式开发。
2. 思考自动代码生成技术到来前后的区别以及优缺点。
3. 思考 CCP/XCP 协议存在的实际意义。
4. 考虑如何在 MBD 模式下进行完整的测试流程。
5. 请进行如下实验：使用 MATLAB 中的 rtwdemo_sil_topmodel 模型进行顶层模型的 SIL 或 PIL 仿真。

参考文献

[1] HUTTER E，BRINKSCHULTE U，FASTNACHT F. Adapting the concept of artificial DNA and hormone system to AUTOSAR environments[J]. Journal of Systems Architecture，2020,104.

[2] RESTREPO E，AMUND N L，ROLF W，et al. Effects of car electronics penetration, integration and downsizing on their recycling potentials[J]. Resources, Conservation & Recycling X，2020，6.

[3] NOORJAHAN M，PUNITHA A. An electronic travel guide for visually impaired - vehicle board recognition system through computer vision techniques[J]. Disability and rehabilitation. Assistive technology，2020，15(2).

[4] 吴远盛，陈超，朱帅琦. 基于 MBD 的某型发动机控制软件开发 [J]. 航空兵器，2018(04)：73-77.

[5] 蔡峰，周毅，陈阳. 基于 MBD 模型自动生成测试用例的软件测试方法 [J]. 测控技术，2018，37(09)：77-80.

[6] 翁育峰，孙小铁，徐永森，等. 汽车电子标识互联网系统 [J]. 中国科技信息，2020(02)：54-55+57.

[7] 檀庭跃，车长发. 汽车电子系统总线设计的时间模型应用 [J]. 汽车文摘，2020(02)：51-53.

[8] 孟月，李志扬，朱建新，等. 混动车电池管理系统硬件在环测试平台研究 [J]. 现代电子技术，2020，43(08)：86-88.

[9] 王珂，王辉，周炼，等. 基于模型设计的 ADAS-HIL 测试平台研究 [J]. 汽车实用技术，2020(08)：41-44.

[10] JUNG S. Development and Verification of Hybrid Power Controller Using Indoor HIL Test for the Solar UAV[J]. MDPI，2020.

[11] 熊杰，魏勇，严丹. 基于嵌入式系统的汽车尾气检测装置的设计 [J]. 仪表技术与传感器，2019(05)：46-49.

[12] SCHAUFFELE J，ZURAWKA T. 汽车软件工程原理、过程、方法、工具 [M]. 张聚，等译. 北京：电子工业出版社，2008.

[13] 祝轲卿，王俊席，吴晨楠，等. 基于 TargetLink 的嵌入式系统控制软件开发 [J]. 系统仿真学报，2007：19（7）.

[14] 祝轲卿，徐权奎，王俊席，等. 自动代码生成工具在电控柴油机喷油系统控制软件开发中的应用 [J]. 内燃机学报，2006.